与最聪明的人共同进化

HERE COMES EVERYBODY

湛庐

CHEERS

THE
Greatest
Story

Ever Told — So Far

最伟大的
智力冒险

Why Are We Here?

影响世界的
科学发现
如何诞生

[加] 劳伦斯·M. 克劳斯 著
Lawrence M. Krauss

钟益鸣 译

浙江人民出版社
ZHEJIANG PEOPLE'S PUBLISHING HOUSE

万事有泪，
死生同悲。

——维吉尔，《埃涅阿斯纪》

我们为何生活于此

看透真相，最为困难。

——J. A. 贝克，《游隼》

创世之初，便有了光。

此外，还有引力。之后，万物接踵而来……就让我这样开始讲述我要讲的故事——人类历史上最伟大的智力冒险。故事里，世界各地的科学家们，竭尽所有的创造力、智力与勇气，一起探索我们无法感知的真实世界。为此，科学家们抛弃了一切的主义、偏见、信条，无论它们源于科学还是其他领域。这段故事跌宕起伏，千回百转，横贯了人类历史。更令人惊叹的是，故事仍尚未定型——我们所有的，不过是它的初稿。

这是一个值得广为传颂的故事。千百年来，神话和迷信慰藉着大众。而现在，科学正在世界范围内，一步一步地取而代之。然而，得益于导演乔治·史蒂文斯（George Stevens）和大卫·里恩（David Lean）的电影，基督教徒和犹太教徒的《圣经》常常被人们冠以"史上最伟大的故事"之名。这样的盛誉让我诧异。尽管《诗篇》（Psalms）中有诗歌，但《圣经》的文学价值还是不能与古罗马的史诗《埃涅阿斯纪》

（*Aeneid*）和古希腊的史诗《奥德赛》（*Odyssey*）同日而语。《圣经》提出的世界观和伦理观，现在看来已经过时。

对于科学来说，"神圣"是一种亵渎。没有什么观点是神圣到不容争辩的，无论它出自何处。正因为如此，先知们的牺牲并不是史上最伟大的故事的终结。千百年来，人类从何处来、向何处去的故事不断口耳相传。岁月流转，这些故事也愈发变得有趣。其中的原因，并非来自天启，而是源于接连不断的科学发现。

与大家的先入之见不同，这段关于科学的故事充满诗意，蕴藏着巨大的精神力量。这种精神力量和现实世界紧密相连，却和人类的梦想与希望无关。

在这段探索未知的旅途上，引领我们的并不是人类的渴求，而是科学实验的力量。科学上下五百年，人类因此摆脱了无知的枷锁。一路走来，我们学到的教训，就是要始终保持虚怀若谷。按照这个标准，妄言宇宙的存在是为了人类的存在，是多么自大；臆断宇宙时时刻刻都与我们能够感知的世界一样，是多么浅薄！

科学使我们最终丢弃了人类中心论。代替这一观点的，又会是什么呢？人类是否在这一过程中遗失了一些东西？或是如我所见的那样，收获了更多？

我在一次公众演讲中这样说过，科学就是让人感觉"不舒服"。事后我有些后悔，担心这会把一些人吓跑。然而，让人感觉"不舒服"，并不是科学制造的阻碍，而是它的一大优点。在漫长的进化过程中，人类固化了一种感觉：我们会欣然接受那些有助于人类生存的概念。比如说，孩子们经常会这样想，事物的存在是有目的性的，是为人类服务的，没有生命的物件其实是具有能动性的。毕竟，错把某个一动不动的物体视作潜在的威胁，总是好过错把某个威胁视作一动不动的物体。

可是，进化并没有帮助我们准备好理解微观世界、宏观世界、高速运动的世界所需要的直觉。它们存在于我们的感知之外。而一些最为重要的科学发现，比如说进化论、量子力学，恰恰发生在这些领域。因此，我们理所当然地觉得这些理论反直觉，让我们不舒服。

可回过头来看，这也恰恰说明了科学故事的价值所在。那些最好的故事，总会带给听众一些挑战。它们允许我们通过不同的视角审视自我，探究人与自然的奥秘。那些最伟大的文学、音乐、艺术作品，都是这样的故事。而科学亦然。

一些人说，现代的科学启蒙取代传统的宗教信仰，意味着人类"信仰的沦丧"。这样的想法相当不幸。请想象一下，将来，我们的孩子能够讲述多少我们从未听过的故事？科学对人类文明最大的贡献，正是在于它向我们保证了这样一点：人类最伟大的篇章，并不存在于过去，而是存在于未来。

每段史诗的背后，总有一种道德价值。在我要讲的故事中，人类通过实证发现，追寻着宇宙为人类指明的方向，并在这一过程中展现出人性最好的精华，可以创造出巨大的精神力量。这个故事赋予我们投身未来所必备的工具、视野和正向期待。

我们所生活的世界，没有明显的计划或目的

在我的上一本书《无中生有的宇宙》（*A Universe from Nothing*）中，我描述了过去百年里革命性的科学发现是如何重塑人类的宇宙观的。这些改变使得科学开始直面这样一个本属于神学的难题——为何宇宙充满物体，而不是空无一物？科学的介入使得这个问题少了一些唯我论的特征，多了几分操作层面的实用性。

本书所讲的故事，源于我在华盛顿特区史密森尼学会（Smithsonian Institution）所做的一次报告。当时的反响相当不错。这促使我提炼报告的观点，开始本书的写作。以上经历和《无中生有的宇宙》如出一辙。与上一本书的侧重点有所不同，本书中，我将潜入人类知识的另一个极端，探索这些知识如何改变我们对一些世纪难题的理解。过去百年间，我们对微观世界的认知发生了翻天覆地的变化，这些改变使我们能够回答另一个根本性的问题："我们为何生活于此？"

我们将会发现，真实世界和我们的想象不太一样。它存在于日常生活的

表象之下，"奇怪"、反直觉。和"无中生有的宇宙"一样，真实世界的运行机理挑战着我们的先入之见。

同上一本书一样，本书的内容可以归结为一句话：**我们所生活的世界，没有明显的计划或目的。**对宇宙来说，人类的存在与否并不是命中注定的，它不过是一个有趣的巧合。人类颤颤巍巍地站在一大摞椅子的上面，是否平衡的关键，取决于我们无法感知的真实世界中的现象——而这些现象并不依赖于我们的存在。从这个意义上说，爱因斯坦的名言并不准确："上帝"确实在和宇宙掷骰子。人类存活至今，可谓一路好运。可是和赌博一样，这种运气或许不会一直延续下去。

隐秘世界中遍布连接，编织出一系列连贯的宇宙图景

当远古的人类意识到，宇宙要比肉眼所见的世界大得多时，人类的文明便迈出了一大步。这种意识的产生或许并不偶然。我们似乎注定需要一套超越存在本身的说法，来解释人类为何存在。正是这种需要，促使早期人类社会孕育出了宗教信仰。

现代科学的兴起与此正好相反。和迷信不同，现代科学通过推理和实验来揭示我们无法感知的自然世界。通过这一过程，人们最终认识到，那些表面上看似毫无联系、诡异吓人的现象，其实在隐秘世界中相互连接。有了这些连接，人们便不再需要先人口中的地精和仙女。这些连接正是科学进步最为重要的标志。经典的例子数不胜数：牛顿将苹果的坠落和月亮的运行轨道"连接"到一起；伽利略"连接"了不同物体的下坠，发现它们都受到相同的加速度影响；达尔文发现地球上的不同生命，可能都起源于同一个祖先，通过一个名为"自然选择"的简单过程进化而来。乍看上去，这些"连接"相当微妙，很不明显。然而，把这些"连接"摆到台面上后，人们在"噢"的一声惊叹过后，立刻能够熟悉、理解，还会恍然大悟："我怎么没有想到！"

今天，我们对宇宙最微观层面上的理解，便是所谓的"标准模型"。标

准模型蕴藏着大量的连接，只是它们距离我们的日常生活很遥远。想要一步到位地展现这些连接，我不得不首先打下一些基础。

从历史的角度来看，在标准模型的发展过程中，从来没有一气呵成的大飞跃。相反，一系列出乎意料却又极其重要的连接不断浮现，盘根错节，最终形成了一幅连贯的图景。标准模型的数学结构极为华丽，甚至显得有些写意。当听到希格斯粒子或大统一理论时，人们大概不会把"哇"挂在嘴边。

为了潜入感知世界的表象之下，我们需要一个故事。这个故事将我们所熟知的世界与那个包围着我们的隐秘世界相连。我们不可能仅仅通过直觉来理解隐秘世界。故事便是本书的主旨。我会和读者一同踏上这趟旅程，领略人类对空间、时间、相互作用最为前沿的理解，探索盘踞在已知和未知之间的诸多奥秘。写作本书的目的并不是挑衅和冒犯读者，我只是想刺激你一下，正如我常常对自己做的那样。一旦有新的物理学发现，物理学家就会被它们拽入一个新的现实世界，惶惶不安却又兴奋不已。

在宇宙的终极尺度上，我们不断进行着探索。一些新近的发现将彻底改变我们对自身存在的看法，即认为人类的存在是宇宙的必然。这些发现将进一步降低人类在宇宙中的重要性，同时也将改变我们对未来的看法，真实的未来和我们的想象大不相同。

或许，我们更希望这样的真实世界并不存在。现实不该是令人不安、与人不便的，宇宙不该是随机、冰冷的。然而，换个角度来看，我们也无须太过沮丧。宇宙，就我所知，是不存在目的的。和为了人类的存在而存在的宇宙相比，一个没有目的的宇宙要精彩得多。这是因为，没有目的的宇宙允许更多的存在。在没有目的的宇宙中，生活着未知的"异兽"，有着超越人类想象极限的规律和现象。我们有可能解开旧有的困惑，发现深层的秩序，这是一件多么令人振奋的事啊！而通过人类自身的力量来发现这些远离我们所知所感的规律，再将它们一片片地拼接成一系列连贯的宇宙图景，并依此来预言未来，掌控周遭的环境，这是一件多么美妙的事啊！人的一生如白驹过隙，能够生活在阳光普照的大地上，是一件多么幸运的事！日复一日，每一个发现，每一次惊喜，都会使这个故事变得更加精彩。

你想了解更多科学故事，
继续这段最伟大的智力冒险吗？
扫码获取"湛庐阅读"App，搜索"最伟大的
智力冒险"，观看作者精彩演讲视频！

THE
GREATEST
STORY
EVER
TOLD—
SO FAR

THE GREATEST
STORY EVER
TOLD——SO FAR

第一部分
未知与探索

01
**从纳尼亚的衣橱到
柏拉图的洞穴**

在我的故事之初，便有了光。

当然，在时间的起点，光就已经存在。可在我们谈论时间的起点之前，不妨先去探索一下人类自身的起点，也是科学探索的起点。这趟探索之旅意味着回归科学与宗教的初衷：渴望发现我们经验中的宇宙之外的存在。

对隐秘世界的向往

对许多人而言，正是这种渴望赋予了宇宙某种目的和意义。人们将其升华为一种对隐秘世界的向往。那片隐秘世界应该是个世外桃源，没有原罪，没有痛苦，也没有死亡。可对另一些人而言，隐秘世界有着完全不同的含义。它应该是一个存在于我们感知之外的物理世界。透过这个隐秘世界，我们可以洞悉事物的行为，而非空谈行为的意义。这个隐秘世界筑起了我们的生活体验，对它的理解是我们改变人生、环境和未来的力量源泉。

这两个世界的对比，出现在两部风格迥异的文学作品之中。

第一部是 C. S. 刘易斯（C. S. Lewis）的小说《狮子、女巫和魔衣橱》（*The Lion, the Witch and the Wardrobe*）。这部 20 世纪奇幻儿童文学经典充满了基督教的色彩。它描绘了一段发生在很多人身上的童年经历——到床底下、壁橱里或阁楼上寻宝，搜索隐秘世界的蛛丝马迹。故事讲述了第二次世界大战期间，几个学童为躲避战火而离开伦敦，来到乡下生活。某天，他们意外地爬进了一栋乡下别墅的大衣橱里，进而发现了一个名为纳尼亚的奇妙世界。故事中，孩子们得到了狮王的帮助，最终拯救了纳尼亚王国。而为了战胜邪恶，狮王如同基督一般甘受羞辱，并在祭坛上自我牺牲。

尽管刘易斯的童话有着明显的宗教暗示，我们仍然可以换个角度来看看这个故事——它是一则无关乎神明或者恶魔的寓言。这则寓言向我们揭示了一个波澜壮阔、令人生畏的未知世界。它就静静地存在于我们的感知之外，等待着我们鼓足勇气将其发现。而一旦被发现，它便能够丰富我们对自身的理解，并为那些急需归属感的人提供人生的目的和价值。

大衣橱散发着熟悉的旧衣服的味道。藏在里面的传送门安全地与外界隔离，却又显得愈发神秘。这样的设定需要突破经典的时空观。如果一个观测者只是徘徊于衣橱的前后，那他什么也发现不了。只有进入衣橱之后，他才能发现那个隐秘世界。这也意味着，人在衣橱内感知到的实际空间肯定比衣橱本身要大得多。

而这恰恰是宇宙的一个特征。广义相对论中，时间和空间具有动态性。举个例子，对站在黑洞"视界线"（物质一旦进入视界线，便再也无法逃脱）以外的人来说，黑洞的体积可能极小；可对于进入黑洞内部的观测者来说（假设他尚未被引力撕成碎片），他所看到的黑洞体积可能大不相同。尽管没有确凿的计算支持，但确实存在一种可能性，即黑洞内部存在着一扇通往其他宇宙的传送门。

让我们回到正题。在文学作品、哲学想象及其他领域中，还存在着另一种针对隐秘世界的想象。在这种想象中，那个总是存在于我们感知之外的宇宙，与现实空间的真相有着密切的联系。

以上观点的雏形出现在一段"上古"故事中，它比刘易斯的奇幻小说足足早了 2300 年。此处，我所指的故事即是柏拉图所著《理想国》(*Republic*)中的"洞穴寓言"。在整部《理想国》中，这则寓言是我的最爱。尽管出现甚早，"洞穴寓言"却一针见血地阐明了理解隐秘世界的必要性，及其可能带来的风险。

在这则寓言中，柏拉图将生活在经验现实中的人们比作一群从小就生活在洞穴中的囚徒。他们被迫终生面朝石壁。石壁是他们眼中唯一的真实世界。囚徒们的背后有火堆，一些物体在火堆前移动，火光将石壁照亮，也将物体投影到石壁上。于是，囚徒们总能看到一些影子在石壁上移动。

在高中课本里，我第一次读到了"洞穴寓言"。课文取自柏拉图《对话录》1961 年英译本。下面这幅图来自我当年的教科书。

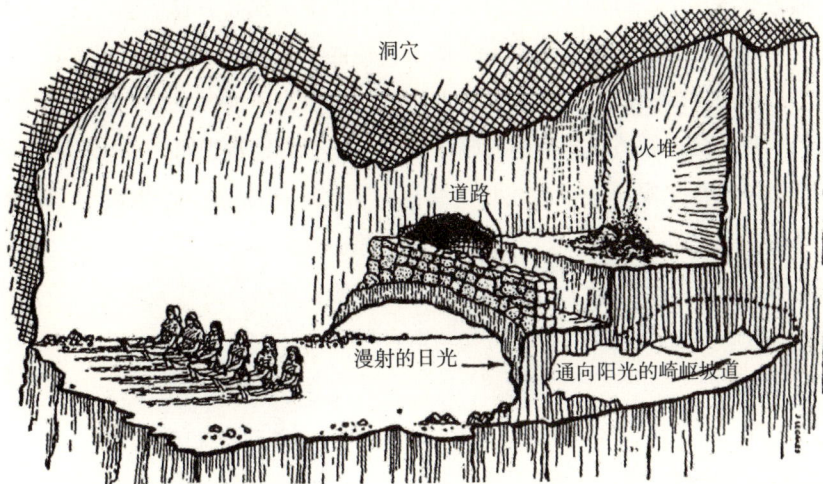

现在看来，这幅图显得有些可笑。尽管它只是图形化了《对话录》对洞穴的描述，可它带着几分鲜明的时代感。举个例子，为什么所有的囚徒都是衣着不多的女性？在柏拉图的时代，男孩子大概更受欢迎。

柏拉图称，囚徒们会错认影子为现实，甚至还会给影子起名字。这样的行为并不是非理性的。相反，我们很快会发现，他们眼中的现实在某种意义上相当现代——现实即我们可以直接度量的世界。科幻小说家菲利普·K. 迪克（Philip K. Dick）给出了我最认可的"现实"定义。在他看来，"现实是一种即便你不相信它，它却依然在那里的存在"。对囚徒而言，他们唯一能看到的就是影子。尽管物体的移动也会产生各种噪声，可囚徒们只能听到声音经由石壁反射所发出的回声。

接着，柏拉图将哲学家比作囚徒中的特殊一员。有人解除了他的枷锁，强迫他看看身后的火焰，再命令他越过火堆，走向洞外的阳光世界。刚开始，这个可怜人一定会痛苦不堪，火焰和洞外照进来的阳光会刺痛他的双眼。所有的事物都和它们的影子大不相同，展现出全新的模样。柏拉图指出，这个刚刚获得自由的囚徒或许还会对影子念念不忘，在他看来，事物的影子相比事物本身更为真实。

之后，这个可怜人被人硬拉出了洞穴，完全暴露在阳光之下。他的困惑和痛苦成倍递增。可最终，他会适应真实的世界。他会去看星星、月亮和天空。伴随他前半生的诸多幻象最终散去，他的思想和灵魂获得了解放。

柏拉图接着指出，如果此人重返洞穴，将会有两件事发生。第一，这个人的双眼无法重新适应洞穴的昏暗环境，无法很好地辨识影子。他的囚徒同伴们会笑话他老眼昏花，抑或智力衰退。第二，囚徒社会会设定目标计划，可现在他会觉得，这些计划短视而可怜。囚徒社会也会选贤任能，嘉奖那些擅长辨识影子、预测影子动向的人。可现在他会觉得，这些人丝毫不值得尊敬。此处，柏拉图套用荷马的诗句写道：

> 他宁愿活在地上为穷人做牛做马，也不愿再回到洞穴，像囚徒一样思考、生活。

以上就是自幼生活在幻象世界中的人们的故事。在柏拉图看来，芸芸众生几乎都是这样的人。

接着，寓言指出，从洞穴到日光下的上升之旅，其实是在类比将灵魂上升到可知世界的过程。

我们可以清晰地看出，柏拉图认为，只有进入纯粹的可知世界，人们才能用真相取代种种幻象。在他看来，人类之中，只有一小部分人能够完成这一旅途，我们称之为"哲学家"。令人欣喜的是，今天的人们有了基于推理和实证调查的科学。它使得我们中的很多人都有机会踏上这趟旅途。可是，当代科学家面临着相同的挑战：发现影子背后的真相，探究不随我们感知变化的真实世界。

尽管柏拉图在寓言里面没有明说，但我们不难想象以下场景：重回洞穴的人会告诉囚徒伙伴们他在洞外的见闻——太阳、月亮、湖泊、森林，以及其他人及其文明。他的伙伴们大概会觉得他不仅老眼昏花，而且彻底疯了。

这种想法极其现代。前沿科学正在大步前进，离我们所熟悉的世界越来越远，也离我们从生活体验中总结出来的常识越来越远。藏在我们体验之下的现实世界正变得愈发令人难以理解和接受。一些人甚至甘愿接受迷信和神话的指引，以求获得一丝慰藉。

科学发现的本质

常识曾帮助我们在非洲草原上同猛兽搏斗；然而，我们也完全能够料到，在一个和非洲草原极为不同的标准上，常识可能会误导我们对自然的思考。我们并没有进化出理解微观世界、宏观世界、高速运动世界的直觉，不应该期待日常生活中所依赖的各种规则放之四海而皆准。就生物进化而言，关注周遭非常有用，可对会思考的动物来说，我们应该看得更为长远。

在这一点上，我不得不引用柏拉图在寓言里给出的最后一条训诫：

> 在可知世界中，"善"的理念最后才能被人看见，也需要人做出最大的努力才能看见。我们一旦看见了善，就必能得出结论：善，是所有事物美丽和美好的原因；善，创造了光……善，是理性和真理的源泉。

柏拉图进一步指出，人若要理性行事，就必须在私人生活和公共领域中，通过对理性和真理的持续关注，孜孜不倦地追求善的理念。柏拉图认为，想要做到这一点，唯有不断探索筑成我们经验感知的隐秘世界，而不是四处寻找虚妄的世外桃源。唯有推理思辨、去伪存真，才能成就理性的行为，实现善的理念。仅靠信仰，无法做到这一点。

今天，柏拉图所谓的"纯思辨"已被科学方法取代。科学的基石正是推理和实验。它使我们得以发现现实世界背后的隐秘世界。现在，人们想要在私人领域或者公共领域开展合理的行动，都要先进行实证调查和推理研究。这一过程常常需要我们忽略习以为常的生活经验。每当政府基于意识形态而非确凿证据来推行某些政策时，以上原则常常促使我站出来公开抗议。同时，这个原则也使我对所谓"神圣"的概念感到不屑——那些所谓"神圣"的观点或训诫无法被公众质疑、探索、讨论，有时候连开开玩笑都不行。

我为《纽约客》所写的一篇文章同样言辞激烈地表达了我的这一观点："每当某些科学观点宣称自己不容置疑的时候，它们实际上破坏了科学的基础。同样，每当一些宗教言行因为'神圣'而免于社会责罚的时候，我们就破坏了现代世俗民主社会的基础。无论我们的政府是威权政府、神权政府，还是民主政府，当它们为了保护某些'神圣'的观点而压迫公开质询时，为了我们自己和我们的孩子，我们都不应该任由它们为所欲为，不应该支持、鼓励、实施此类行为，或使之合法化。科学上下五百年，早已使人类摆脱了无知的枷锁。"

让我们且将哲学思考放下。我之所以在这里介绍柏拉图的"洞穴寓言"，主要还是因为透过这个例子，我们可以一窥科学发现的本质，这也是本书故事的核心。

想象一下，有个邪恶的操纵木偶的人站在火堆前的岩架上展示一个物体。囚徒们在石壁上看到这样一个影子：

这个影子同时有长度和方向两个属性。对没有洞穴经历的我们来说，这是两个理所当然的概念。

然而，囚徒们发现，影子的样子发生了变化：

——————————→

又过了一会儿，影子变成了这样：

|

再过了一会儿，影子又变样了：

←——————————

接下来，影子变成了这样：

←————————|——————

从这些变化中，囚徒们能读出些什么呢？可以想象，长度、方向这类概念，对他们来说没有绝对的意义。在影子世界中，物体的长度和方向能够随意改变。就囚徒们的生活体验而言，长度和方向都是无关紧要的概念。

那么，那个从地上归来、看过影子之外的大千世界的哲学家又能发现一些什么呢？首先，他会还原影子本来的面目——某个位于囚徒们身后的三维物体在石壁上的二维投影。他会看到那个三维物体有着固定的长度，还有个箭头固定在上面，它其实是个风向标。如果哲学家的视角稍稍高于物体，他会看到那一系列的影像不过是旋转的风向标在石壁上的投影：

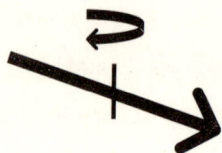

当他和别的囚徒再会时，这位哲学家兼科学家可以这样向同伴解释眼前的影像——世界其实是三维的，而不是二维的。物体有个名为长度的绝对物理量，它不会随时间而改变。而箭头的方向相对物体而言也是固定的，而不是忽左忽右的。如果别的囚徒理解了他的上述观点，他们眼中的影像便不再变化无常，而由此产生的所有困惑都会烟消云散。

可囚徒们会相信他的话吗？由于囚徒们对"旋转"没有直观的理解（毕竟他们所见到的都是二维影像，仅有这个基础，想象有第三个维度参与的旋转相当困难），想要说服他们接受这套理论会变得非常困难。哲学家大概会遭遇囚徒们的白眼，说不定还会被送进疯人院。然而，想要赢得大部分囚徒的赞同还是有可能的，只要我们的哲学家强调一个使他的理论充满吸引力的特点：那些看上去杂乱无章的行为，其实来自一个更深层次、更为简单明了的自然世界。那些看上去互无联系的现象，在那个更深层次的世界中相互连接，统一到了一起。

更妙的是，哲学家能够做出可供囚徒们验证的预言。首先，他会指出，如果真是三维旋转改变了影子的长度，那么每当影子长度短暂地变为零后，影子就会在另外一个方向上重新出现，而箭头的方向与此前所指正好相反。接着，他会指出，影子的长度存在周期性的变化。箭头朝左情况下影子的最大长度，和箭头朝右情况下影子的最大长度相同。

由此看来，"洞穴寓言"所蕴含的哲理远远超出了柏拉图最初的构想。为了在终极尺度上理解时间、空间和物质，我们几经周折，不懈奋斗。这是一个让人惊叹的真实故事。而柏拉图笔下的哲学家所发现的，正是这个精彩故事的核心标志。同这位哲学家一样，我们也需要挣脱过往经验的枷锁，从而发现深远而又美丽的简单世界，做出令人生畏却又精妙绝伦的预言。

在"洞穴寓言"中，刚开始，囚徒的双眼会被洞穴外的阳光深深刺痛。可渐渐地，囚徒会对它心醉神迷。这个世界对于我们也是如此。一旦我们看到了世界的真相，就再也没有回头路可走了。

02
望穿黑暗，揭开光学
奥秘的面纱

创世之初，便有了光。

古人在《创世记》中写到，神在第一天就创造了光。这样的想法并非出于偶然。没有光，我们就不会知道，我们的周遭还存在着浩渺的宇宙。当朋友向我们解释某事物的时候，我们会点点头说："明白了（I See）。"明白，意味着我们对事物有了根本性的理解，而不仅仅是字面上讲的"看到了"。

光，也恰恰是柏拉图洞穴寓言的核心——火光将影子投射到石壁上；洞外的阳光，使得被解放了的囚徒在短暂的失明后看到了世界的真实模样。我们的处境和洞穴人一样，我们都是光的囚徒——我们所知道的一切事物，几乎都来自双目所见。

西方宗教经典中，最重要的就是这句"要有光"。现在，这句话有了不同以往的重要性。彼时，它是神的一个念头；现在，我们知道它是自然规律的必然。基于同样的规律，世界上才有了苍穹和大地。这样看来，不仅人类是光的囚徒，我们的宇宙亦然。地球和物质，随着光的脚步，来到了这个世界。

一次次的认知转换一步步地发展出了"现代科学"。此刻，我正站在航船上，遥望远处的加拉帕戈斯群岛。查尔斯·达尔文使得这些岛屿举世闻名，这些岛屿也成就了达尔文的研究。达尔文的成就在于改变了我们对于生命的看法。他通过一套精巧的机制解释了生物的多样性。他认为，个体间微小的遗传差别，会经历自然环境的筛选，存活下来的才能被传播到下一代。所有的现存物种，都由自然选择发展而来。毫无疑问，进化论彻底改变了我们对生物学的认知。与此类似，对光的不断深入理解，会让我们重新审视人类在宇宙中的位置。这一认知转变还有着实用的附加效益。没有它，现代世界的一切科技将不复存在。

光到底是什么，一个长达 400 年的疑问

在柏拉图看来，我们对于世界的观察，很大程度上囚禁了我们的思想，限制了我们对宇宙结构的描述。可在柏拉图之后 2000 年的时光中，他的观点一直没有受到世人的重视。后来，当科学家们开始认真探索宇宙的本质时，"光到底是什么"这个问题足足困扰了他们 400 年。

在这些现代科学家中，最早对这一问题进行认真研究的，是艾萨克·牛顿。他是人类历史上最伟大的科学家之一，也是最古怪的一位。称牛顿是现代科学家，看似无懈可击；毕竟，他写下了《自然哲学的数学原理》（ *Principia: Mathematical Principles of Natural Philosophy* ）。这本 17 世纪的旷世著作揭示了物体运动的经典规律，奠定了牛顿引力定律的基础，开创了现代物理。不过，正如约翰·梅纳德·凯恩斯（John Maynard Keynes）指出的那样：

> 牛顿不是理性时代的第一人，他是最后一位魔法师，最后一位巴比伦人、苏美尔人，最后一个像几千年前为我们的智力遗产奠定基础的先辈那样看待可见世界和思想世界的伟大心灵。

凯恩斯的说法，一方面反映了牛顿理论的革命性和重要性——《自然哲学的数学原理》使得人类的世界观发生了不可逆转的变化。可另一方面，凯恩斯说到了牛顿本人的性格。较之物理学，牛顿将更多的时间和笔墨投入超自然现象、炼金术和圣经密码学。他特别喜欢研究《启示录》（*Book of Revelation*），以及围绕所罗门圣殿的种种传说。

很多人将牛顿对上帝的崇拜，视为宗教可以和科学共存的证据。在他们看来，正是因为有了基督教，才有了现代科学。这一说法混淆了既成历史和因果这两个概念。不可否认，自牛顿以来，许多现代西方自然哲学大家都是基督教虔诚的信徒。（达尔文也是基督徒，可在晚年时，他对宗教的兴趣大减。）可应当注意的是，在当时的社会背景下，所有的财富和教育资源都来自教会和王室。教会就好比是那个年代的国家科学基金。所有的高校都和教会有联系，所有的知识分子都隶属于教会。正如乔尔丹诺·布鲁诺（Giordano Bruno）和伽利略体会到的那样，忤逆《圣经》的后果相当严重。不信教的科学先驱是极为罕见的。

现在还有一些人说，科学先驱们都有宗教信仰，说明宗教教义可以和科学共存。可这些人混淆了科学和科学家这两个概念。尽管有些世俗偏见，可科学家归根到底也是人。和所有人一样，科学家的头脑中也会同时存在许多相互矛盾的概念。同时接受两个背道而驰的观点，恰恰是人类才有的本事。

说某个科学家信某种宗教，其实和说某个科学家是共和党人、某个科学家相信地球是平的、某个科学家相信神创论，没有本质区别。这些说法，不会给那个观点学说增加任何逻辑性和自洽性。我的朋友理查德·道金斯（Richard Dawkins）曾经告诉我这样一则逸闻：有位天体物理学教授，白天写正经论文，说宇宙的年龄超过 130 亿年；晚上下班回家后，就改称《圣经》的说法，说宇宙没超过 6000 岁。

所以说，决定某个理论在科学上是否自洽，关键在于不断重复的科学实验和建立在科学证据基础上的理性论证。有人说，在西方世界，宗教是科学之母。这样的说法没有错。可是，正如每一位家长所熟悉的那样，孩子很少会顺着父母的期望长大。

牛顿之所以研究光学，或许是因为他相信，光是上帝的恩赐。可是，青史留名的是牛顿的研究发现，而不是他的研究动机。

是粒子，还是光波？

在牛顿看来，光是由粒子组成的。他将这些粒子称为"微粒"。可同时代的另一批科学家则一致认为光是一种波。他们包括笛卡儿（Descartes）、牛顿的死对头罗伯特·胡克（Robert Hooke）以及年轻的荷兰科学家克里斯蒂安·惠更斯（Christiaan Huygens）。光的波动说基于一个观测事实，即包括日光在内的白光，在通过棱镜之后，散射成七色光谱。

牛顿生性自负。他坚信自己的那些同辈（和竞争对手）都是错的，自己才是对的。为了证明这一点，他设计了一个非常巧妙的实验。当时剑桥瘟疫肆虐，因此实验就在牛顿伍尔索普的家中进行。牛顿在 1672 年给皇家学会（Royal Society）的报告中称，当实验进行到第 44 次时，预想中的结果分毫不差地出现在了他的眼前。

"波动说"的支持者认为，光波由白光构成。当光通过棱镜时，遭到了玻璃的"腐蚀"，结果散射成了各种颜色。依照这种说法，玻璃越厚，光就散射得越厉害。

牛顿认为事实并非如此，光由带有各种颜色的粒子构成。当这些粒子混合在一起后，光就变成了白色。牛顿将光谱中的带色粒子分成 7 类：赤、橙、黄、绿、青、蓝、紫。自古希腊时代起，"7"这个数字就和神秘主义密不可分。牛顿的分类想必受此影响。为了证明"玻璃腐蚀说"是错误的，牛顿设计了如下实验：他将白光射入两片朝向相反的棱镜。白光经过第一片棱镜后，散射成彩色光谱；在通过第二片棱镜后，散射的光谱又重新组成了一束白光。如果"玻璃腐蚀说"是正确的，以上现象根本就不会出现，第二片棱镜只会使光散射得更厉害，而不可能将它还原为初始状态。

准确地说，以上结果并没有推翻光的"波动说"。（事实上，这个实验结果还支持了"波动说"。各色光在进入棱镜时发生了各种程度的折射，原因在于光速有了不同程度的减慢，这恰恰是波的行为。）可遗憾的是，"波动说"的支持者（错误地）认为，玻璃腐蚀造成了棱镜散射，而牛顿的实验，恰恰说明了"腐蚀说"是错误的。光的"波动说"受到牛顿的重创，而"粒子说"获得了人们的青睐。

此外，牛顿还发现了光的其他许多特性。比如说，不同颜色的光，在通过棱镜时，产生的折射角各不相同；又如，不管拿什么颜色的光去照物体，物体显现的颜色都一样；再如，单色光无论穿过多少棱镜、被棱镜反射多少次，都会保有同样的颜色。现在看来，这些事实恰恰在帮助我们理解光的波动本质。

以上所有牛顿的研究发现，都可以通过一个简单的理论来解释，即白光由不同颜色的光混合而成。在这一点上，牛顿是正确的。可是，这些发现不能说明光是由不同颜色的粒子组成的。事实上，组成白光的，是不同波长的光波。

然而，纵使牛顿声名鹊起，纵使牛顿的死敌胡克去世，纵使牛顿在 1703 年出任皇家学会会长，并将自己的研究成果出版成巨著《光学》（*Opticks*），"波动说"的支持者们并没有因为牛顿的打击而出现丝毫的放弃。事实上，关于光的本质的争论持续不断，超过一个世纪。

光的"波动说"面临着一大问题：光到底是什么的波？人们此前所知的所有波都离不开传播介质，那到底什么是光的传播介质？这些问题让人备感困惑。"波动说"的支持者们不得不宣称整个空间里弥漫着一种看不见的东西，他们称之为"以太"。

法拉第的"场"

一个物理难题的答案，常常出人意料地出现在物理世界的其他角落。以上难题也不例外。它的答案，藏在一个充满着转轮和火花的世界。

当我刚到耶鲁大学当助理教授时，一位老教授正好退休，我有幸继承了他那间古老、宽敞的办公室。办公室的墙上留着一张照片——"迈克尔·法拉第（Michael Faraday），1861 年"。我如获至宝。

我并不是一个崇拜英雄的人。可真要崇拜某人的话，我大概会选法拉第。法拉第对当代文明的推进作用，比 19 世纪的任何科学家都要大。然而，法拉第没受过什么正规教育，14 岁就当了书本装订商的学徒。后来，法拉第的科学成就获得了世界范围内的认可，可他依旧谦虚而低调。他婉拒了一次骑士授勋，以及两次出任皇家学会会长的机会。再后来，英国政府打算制造化学武器并用于克里米亚战争，他们向法拉第寻求帮助，可法拉第认为这有违伦理，便拒绝了政府的请求。每年圣诞节，法拉第都会在英国英国皇家研究院举行一系列的圣诞节讲座，旨在鼓励年轻人投身科学事业，这一做就是 33 年。我实在想不出不喜欢他的原因。

法拉第是一位受人尊敬的科学家。他和我们的故事有着莫大的联系。我经常和学生们分享我从法拉第身上学到的第一个教训：和教授搞好关系。20 岁时，法拉第结束了长达 7 年的学徒生涯。他参加了英国皇家研究院院长、大化学家汉弗莱·戴维（Humphry Davy）的系列讲演。讲演结束后，法拉第将自己细心抄录的笔记，装订成一本厚达 300 页的精美书籍，拿给戴维过目。不到一年，法拉第就成了戴维的秘书。此后不久，他又被任命为英国皇家研究院的化学助理。当然，我们也能从法拉第此后的学术生涯中学到反面教训。在法拉第进行一系列重要的先期实验后，他发表的论文中忘了提及同戴维的合作。或许，正因为这个意外，戴维重新分配了法拉第的工作。那些能够改变世界的重要研究也因此被耽搁了许多年。

在被重新分配之前，法拉第一直致力于当时科研的"热门"领域——电和磁之间的联系。不久之前，丹麦物理学家汉斯·克里斯蒂安·奥斯特（Hans Christian Oersted）刚刚发现二者之间可能有所关联。电和磁看似大相径庭，可在某些方面，却出奇地一致。电荷和磁铁一样，既可以相互吸引，也可以相互排斥。当然，磁铁总是有南北两极，没有孤立的一极。对电荷来说，存在着单独的正电荷和负电荷。

曾几何时，科学家们和自然哲学家们都在苦思电和磁之间的隐秘联系。奥斯特意外获得了其中的第一条线索。1820 年，在一堂课上，奥斯特接通了电池的两极，通过导线的电流使一旁的磁针发生了偏转。随后几个月，奥斯特进一步深入研究，他发现运动的电荷流，即我们现在所称的电流，使导线产生了磁力。磁力使得磁针沿着以导线为中心的圆形切向偏转。

这是个令人匪夷所思的实验。很快，消息便传遍了欧洲大陆，又传过了英吉利海峡。运动的电荷可以产生磁力。电和磁之间还有其他联系吗？磁铁是不是也能反过来作用于电荷呢？

很多科学家都试图寻找这样的联系，但都无果而终，其中包括戴维和他的同事。他们试图利用奥斯特的发现来制作一台电动机，可惜实验没有成功。最终，是法拉第让一根通电的导线，绕着磁铁运动。在某种意义上，这算是一种原始的发电机。法拉第兴高采烈地将这一结果写成论文，却忘了提及老教授的名字。

以上这些研究，从某个角度看，只能算作科技小发明。从中，我们看不出什么全新的本质跃迁。也许，这正是我喜欢以下这则（可能是杜撰的）小故事的原因。英国首相威廉·格拉斯通（William Gladstone）在上任之前，一直听说法拉第的实验室里摆满了各种稀奇古怪的装置。1850 年，他问法拉第："你研究的电，到底有什么用？"据说法拉第这样回答："先生，我不知道这东西能做什么，不过将来会帮你带来很多税收。"

无论杜撰与否，法拉第的风趣回答既是极好的讽刺，又道出了事实的真相。许多科学研究的动机，不过是出于好奇心。乍看起来，这些研究相当自私，和公众利益毫无关系。可是，现在人们的美好生活，恰恰基于此类科学研究的成果。其中，当然包括驱动所有家电设备的电力。

1831 年是戴维逝世的第二年，也是法拉第出任英国皇家研究院实验室主任的第六年。这一年，他发现了电磁感应现象。这一发现使法拉第成为19 世纪最伟大的实验物理学家。自 1824 年起，法拉第就在研究磁铁是否能改变一旁导线中电流的大小，是否能向电荷施加某种类似电力的力。奥斯特此前展示了电，特别是电流，可以生磁。法拉第的主要目标，就是看看磁能否生电。

1831 年 10 月 28 日，法拉第在他的实验笔记中记录了一个重要发现。

他接通了缠绕着铁棒的线圈，以使铁棒磁化。在这一瞬间，他发现另一条绕着同一铁棒的线圈中有电流通过。显然，简单地将导线放在磁铁旁边，无法在导线中产生电流。可是，在磁铁出现或消失的过程中，导线里产生了电流。接下来，法拉利让磁铁在导线周围移动，同样的效应又一次出现。当磁铁接近或远离导线时，导线中就有电流通过。和电荷的移动产生磁力一样，磁铁的移动（或是磁场强度的变化）产生了电力，并让磁铁旁边的导线中产生了电流。

这个结果简单而又出人意料。电磁感应现象隐藏着极为深刻的理论意义。如果你看不出来，我不能怪你。揭示隐藏意义的过程相当微妙，还得等19世纪最伟大的理论物理学家来完成。

为了准确描述电磁感应现象背后的理论意义，我们需要引入一个由法拉第提出的物理概念。法拉第没有受过正规的学校教育，他自学成才，因此对数学头痛不已。根据另一则可信度不高的故事，法拉第曾经吹嘘说，自己发表的所有论文中，仅有一处应用了数学公式。当然，在描述电磁感应这个重大发现时，法拉第没有应用任何数学公式。

因为对数学感到头痛，法拉第常常借助脑海中的虚拟图像，以理解实验背后的物理意义。结果，法拉第发明了一个极为重要的物理概念。这个概念解决了牛顿终其一生都没能解决的难题，它同时也成为所有现代物理的根基。

法拉第自问，一个电荷怎么"知道"遥远的地方出现了新的电荷，进而相互之间产生电力呢？同样的问题，牛顿也想过，只不过他考虑的是引力。地球怎么"知道"太阳的存在，进而相互之间产生出引力呢？引力到底是怎样从一个物体传到另一个物体的呢？面对这个问题，牛顿做了如下著名的回应："我不做假设。"（Hypotheses non fingo.）这个回应说的是，牛顿给出了引力定律，而实际观测又证实了牛顿的预言，对一个物理学理论来说，做到这一点已经足够好了。这句话被后来很多物理学家拿来当遁词，特别是当某些奇怪的物理结果受到质疑的时候。这种情况在量子力学领域尤为频繁。虽然量子力学的数学结构相当牢固，可物理图像却着实疯狂。

在法拉第的想象中，每个电子都被"电场"所包围。在他看来，电场就是一簇以电荷为中心，向外发出的线。这些电场线上，点缀着箭头。朝外代表着正电荷，向内代表着负电荷：

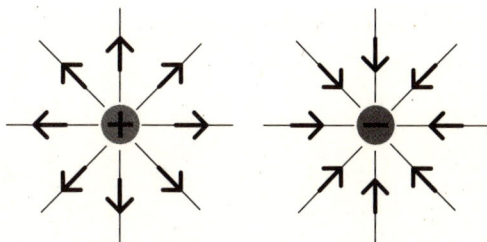

他进一步设想，当电荷增加时，电场线的数量也会增加：

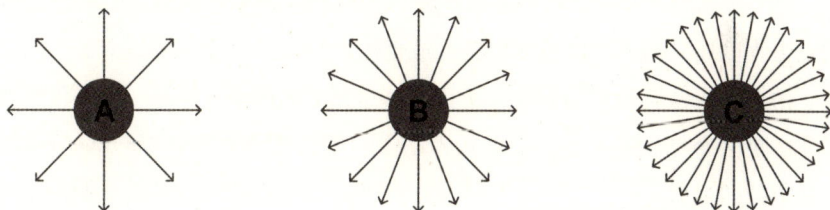

现在，法拉第可以用以上图像来直观地理解电荷间的相互作用。将一个电荷静置，再在它的周围加入一个测试电荷。测试电荷会感受到原先电荷在那一点处的"电场"。施加在测试电荷上电力的强度与该处电场线的密度成正比，方向即为该处电场线的方向。举例来说，下图中，测试电荷将受到一个往外推的力：

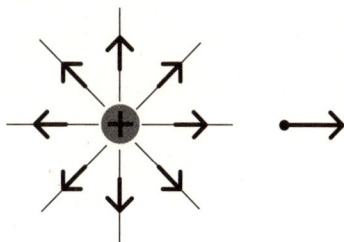

我们还能用法拉第的物理图像来理解许多别的现象。想象一下，我们把两个电荷放在一起。因为电场线总是始于正电荷，止于负电荷，并且永不交叉，我们就自然而然地看到，同性电荷相斥，异性电荷相吸：

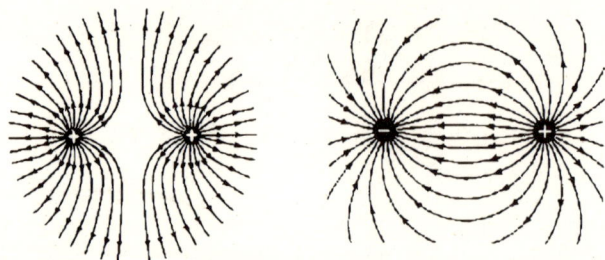

同样，假设我们在两个电荷之间加入一个测试电荷，测试电荷所感受到的电力强度还是与该处电场线的密度成正比，方向还是电场的方向。

由此，法拉第没有用方程，而是通过脑海中的图像，描述了电力作用的本质。更为奇妙的是，法拉第的物理图像和场的数学描述有着严格的对应，而非单纯的近似。

与此类似，我们能够通过磁场来理解各种磁力定律，其中包括描述静磁间磁力的库伦磁力定律，以及描述电流间磁力的安培定律。（法拉第之前，法国人垄断了电学和磁学的所有重要发现。）

有了上面这些物理图像的帮助，让我们重新表述一遍法拉第发现的电磁感应现象：线圈内磁场线的增减，会在线圈中产生电流。

很快，法拉第就意识到他的发现可以将机械能转换为电能。如果在水车的叶片上附上线圈，再将水车置于一个大磁场中，那么当水车旋转时，通过线圈的磁场线数量就会发生持续改变，从而产生持续的电流。多亏了这个想法，我们才有了水电站，才有了尼亚加拉瀑布，才有了现代化的世界！

单凭这一项发明，法拉第即可成为 19 世纪最伟大的实验物理学家。可推动科技进步并不是法拉第的研究动机，而这也正是我敬仰他的原因。法拉第的好奇心深不可测，他急切地将自己的发现与人分享，让所有想知道的人都能知道。而这，也恰恰是我最佩服他的一点。在我看来，法拉第肯定会认同我的观点：科学对于社会的作用，主要在于加深我们对一个问题的理解，即人类在宇宙中的位置。就历史来看，他做到了这一点。

法拉第的故事不禁让我想起了另一位伟大的现代实验物理学家——罗伯特·R. 威尔逊（Robert R. Wilson）。威尔逊年少成名，29 岁出任洛斯阿拉莫斯（Los Alamos）实验室研究部部长，在曼哈顿计划中负责核武器的发展。多年后，他成为伊利诺伊州巴达维亚市的费米国家加速器实验室（Fermi National Accelerator Laboratory）的首位主任。1969 年，费米国家实验室还在建设之中，威尔逊出席国会听证会，委员会要他解释新的加速器为什么值得国家如此破费。当有议员问，加速器会对国防有什么作用时（在委员会看来，如果对国防有用，钱就花得很值），威尔逊勇敢地回答："没有用。"他进一步说：

> 加速器这个项目，只和人们之间的相互尊重有关，和人类的尊严有关，和我们对于文化的爱有关……它让我们自问，我们是好的画家吗？我们是好的雕塑家吗？我们是优秀的诗人吗？我想说的是，加速器和我们这个国家一切真正值得尊敬和热爱的东西有关。从这个意义上说，加速器带来的新知识和国家、民族的荣誉息息相关。它不能直接保卫我们的国家，但它让这个国家值得我们去保卫。

法拉第的发现创造并推动了我们的文明，点亮了我们的城市和街道，使得所有的电子设备得以运转。对于现代文明来说，很难想象还有哪个发现比之能更为深远。可是，更加深入地看，法拉第之所以在我们的故事中如此引人注目，在于他发现了谜题的一角。**这个谜题发轫于光学，最终彻底改变了我们对一切事物的认知和理解。**如果说牛顿是最后一位魔法师，法拉第可谓是最后一位生活于黑暗之中的现代科学家了。因为法拉第的工作，解开光学奥秘的钥匙已经准备就绪，等待着有心人将它拾起。

不出 10 年，一位命带华盖的年轻苏格兰理论物理学家，迈出了关键性的下一步。

03
光在镜中，找寻
光的本质

詹姆斯·克拉克·麦克斯韦（James Clerk Maxwell）
是 19 世纪最伟大的理论物理学家。爱因斯坦曾经这
样评价麦克斯韦：他对物理学的影响，和牛顿一样
大。巧合的是，麦克斯韦出生的那一年，法拉第发现
了著名的电磁感应现象。

从白光到七色光谱

与牛顿一样，麦克斯韦的科学研究生涯，始于他
对光线和色彩的着迷。牛顿通过透镜将白光散射为七
色光谱。麦克斯韦反其道而行之。学生时代的他，就
在探索这样一个问题："最少需要用几种颜色，才能
混合出人们感觉中的白光？"为此，麦克斯韦开始旋
转带色陀螺。他发现人类所能感知的所有颜色都可以
由红、绿、蓝三原色混合出来（如果你接过彩电的分
量接口，就一定不会对此感到陌生）。利用这个发现，
麦克斯韦制造出世界上第一张彩色照片。随后，他又
对偏振光产生了浓厚的兴趣，偏振光指的是电场和磁

场的振动面仅限于特定方向的光。他用明胶把两个偏振片组合在一起，再用光进行照射。如果偏振片的偏振方向相互垂直，那么就没有光可以通过第二个偏振片。在此基础上，对明胶施加一定的压力，则会有一些光通过。这是因为有外力情况下，光在穿过明胶时，偏振面发生了旋转。通过仔细观测通过材料的光所留下来的彩色条纹，麦克斯韦得以知道材料内部的应力到底如何分布。直到今天，人们还用他的方法来探索复杂结构内的应力分布情况。

然而，这些精巧的实验远远没有反映出麦克斯韦超凡的才智和数学能力。卒于 48 岁的他，将毕生才华奉献给了科学。麦克斯韦的天赋显现甚早。早在 3 岁的时候，他就表现出与生俱来的求知欲。麦克斯韦的母亲在一封写给妹妹的家书中这样说道：

> 他是个很快乐的小孩，特别是当天气不错的时候；他很喜欢捣鼓家里的门、锁、钥匙这些东西，老是喊叫："告诉我它为什么会这样！"他还喜欢研究蒸汽是怎么来的，电线是怎么工作的，以及池塘里的水是怎么通过墙壁流到家里来的。

在母亲早逝之后（麦克斯韦和他的母亲一样，死于胃癌），麦克斯韦的学业中止了一段时间。13 岁时，他进入著名的爱丁堡公学就读。在校期间，他在校内数学、英语、诗歌比赛中均获得了名次。之后，他写了自己学术生涯的第一篇科学论文，并在爱丁堡皇家学会做了报告。这篇论文讨论了一族数学曲线的特性。那一年，麦克斯韦年仅 14 岁。

少年时代就锋芒毕露的麦克斯韦，进入大学以后依旧闪耀。他毕业于剑桥大学。毕业后不到一年，他就成为三一学院的评议员。对于其他许多剑桥毕业生来说，这一过程常常要花更多的时间。麦克斯韦并没有在剑桥多作停留。不久之后，他回到故乡苏格兰，在阿伯丁的一家学院当了自然哲学教授。

出任教授的时候，麦克斯韦年仅 25 岁。他是系主任，每周要上 15 个小时的课，此外还要在当地的工人学院做公益讲演（这对于今天的教授来说，简直不可想象。我常常扪心自问，如果我的工作日程表和麦克斯韦一样，我还会剩多少力气来搞研究）。可麦克斯韦还是挤出时间，解决了一个困扰科学家 200 年的难题：土星的圆环为什么那么稳定？麦克斯韦研究发现，这是因为土星环其实是由大量的微小颗粒组成的。因为这一研究，麦克斯韦获得了一个专门为该问题而设立的大奖。100 年后，当人们透过"旅行者"号（Voyager）第一次近距离观察土星时，麦克斯韦的理论得到了证实。

你或许会想，有这么了不起的学术成就，麦克斯韦的工作肯定是个铁饭碗。可 1860 年，风云突变。这一年是麦克斯韦学术生涯的另一个高峰，他因为研究色彩而获得了皇家学会伦福德奖章（Rumford Medal）。就在同一年，麦克斯韦任教的学院和附近的另一所学校合并。合并后的学校只保留一个自然哲学教授的职位，而麦克斯韦居然被学校很随意地开除了。这一定是有史以来最蠢的学术决定。麦克斯韦试图申请爱丁堡大学的一个教授职位，可惜还是没能成功，位子后来给了别人。最终，麦克斯韦在英国南部找到一份工作，他成为伦敦国王学院的教授。

有人或许会想，麦克斯韦在经历了这一连串的波折后，一定郁郁寡欢。可从他的学术工作中，我们看不出这样的迹象。在伦敦国王学院的 5 年，正是麦克斯韦学术生涯中最为高产的 5 年。在这 5 年中，麦克斯韦 4 次改变了世界。

这四大学术贡献中的前三项分别为：

◎ 发明了世界上第一张耐光的彩色照片；

◎ 发展了气体的粒子理论（它是现代统计力学的基础，没有统计力学，我们就无法理解物质和辐射的本质）；

◎ 发展了"量纲分析"法，用以分析物理量之间的相互关系。

对一个现代物理学家来说，量纲分析是一种极为常用的研究工具。举个例子，前几年，我和我的合作者弗朗克·韦尔切克（Frank Wilczek）就通过量纲分析研究了引力的量子化。

这三大贡献中的任何一项，都足以让麦克斯韦成为同辈中最伟大的物理学家。可他的第四大贡献改变了所有的一切，其中包括我们对于时间和空间的理解。

电磁统一

在国王学院期间，麦克斯韦是英国皇家研究院的常客。他和法拉第保持着密切的联系。法拉第比麦克斯韦大了 40 岁，他启发了麦克斯韦。此前 5 年，麦克斯韦就开始关注电学和磁学。在和法拉第会面之后，麦克斯韦将这门蓬勃发展的学科视为自己的研究重点。麦克斯韦通过自己的数学天赋，来重新描述和理解法拉第的各种发现。麦克斯韦给出了法拉第的力线背后的严格数学。他也因此得以进一步探索电磁感应现象。从 1861 年至 1873 年的 12 年间，麦克斯韦完成了他最伟大的学术工作——电磁统一理论。

为了完成电磁统一理论，麦克斯韦借由法拉第的工作来揭示电和磁之间的对称关系。简单地说，在奥斯特的实验中，移动的电荷产生了磁场；而在法拉第的实验中，变动的磁场（这可以通过移动磁铁来产生，也可以通过改变缠绕线圈中的电流来产生）产生了电场。

1861 年，麦克斯韦第一次将以上结果表述为数学公式。可很快，他发现自己的公式并不完备。磁场和电场看起来还是不够对称。电荷必须通过移动，才能产生磁场。可磁场仅仅需要发生强度上的改变，就能产生电场。正如法拉第看到的那样，打开缠绕线圈中的电流，电流产生磁场。在磁场产生的过程中，产生电力，并在一旁的导线中感应出电流。

麦克斯韦认识到，为了让这些描述电和磁的方程完备且自洽，就需要在这些方程中加入额外的一项。麦克斯韦称之为"位移电流"。对此，麦克斯韦做出如下论证：移动的电荷，即电流，确实能够产生磁场，可移动仅仅是电场改变的一种方式（在移动过程中，每个电荷上的电场都发生了改变）。或许，无须移动电荷，仅仅改变电场的强度，也能产生出磁场。

麦克斯韦认为：将两块平行金属板连接到电池的两极上，在电池的作用下，这两块板会带上相反的电荷。这些电荷会在两块板之间产生电场。如果用一根导线连接这两块板，导线上也会产生出磁场。麦克斯韦发现，想要让自己的方程完全自洽，就要满足如下条件：当两块金属板之间的电场增强时，金属板之间的空隙中一定要产生出磁场；假设真的用一根导线将两块金属板联通，再重复以上实验，导线周围感应出的磁场必须和以上空隙中产生的磁场一模一样。

当麦克斯韦在他的方程中加入位移电流后，他的公式终于实现了数学上的自洽。位移电流就像是一种虚拟的电流，它在两块金属板之间流动。两块板之间真实的电场变化，就是位移电流所产生的电场变化。两块板之间产生出的磁场，就是位移电流所产生的磁场。每个做过以上物理实验的本科生都能向你保证，金属板之间的空隙中确实产生出了磁场。

物理学的直觉，加上数学上的自洽，是做物理学研究的不二法门。在复杂的公式中加上位移电流这一项，看似没什么大不了，可事实上，它的影响甚大。它意味着我们再也不必拘泥于真实的电荷，可以大胆使用法拉第发明的"场"，来描述电学和磁学中的一切现象。电和磁之间的关系可以简单地表述为：电场的变化产生出磁场，磁场的变化产生出电场。

不经意之间，原本存在于数学公式中的"场"，变成了真实的物理存在，而不仅仅是描述电荷相互作用的一种手段。电和磁变得不可分离，我们再也不能抛开磁力谈电力了。如下文所述，一个人眼中的电力，在另一个人看来，就成了磁力。到底是电还是磁，完全取决于观测者的环境，以及在他的参考系中这些场是否发生了变化。

从现在开始，让我们用电磁学来统称电学和磁学现象。这样做的好处颇多。自麦克斯韦以后，人们不再将电力和磁力视作两种不同的力，因为这两种力其实是同一种力的不同表现形式。

1865 年，麦克斯韦发表了完备的电磁学方程组。1873 年，在其撰写的教科书中，他又进一步简化了这个方程组。方程组共含 4 个公式，它们便是大名鼎鼎的麦克斯韦方程。时至今日，无论何地，印着麦克斯韦方程的 T恤都是物理系本科生们的最爱（当然，这些方程被人们用现代数学语言进行了改写）。在牛顿统一天与地之后，我们在 1873 年迎来了物理学史上的另一场大统一。这场大统一始于奥斯特和法拉第的实验发现，它是人类智慧的至高成就，它的完成者正是仕途多舛、作客他乡的麦克斯韦。

获得一种全新的宇宙观，总是一种令人惬意的体验。或许，这是一种必然。倘若这种宇宙观来自科学，那么人们除了惬意之外，还能收获大量额外的好处。它们实实在在，经得起实验考验，而且马上就来。

麦克斯韦的大统一理论就是这样一种世界观的改变。他将法拉第头脑中的场变成实实在在的东西，同你的鼻子一般真实。我不是在开玩笑。如果没有这些场，你恐怕看不到在你的脸上会有鼻子这样一个东西存在。

光就是一种电磁波

麦克斯韦通过优美的数学语言，构建了电磁学的基本法则。可这还没有完全体现麦克斯韦的聪明才智。光，是世界上最基本的物理存在，是我们最司空见惯的事物。可上至柏拉图，下至牛顿，在这些伟大的自然哲学家看来，光依然神秘莫测。而麦克斯韦通过数学，向我们揭示了光的本质。

让我们来做这样一个思想实验。上下抖动一个带电的小物体，会发生什么呢？

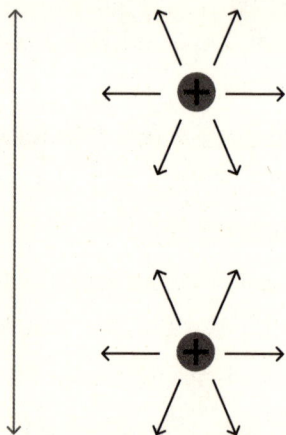

是的，电荷周围带有电场，当你移动电荷时，电场线的分布就会发生变化。可这不是故事的全部。根据麦克斯韦理论，电场的变化会产生磁场。磁场的方向垂直于纸面，向内或向外。

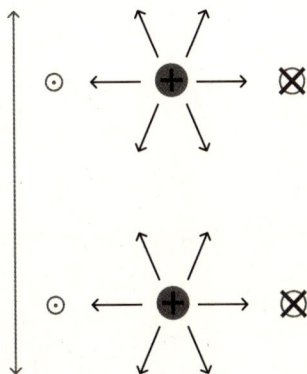

让我们用叉号标记那些垂直纸面向内的磁场线，用小点标记垂直纸面向外的磁场线。当电荷反向运动时，磁场的方向也会发生相应的翻转。

但这还不是故事的全部。我们不断上下抖动电荷，电场方向不断改变，电场感应出磁场，磁场方向也不断改变。可磁场的变化又能产生电场。于是我们又有了新的感生电场。新的电场沿上下方向振动。当磁场方向翻转时，电场的运动也会跟着翻转。请注意，由于空间有限，下图中我只画了带电小物体右侧的电场和磁场。小物体的左侧也会有电场和磁场出现，左右互为镜像。

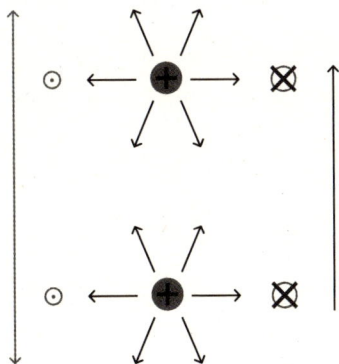

这个新生的电场也会不断变化，这样又能产生出新的磁场。如此往复，抖动着的电荷不断在其左右产生新的电场和磁场。

随着电荷的上下抖动，电场和磁场不断衍生，向外传播，形成电磁扰动。这一切都遵循麦克斯韦的电磁学方程。下面这幅图中，我们看到这一传播过程的三维图像：

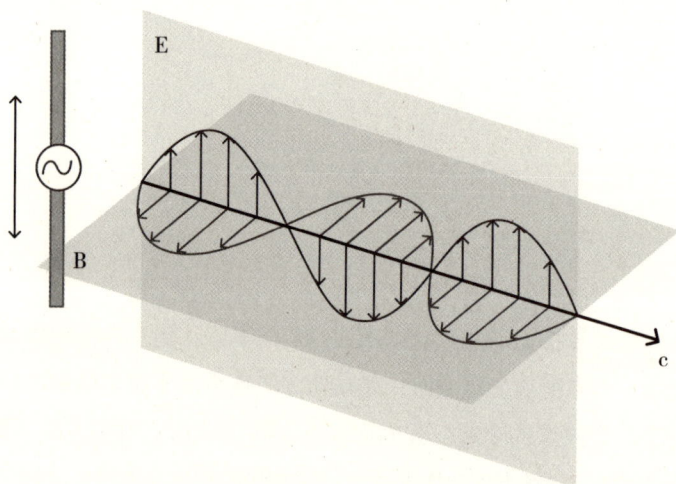

图中，我们可以看到电磁扰动形成了波。它就是电磁波。随着时间流逝，电场和磁场在相互垂直的两个平面上振荡。电磁波的传播方向垂直于二者的振荡方向。

事实上，在麦克斯韦确定电磁学方程组的最终形式之前，他已经预言出振荡的电荷可以产生电磁波。麦克斯韦还做了一件更为了不起的事：他计算了电磁波的传播速度。麦克斯韦的计算相当简洁优美，我很喜欢向本科生们展示这则推导：

我们能够测量两个已知电荷之间电场强度。电场强度与这两个电荷的乘积成正比。让我们将电场强度和电荷乘积之间的比例系数定义为 A。

与此类似，我们能够测量两块电磁铁之间的磁场强度。电磁铁的磁场取决于所加的电流。两块电磁铁之间的磁场强度，与所加电流的乘积成正比。我们将磁场强度和电流乘积间的比例系数定义为 B。

麦克斯韦指出，振荡电荷产生电磁扰动，其传播速度完全由电场强度和磁场强度决定，它们之间有确定的公式。如果我们能够从实验中得知比例系数 A 和 B，我们就能知道电场和磁场的强度，从而知道电磁波的传播速度。当麦克斯韦将实验数据带入公式之后，他得到：

电磁波传播速度 $\approx 311\,000\,000$ 米 / 秒

据说，当年爱因斯坦算出水星的轨道运动和他的广义相对论预言一致时，他兴奋过度，甚至引发了心悸。我们不难想象，麦克斯韦算出电磁波传播速度时该有多么激动。在我们看来，以上数字似乎没什么意义，可麦克斯韦知道，这是光的速度。早在 1849 年，法国物理学家斐索（Fizeau）就对光速进行了测量。这在当时是一个极为困难的实验。实验测得：

光速 $\approx 313\,000\,000$ 米 / 秒

鉴于当时的实验精度，麦克斯韦的计算结果和斐索的测量吻合得相当好。（现在我们知道光速的精确值是 $299\,792\,458$ 米 / 秒。这个数值相当重要，我们现在用它来定义"米"这个单位。）

1862 年，麦克斯韦以他一贯的笔调，记录了他第一次推出电磁波传播速度时的感受："我们难以回避这一推断——光，与同介质中引起电磁现象的横波具有一致性。"

换句话说，光就是一种电磁波。

两年之后，麦克斯韦终于完成了他的电磁学经典论文，他更加自信地写

道："光是按照电磁定律在电磁场中传播的电磁扰动。"

为什么会有光？这个问题困扰了人类 2000 年。而正是麦克斯韦论文中的这一句话，使得这一难题最终尘埃落定。和其他许多真知灼见一样，麦克斯韦的发现也仅仅是他进行基础研究过程中的副产品。光是电磁波这一发现，来自人类历史上最伟大的理论进步，即优美的电磁大统一理论。

麦克斯韦之前，人们信仰神明，通过《创世记》来获得智慧。纵使天才如牛顿，也只能依赖宗教来理解光的起源。但在 1862 年，一切变得完全不同了。

詹姆斯·克拉克·麦克斯韦是位虔诚的信仰者。和牛顿一样，有时他会因为信仰，发表对世界的独到见解。然而，同神话中盗取火种的普罗米修斯一样，麦克斯韦盗取了《圣经》的第一句话，将它的意义做了彻底的颠覆。自 1873 年起，一代又一代的物理系学生都会这样骄傲地高喊："麦克斯韦写下了他的 4 个方程，然后说，要有光！"

04
去而复返，解开
光速的谜题

　　1663 年，罗马教廷对伽利略进行了异端审判，理由是他"将日心说这样的邪说当作真理"。据称，当着教会审问员的面，伽利略喃喃自语道："可地球确实在动。"虽然此后伽利略迫于压力公开支持古老的"地心说"，但从这句话中看得出，他内心中的革命精神依然在涌动。

　　教廷最终让步了，承认地球确实在运动。但《诗篇》依然如旧。在受审前的一年，伽利略就论证过绝对静止状态无法通过实验加以检验。诸如抛球接球这样的实验，静止参考系下的实验结果和匀速运动参考系下的实验结果一模一样。平稳飞行的飞机便是一个很好的匀速运动参考系。如果飞机的窗门全部关闭，任何实验都无法区分飞机到底是静还是动。

　　1632 年，一个小球被伽利略推下了坡，永不停歇地向前滚动，一如由他推动的自然科学。可直到273 年以后，围绕着运动的难题才算尘埃落定。（尘埃和难题不同，并不会自动落定。）难题的解决人正是爱因斯坦。爱因斯坦和伽利略截然不同，他绝对不算是个革命者。作为革命者的伽利略，将亚里士多德的权威统治颠覆殆尽。爱因斯坦所做的和伽利略恰恰相反。他知道基于实验的自然规律无法被人轻易地推翻。不越雷池半步，正是爱因斯坦天才的表现。

这一点非常重要，请容我重述一遍。每周我都会收到一些"科学爱好者"的来信，告诉我他们发现了一个新的终极理论，推翻了所有已知的宇宙学。他们还常常搬出爱因斯坦，用来强调这样的理论确实可行。我想对这些人说，你们的理论漏洞百出，这已经很糟了，而且你们还贬损了爱因斯坦的声誉。因为爱因斯坦认定的是，基于实验的自然规律无法被人轻易推翻。

所谓静止状态，不过是一种幻觉

爱因斯坦出生于 1879 年，这恰恰是詹姆斯·克拉克·麦克斯韦去世的年份。或许有人会想，这是因为地球无法同时容下两个天才。可这仅仅是个巧合，一个幸运的巧合。如果没有麦克斯韦的发现，爱因斯坦无法成为爱因斯坦。麦克斯韦和法拉第分别为人类创立了光学和电磁学，新一代的科学家们在成长过程中不得不和它们死缠烂打。而爱因斯坦正属于他们中的最早的那一代。需要指出的是，电磁学是 19 世纪末少壮派科学家们的探索前沿，每个人都在研究和光相关的课题。

早在少年时代，爱因斯坦就机敏地觉察出，麦克斯韦的电磁学理论虽然优美，背后却隐藏着重大问题：麦克斯韦方程组和伽利略的相对性原理不相容。后者创立于三个世纪之前，和麦克斯韦方程组一样坚实、美丽。

在和天主教会就地球运动激辩之前，伽利略就论证过，没有人也没有实验可以区分静止状态和匀速运动状态。在伽利略之前，人们认为有一种叫作"绝对静止"的特别状态。亚里士多德认为，所有的事物都试图进入绝对静止状态。罗马教会认为，绝对静止是属于宇宙中心的特殊状态，换句话说是属于地球的特殊状态。

和亚里士多德的其他许多断言一样，将静止视为一种特殊的状态，似乎自然而然。（某些人觉得他的"第一推动"理论论证了神的存在，因而常常喜欢引用亚里士多德的箴言。可是，请别忘记，亚里士多德也说过女人的牙齿数目和男人不同。他或许觉得没有必要检查一下这一论断。）

我们日常所见的所有事物最终都会趋于静止。好像只有月亮和行星在此规律之外。古人觉得，这些天体之所以和万物不同，是因为它们受到了神和天使的指引。

然而，所谓静止状态，不过是一种幻觉。在前面关于飞机的例子中，如果飞机受到气流扰动，那么在抛球接球的过程中，你可以分辨出飞机到底是静还是动。可即便飞机停在跑道上，也不意味着飞机是静止的。机场随着地球以每秒 30 千米的速度环绕太阳运动。而地球又随着太阳以每秒 200 千米的速度绕着银河系中心运动。这样的运动叠加，还可以不断继续。

伽利略将以上观察进行了理论化。他指出，对于所有处于匀速运动状态的观测者而言，物理定律保持不变。（匀速运动指的是以恒定速率沿直线方向的运动。静止可被视为速度为零的匀速运动。）也就是说，你不可能通过实验分辨出一个物体是否处于静止状态。当我们抬头看天时，很容易发现，相对于我们，飞机是运动的。可是，无论在地面上还是飞机上，你都无法通过实验分辨出到底是地面静止，飞机在动，还是飞机静止，地面在动。

对于这样一个基本事实，人类竟然要花如此长的时间才最终发现，这着实令我吃惊。可回头想想，相对性原理确实有悖于我们的很多日常经验；当然，并不是有悖于所有的经验。伽利略之前的哲学家，认为摩擦力是宇宙中最本质的存在。因为它，物体才能最终静止。可伽利略发现摩擦力并不基本，它不过是隐秘世界的一层遮罩。伽利略通过滚球实验论证了这一点。他发现，当小球滚下一个斜坡再滚上另一个斜坡时，只要斜坡足够光滑，那么小球上升所达到的高度一定等于滚落时的高度。据此，伽利略认为，如果没有第二个斜坡，那么小球一定会以恒定的速度不停地向前滚动。

这套理论极为重要。它彻彻底底地改变了我们思考世界的方式。人们常常将它称为"惯性定律"。没有它，就没有联结外力和加速度的牛顿运动定律。只有在伽利略认识到匀速运动不需要外力之后，牛顿才能自然而然地做出外力改变速度的推论。

天堂和凡间不再是全然不同的两个世界。与凡间事物一样，天体的运动也受制于隐秘的真实世界。这些周而复始的运动并不是超自然的，不需要其他存在的推动。这为牛顿引力定律打下了基础。

伽利略的发现如此重要，它奠定了今日物理学的基础。同样的赞誉也适合后来的麦克斯韦。他巧妙地统一了电力和磁力，为所有的现代物理分支建立了一套数学框架。

到底怎样测量光速

爱因斯坦的学术生涯始于这片智慧高地。他很快就发现，这里藏着一条深不可测的巨大鸿沟：伽利略和麦克斯韦的理论之间存在着不可调和的矛盾。

20多年前，我第一次思考如何向别人解释摆在青年爱因斯坦面前的悖论。当时我的女儿还是个小孩。在我开车接送她时，一个美妙的例子迎头向我袭来。

根据伽利略的理论，只要我安安稳稳地以一个恒定的速度开车，不突然加速，车里面的物理学和实验室里的物理学就毫无差别。如果我后座的女儿抛起一个小玩具，她一定能够稳稳地接住。在家里玩耍建立起来的直觉，同样适用于车中。

可是，我的女儿不像其他许多小孩那样一上车就昏昏欲睡，汽车让她感觉紧张和不安。路上，她有点儿晕车，开始呕吐。呕吐物完全遵循牛顿定律，以每小时24千米的初速度在空中画出一道漂亮的抛物线，最后落在我的后脑勺上。

假设此刻我发现前方有盏红灯，开始放慢车速。让我们把车速暂定为每小时16千米。路人将会看到车内的景象是，呕吐物相对于车的速度（每小时24千米）和车的速度（每小时16千米）相互叠加，变成了每小时40千米。呕吐物还是会遵循牛顿运动规律，只不过会以更快的速度（每小时40千米）喷向我（移动中）的脑袋。

到目前为止，一切都说得通，让我们看看问题所在。现在我的女儿已经长大成人，开车是她的一大乐事。假设她的车跟着一辆朋友的车，此时，她给朋友打了个电话（当然为了行车安全，要用免提模式），提醒他到某处时右转。在他们通电话时，手机中的电子上下振荡，产生出电磁波，并以光速传向朋友的手机。（当然，现实中，电磁波传播会经过基站、卫星，才能到达对方的手机。让我们暂且把这些复杂的过程按下不表。）她的朋友及时收到了信息，进行了正确的转向。

可在一个路人看来，又发生了什么呢？常识告诉我们，从我女儿车中传出的微波信号速度，等于车的速度加上信号相对于车的速度，即车中测得的光速（让我们把这个速度标记为 c）。

可是，基于日常经验的常识往往具有欺骗性。日常生活中，我们不会去测量光或电磁波在两个相隔不远的手机间的传播时间。假设常识适用，那么地面上的观测者（通过复杂精密的仪器）所测得的手机微波信号传播速度，就是 c 加上车速（姑且认为是每小时 16 千米）。

然而，麦克斯韦电磁理论却告诉我们另一番事实。只要知道振荡电荷产生的电场和磁场强度，麦克斯韦就能算出电磁波的传播速度。依照这个逻辑，如果我女儿在车上观测到的光速是 c，而地面上的观测者发现光速是 c 加上每小时 16 千米，那么他们两人观测到的电磁场强度就会不一样。

这直接与伽利略的相对性原理相悖。如果两个观测者观察到的电磁场强度不一样，那么我们就能知道谁是运动的，谁是静止的。之所以能做到如此，是因为物理学定律（此处指电磁场），对于不同的观测者而言取值不同。

由此看来，伽利略和麦克斯韦之间，只可能有一个人是正确的。两人不可能同时是对的。大概是因为伽利略的工作诞生于物理学的萌芽时期，多数物理学家更倾向于支持麦克斯韦。他们认为，宇宙中存在一个绝对静止的坐标系，麦克斯韦理论只适用于那个坐标系。所有相对于绝对静止坐标系运动的观测者将会测得各自的光速。

物理学家们对以上想法的支持由来已久。毕竟，如果电磁波真的是种电磁扰动，那么电磁波到底在扰动什么媒介呢？千百年来，哲学家们一直认为世界上存在着一种叫作"以太"的物质。它无色透明，填满了整个空间。类比于声波在水或者空气中的传播，人们自然而然地认为电磁波应该在以太中传播。电磁波在以太中以一个固定的速度传播（即麦克斯韦算得的光速）。取决于运动的快慢，所有相对于以太运动的观测者所测得的光速，较之或高或低。

乍看上去，上述观点是正确的，可仔细一想，我们发现它有点儿虎头蛇尾。如果我们回到麦克斯韦的分析角度，便会发现上述论证意味着以不同速度运动的观测者测得的电磁场强度会各不相同。或许，以时代背景来看，上述论证可以接受。毕竟，当时人们所能测量的速度远低于光速。如果传播时间真的差了几分钟，人们还是会由于测量技术所限，无法测出这几分钟的差别。

一次，我和演员阿兰·阿尔达（Alan Alda）一起出席一场公众活动。活动期间，阿尔达不乏新意地说："艺术需要苦干，科学需要创造力。"当然，艺术和科学一样，既需要汗水，也需要创造力。但话说回来，我还是很欣赏阿尔达别具一格的视角，他强调了科学创造艺术的一面。我还想再补充一点，科学和艺术都需要"智力勇气"。毕竟，如果不付诸行动，创造力无法创造出任何东西。如果没有勇气将新的观点转化为现实，那么这些观点便会停滞不前，渐渐死去。

我之所以在此强调以上观点，因为在我看来，爱因斯坦的天才之处不在于他的数学能力（当然和传统偏见不同，爱因斯坦极具数学天赋），而在于他的创造力，在于他的智力自信，以及由此而来的坚持不懈。

爱因斯坦面临的巨大挑战在于，如何融合两个相互矛盾的观点。留住一个抛弃一个，其实相当容易；而同时保住二者，移除它们之间的矛盾则需要创造力。

爱因斯坦的解决方案其实并不复杂，当然也不简单。它让我想起一件克里斯托弗·哥伦布（Christopher Columbus）的轶事。在探索新大陆之前，哥伦布来到一个酒吧，对酒保说如果自己能把一个鸡蛋立起来，酒保就得让他免费喝一杯。酒保接受了这个赌注。只见哥伦布把鸡蛋的一头轻轻磕破，鸡蛋就很容易地立起来了。毕竟，哥伦布可没说过不能打破鸡蛋。

爱因斯坦解决伽利略 – 麦克斯韦悖论的方法其实和哥伦布差不了多少。因为，如果麦克斯韦和伽利略都是对的，那么我们一定要打破二者之外的某个东西，才能消弭二者之间的裂痕。

究竟要打破什么呢？麦克斯韦和伽利略同时都对的想法，看似有些疯狂：如果两人都对，那么在我上述所给的例子中，车里和地上的观测者所测得的手机信号传播速度必须相同，车速不会为二者引入差异。

然而，爱因斯坦向自己提了这样一个问题，到底怎样测量光速？通过测量某段时间内物体运动的距离，我们能够测出物体的速度。据此，爱因斯坦认为："只要两个观测者在同样的时间间隔内（举例来说，两个观测者在各自的坐标系内，取一秒钟的时间）测量光相对于自己的传播距离，那么这两个观测者在各自的坐标系内，一定会测得相同的光速。"

可这还是有点儿疯狂。让我们再回头看看呕吐物的轨迹。在我的坐标系中，呕吐物以某个初速度从我女儿的嘴巴里出发，经过 0.25 秒，喷到了 0.9 米前的地方，即我的后脑勺上。可在地面上的观测者看来，这段时间，车子以每小时 16 千米（约为每秒 4.4 米）的速度前进。对他来说，0.25 秒后，呕吐物的运动距离为 1.1 米再加上 0.9 米，总计 2 米。

对于车内外的两个观测者来说，呕吐物的运动距离截然不同。那么，两者观察到的手机微波传输距离又怎么可能相同？

如何解释这个疯狂的事实呢？我们获得的一个提示是，电磁波传播的速度非常快，当电磁波从一辆车传到另一辆车时，每一辆车基本上都没有动。因此，这段时间内，两个观测者所观测到的距离差别是可以忽略不计的。

然而爱因斯坦反客为主。他意识到，在人们熟悉的空间间隔内，电磁波的传播时间如此短，以至于没有人能够精确测量光传播所需要的时间。与此类似，在人们熟悉的时间间隔内，光传播的距离如此长，以至于没有人直接测量过光传播所走过的长度。所以说，认为两个人测量同一距离但得到两个不同结果，其实并不疯狂，它完全有可能发生。

于是，接下来的问题变成了，在什么条件下，上述疯狂的行为有可能发生？爱因斯坦认为，如果两个观测者测得的光速始终一样，那么这两个观测者对距离或者时间所做的测量必然不同，不可能发生的疯狂行为将成为可能。让我们再回到呕吐物的例子，假设对车里和地上的观测者来说，呕吐物的速度不变，那么当地面上的观测者发现呕吐物运行了 2 米时，相对于车中的我而言，他将同时记录更长的运动时间。

爱因斯坦由此大胆断言，类似的怪事真真实实地存在，麦克斯韦和伽利略都是正确的，所有的观测者，无论他们的相对速度如何，都会发现光以同样的速度 c，相对于自己运动。

当然，爱因斯坦是个科学家，他不是先知，也不会通过惊人的言论来树立自己的权威。他继续发展自己的理论，做出了可以被实验证实的预言。

爱因斯坦的研究，把我们从光的领域带回了人们的日常体验。他的研究不但彻底改变了时空的意义，也彻底改变了你我生命中的重大事件。

05
四维时空，缝合
时间与空间

古希腊和古罗马的史诗，总是绕不开奥德修斯（Odysseus）和埃涅阿斯（Aeneas）这样的英雄。面对神明，他们勇于挑战，常常以智取胜。就这一点来说，当代英雄与古代英雄相比，其实也差不了多少。

千百年来，人类总是认为斯宾诺莎的神能够把自己的绝对意志强加于时间和空间。爱因斯坦克服了这一错觉。现在，当我们环顾四周时，当我们仰望星空时，我们不再受制于这套无形的枷锁。爱因斯坦有着文森特·凡·高般的瑰丽想象，有着欧内斯特·海明威式的利落思维。

早在爱因斯坦时空理论问世的 15 年前，凡·高就已经去世，他的画作依旧清晰地表达了这样一个观点：我们看待时空的方式是主观的。毕加索绘画时会将人体分解，再让分解后的肢体指向不同的方向，他大言不惭地说，他只画他看到的。凡·高更胜毕加索一筹。他的传世名作向人表明：在不同的人的眼中，世界看上去是完全不同的。

爱因斯坦和凡·高异曲同工。爱因斯坦明确地表示，所谓"她"，所谓"现在"，都不是放之四海而皆准的观念，它们有赖于观测者。据我所知，这在物理学史上前无古人。

爱因斯坦的论证相当简单。它基于一个简单的事实：在某个时刻，我们不可能同时出现在两个地方。

生活中，我们常常觉得，自己和周围的人所看到的东西一样，因而我眼中的现实便是你眼中的现实。可惜，这不过是个错觉，怪就怪光的传播速度太快。

有时我们会说，此刻发生了某件事，比如街上出了车祸，或者路灯下有对情侣在接吻。可以准确地说，这些事件并非发生于此刻，而是发生于此刻之前。光从汽车、情侣出发，进入我的眼睛，需要一点点时间。

与此类似，如果我在某个风景秀丽的地方——比如我写下这些文字的此刻所在的北爱尔兰，拍一张照片。我拍下的风景并不仅仅和空间有关，也和时间有关。照片中，远方的巨人堤道石柱连绵；近处，人们流连于六角形的熔岩石之间。自两个方面而来的光要想同时抵达相机，光从远景出发的时间，较之近景，就要早约三千万分之一秒。

在认识到这一点之后，爱因斯坦提出了这样一个问题：如果观测者 A 看到两个异地事件同时发生，那么对相对于 A 运动的观测者 B 来说，他又会看到怎样的景象呢？为此，爱因斯坦举了一个和火车有关的例子。他当时在瑞士生活。在瑞士，每隔 5 分钟，车站就会开出一趟直通全国各地的火车。

让我们想象一下下图所示的场景。观测者 A 站在列车中央，他静止不动。观测者 B 也站在列车中央，他随火车运动。某个时刻，他们擦身而过。而正在此时，一道闪电同时击中了火车首尾两端所在的地面，两处开始冒烟：

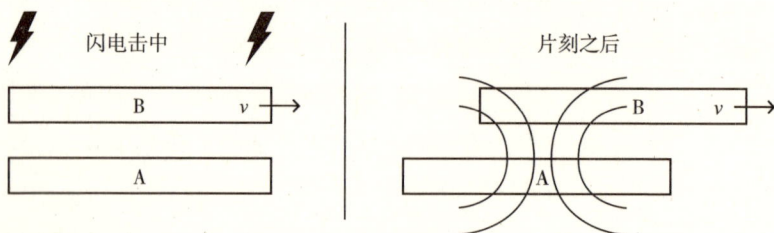

对 A 来说，首尾两处烟发出的光，会在一小会儿后同时进入 A 的眼帘。可对运动着的 B 来说，情况则有所不同，他会先看到处在右边的烟发出的光，而此时左边的烟所发出的光尚未到达 B 所在的位置。

过了一会儿，B 也会看到来自车尾的烟。由于 B 正好处于列车中间，又由于光以同样的速度 c 相对于 B 运动，B 于是得出结论：右边比左边先冒烟。

A 和 B 到底谁对谁错？爱因斯坦的答案有点儿惊人：A 和 B 都是对的。如果假设光速和其他寻常速度一样，B 当然会认为右边的光会比左边的光先到。可是，左右两边光的传播速度也会不一样（迎面而来的光速度更快）。最终，B 会得出这样的结论：左右两边的烟产生于同一时间。可事实并非如此，左右两边的光相对于 B 的速度一样，都是 c，B 的推论也因此会大相径庭。

爱因斯坦指出，物理量的测量方式定义了物理量。我们当然可以想象一个独立于测量方式的真实世界。这或许是个很有意思的哲学训练。可从科学角度来说，这种假设是行不通的。如果观测者 A 和 B 在同一地点，于同一时间测量同一事物，那么他们的测量结果肯定是相同的。可如果 A 和 B 处于相隔遥远的两个地方，那么 A 和 B 的测量结果则很有可能不同。B 所进行的每一次测量都在告诉 B，车头处发生的事件先于车尾处发生的事件。而 A 所进行的每一次测量都在告诉 A，两处的事件是同时发生的。对 A 或 B 而言，他们都无法在同一时间身处两地。如果想要测量某个远处事件发生的时间，他们必须对远处进行观察。这些观察取决于远处事件所发出来的光。在对光信号进行测量之后，A 和 B 的所得不同，造成了他们对远处事件同时性的不同理解。从这个意义上说，他们都是对的。

由此可见，"此时""此处"专属于某个时间，某个地点。我们不能把一个地方的"此时"强加给另外某个地方。

"先来"与"后至"

上文中，我强调 A 和 B 的测量结果"很有可能"不同。下面我想举个更加匪夷所思的例子，谈谈我这么说的原因。假设有第三个观测者 C，正好坐着和 B 反向的列车通过车站。那么在 C 看来，左边的事件（车头处的事件）先于右边的事件发生。换句话说，C 和 B 的观测结果完全相反，两人观察的事件次序相互颠倒，一个人眼中的"先来"在另一个人眼中变成了"后至"。

这好像是个相当严重的问题。在我们所理解的"世界"中，原因总是先于结果发生。可如果事件的先后会因为观测者不同而不同，那么因果律又会发生什么变化呢？

有意思的是，我们的宇宙内置了一套自圆其说的机制，让我们"在大开眼界的同时，又不至于太过烧脑"，《纽约时报》的出版人曾经这么说。具体而言，爱因斯坦指出，由光速不变引发的时间次序颠倒，只可能在两个距离遥远的事件之间发生。较之于两个事件之间的时间差，光在两个事件之间传播所花费的时间总是更长。这也意味着，如果光速是所有速度的极限（这也是爱因斯坦融合伽利略和麦克斯韦理论后所得出的结论），那么在这段时间内，由一个事件发出的信号到不了另一个事件。两个事件无法相互影响，无法互为因果。

可如果两个事件发生于同一地点，那么不同的观测者还会对二者的先后得出不同的意见吗？为了回答这一问题，爱因斯坦想象列车的一侧装有一台理想化的钟，在列车另一侧相应的位置，装有一块镜子。钟会向对面发射光线，光线经由镜子反射，折回钟，此时钟的秒针会走一格（见下页图）。

让我们假设每个光线来回（钟的秒针走一格的时间）是百万分之一秒。现在让我们考虑一下地面上的观测者会看到什么样的场景。火车在运动，就站台上的观测者而言，钟和镜子都在运动，光线往返走过的轨迹如下页图所示。

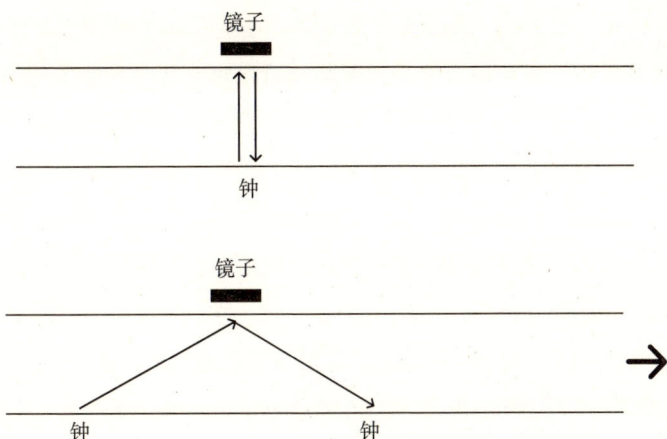

镜子

钟

镜子

钟　　　　钟　→

　　显而易见，对比火车上的观测者，地面上的观测者发现光线的传播距离更长。然而，光线的传播速度对他而言一样，还是 c。所以，整个来回过程会花更长的时间。于是，火车上的百万分之一秒对地面上的观测者而言，就是百万分之二秒。如果站台也用同样一套计时装置，那么在他看来，地面上的钟每走两格，火车上的钟才走一格。火车上的时间变慢了。

　　更让人感到奇怪的是，这个效应是双向的。火车上的观测者所看到的场景和地面上的观测者所看到的一模一样。他会发现火车上的钟每走两格，地面上的钟才走一格。

　　这种时间减慢效应仅仅是种假象。可不要忘了，测量即为现实。即便这个效应和同时的相对性相比更为微妙。如果想要看看这两台钟到底谁快谁慢，那么至少有一个观测者需要进行折返，两台钟才能凑到一块。折返意味着观测者要改变其所处的匀速运动状态。火车开始反向行驶，或者站台上的观测者从静止开始加速。它们都属于折返。

　　折返使得两个观测者不再等价。那个经历过加速或减速的观测者最终会发现，相较于一直匀速运动的观测者而言，她会显得更加年轻。

　　这听上去有点儿像科幻小说。事实上，它确实是很多科幻小说的取材来源。这个效应有时积极有时消极。就积极方面来说，它允许星际旅行以科幻电影所呈现的形式存在。穿越银河系的时间原则上可以比一个人的寿命还要短，让－卢克·皮卡德（Jean-Luc Picard）的《星际迷航》（*Star Trek*）或许在未来可能实现。可同时，它也给星际旅行带来一些非常严重的限制。星舰指挥部会发现发号施令非常困难，他们无法管理整个联邦。如果"企业"号星舰以接近光速的速度在地球和银河系中心往返，以执行某个为期 5 年的任务，那么当它再回到地球时，地球已经过去了 6 万年。更糟糕的是，如果以今日的火箭技术来驱动这样一艘高速运行的星舰，其所需的燃料质量比整个银河系的质量还要大。

让我们将科幻小说按下不表，所谓"时胀效应"（time dilation），即运动物体的时间相对变慢，是真实存在的。事实上，每一天，我们都能在地球上见证这一效应。

例如，在诸如大型强子对撞机（Large Hadron Collider）之类的高能粒子加速器上，我们经常将基本粒子加速到光速的 99.9999%。这个速度下的相对论效应允许我们对微观世界展开探索。

相对论的时胀效应其实还悄然发生在更加贴近你我的地方。每天，地球都在遭受宇宙射线的轰击。如果你在户外手持一台盖革计数器，你会发现每隔几秒钟，计数器就会发出一声声响。计数器记录了名为"μ 子"的高能粒子。当宇宙射线中的高能质子和大气分子反应，就会簇射大量的小质量粒子，其中就包括了 μ 子。μ 子并不稳定。我们在实验室里测得，静止的 μ 子寿命只有百万分之一秒。之后就衰变为电子和我最喜欢的中微子。

如果没有时胀效应，我们就不可能在地面上测到来自宇宙射线的 μ 子。即便 μ 子的运动速度接近光速，在百万分之一秒内，它只能走 300 米的距离。产生 μ 子的大气上层距离地表足足有 20 千米。我们之所以能探测到 μ 子，正是因为相对于地表的观测者而言，μ 子的内部时钟（内部时钟记录着 μ 子的寿命）变慢至原来的十分之一至百分之一。

什么才叫"真实"

最后，我想谈谈光速不变所带来的第三个效应，也是最为诡异的一个。

这个效应能够改变我们所见所感的物体的物理属性。这个效应也能让我们返回故事的起点，让我们突破被地球约束的想象力，一窥全新的世界。

尽管理解起来复杂，这个效应说出来相当简单。如果我携带一把尺子飞速向你奔来，那么你看到的尺子长度会短于我看到的尺子长度。例如，在我眼中，尺子有 10 厘米长：

可在你眼中，尺子或许只有 6 厘米长了：

你可能会想当然地说，这一定是个错觉，同样的东西怎么可能有两个长度？对我而言松散排列的原子，不可能为了你而紧紧地挤压在一起。

让我们再一次回到那个老问题上，到底什么才叫"真实"。如果在每一次测量之后，你都发现我的尺子有 15 厘米长，那么这把尺子就有 15 厘米长。"长度"不是一个抽象的物理量，只有通过测量我们才能知道物体的长度。由于测量因观测者不同而不同，所以长度也会因人而异。为了阐明这一点，接下来，让我们看一个我最喜欢的例子。通过它，我们会看到相对论如何又一次自圆其说。

假设我的汽车有 3.6 米长，你家的车库只有 2.4 米深。显然，我的汽车无法停进你家的车库：

车　　　　　　　　车库

可是根据相对论，只要我把汽车开得足够快，你就会测得我的汽车只有 1.8 米长。至少在我的汽车还在运动的时候，汽车能够停进你家的车库：

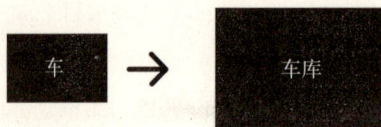

然而，让我们转换一下视角。对开着汽车的我来讲，汽车有 3.6 米长，你家的车库正在飞快地朝我运动。如果我对它进行测量，我会发现车库不再有 2.4 米深，它的深度仅为 1.2 米：

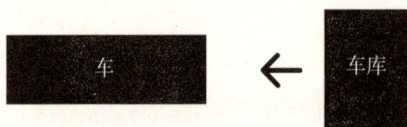

显然，我的汽车停不进你的车库。

到底哪个观点才是正确的呢？显而易见，汽车不可能既停得进车库，又停不进车库。等一下，这真的是显而易见的吗？

让我们先回到你的视角。假设你给车库前后装上了大门。为了保证我的汽车安全入库，你进行了如下操作：在我的汽车驶入车库的过程中，你保持后门关闭，前门打开；当我的汽车彻底进入车库后，你再关闭前门：

而与此同时，你要快速地开启后门，以保证我运动着的汽车能够安全地从后门驶出：

通过以上这些步骤，你展示了将汽车停入车库的过程。当然这没什么奇怪的，毕竟我的汽车比你的车库要短。

现在回到我的视角。请记住，对我而言，距离遥远的事件的先后顺序可能与你不同。以下是我的观察。

我看到你那小小的车库就在我的前方。你打开了前门，好让我的汽车驶入：

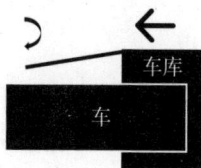

接下来，我会看到，就在我撞上车库后门之前，你善解人意地打开了后门：

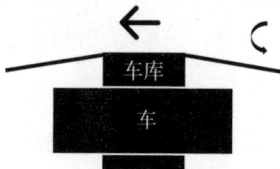

再后来，当我的车尾驶进车库后，我看到你将前门关闭：

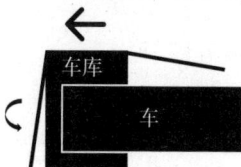

所以在我看来，我的汽车没能在前后门同时关闭的情况下，完全进入你的车库。毕竟，你的车库太小，不可能做得到这一点。

你我所见的"现实"基于你我可能进行的测量。在我的参考系中，汽车比车库长；在你的参考系中，汽车比车库短。事实如此，无须再议。其中的关键在于，在某个时刻，我们只能身处一个地方。我们对那个地方的现实有清晰的认识。可是，当我们考虑真实世界的其他角落时，我们只能依赖远处的测量。这些测量，会因观测者而异。

然而，细细揣摩，其深意不止于此。

爱因斯坦在相对论中揭示了一个全新的现实世界。它基于伽利略的相对性原理，以及伟大的麦克斯韦电磁统一理论。表面上来看，这个新世界抹除了现实的客观性。现实完全取决于主观测量。然而，诚如柏拉图所言，自然哲学家的任务在于百尺竿头更进一步。

人们常常说，好运会垂青有准备的人。从某种意义上来说，听过柏拉图的"洞穴寓言"后，我们就能真正理解爱因斯坦的相对论。当然，物理学历史上第一个真正理解相对论的人，正是爱因斯坦的老师、大数学家赫尔曼·闵可夫斯基（Hermann Minkowski）。

闵可夫斯基是位才华横溢的数学家，最终在哥廷根大学谋得了一个教职。在苏黎世期间，他教过爱因斯坦。可和其他几位大数学家的经历一样，爱因斯坦经常逃闵可夫斯基的课。学生时代的爱因斯坦，对理论数学不屑一顾。时间会改变他的这一看法。

让我们回到柏拉图的洞穴。在囚徒眼中，墙上的影子长度不是一个客观不变的值。在某个时刻，尺状的影子长约 10 厘米：

过了一会儿，影子就只有 6 厘米长了：

这里，我故意将这个例子和前文的相对论讨论弄得很像。在柏拉图的洞穴中，我们知道影子长度之所以伸缩变化，是因为囚徒眼中的二维影子其实是某个三维物体的投影。如果我们从空中俯瞰，我们很容易就能看到，墙上的投影之所以变短，是因为尺子以某个角度对着墙面旋转：

影子

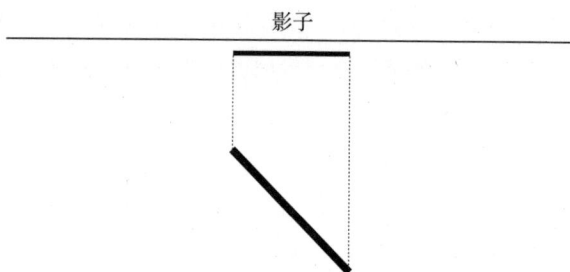

接下来，我们要用一下古希腊哲学家毕达哥拉斯的研究成果。在俯瞰视角下，我们会看到尺子的长度其实是固定的。尺子的长度，尺子在墙上的投影长度，以及尺子在墙面垂直方向上的投影长度，有着如下图所示的关系：

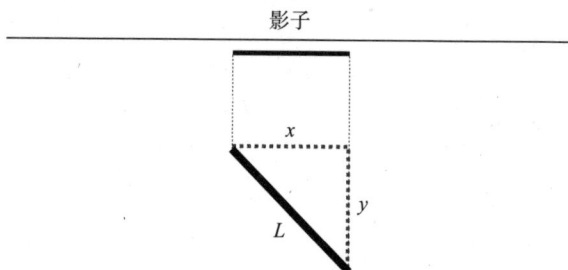

影子

x

y

L

三者满足著名的毕达哥拉斯定律，$L^2 = x^2 + y^2$。这是高中几何课上一定会教的内容。这个定律的三维推广是，$L^2 = x^2 + y^2 + z^2$。

在相对论出现两年之后，闵可夫斯基意识到，光速的不变性，以及爱因斯坦所揭示的全新时间、空间关系，反映了二者之间的深层次联系。回到之前照片的例子，我们常常觉得照片是三维世界的二维投影，可事实上，照片同时蕴藏了空间和时间。与此类似，闵可夫斯基认为，观测者们其实都生活在四维宇宙之中。这里，时间和空间地位均等。相对运动的观测者们所看到的，不过是四维宇宙的诸多三维切片。

让我们回头看看相对论中的那把尺子。之前我们说，如果我们观察移动中的尺子，我们会发现尺子长度缩短，可对于随着尺子移动的观测者而言，尺子的长度不变。我们应当注意，尺子在占据一定空间的同时也会"覆盖"一定的时间——对某个观测者而言，同时发生在尺子两端的事件，在另一个观测者眼中，可能就没有同时性了。

　　闵可夫斯基认识到，尺缩效应，以及其他所有相对论效应，都可以通过"时空"这个角度加以理解。在四维时空中，存在着一个对所有观测者而言都一样的"时空长度"。不同观测者所看到的不同三维景象，其实都是这一长度的"旋转"投影。现在，我们称这个四维时空为"闵氏空间"。由于闵可夫斯基对时间维度 t 进行了不同于空间维度 x、y、z 的处理，所以闵可夫斯基空间不是三维空间的简单推广。让我们暂时忽略这一特殊之处。如果简单的类比三维空间中距离计算公式 L，我们会得出以下闵可夫斯基空间的"时空长度"公式（计作 S）：

$$S^2 = x^2 + y^2 + z^2 + t^2$$

当然，真正的"时空长度"公式是：

$$S^2 = x^2 + y^2 + z^2 - t^2$$

　　t^2 前面的负号赋予了闵可夫斯基空间种种特别的性质。正是由于它的存在，我们不能够通过简单的类比柏拉图洞穴中的尺子旋转，来理解相互运动的观测者们所看到的不同时空景象。这个负号使得理论变得更复杂了。

　　可不管怎么说，我们对宇宙本质的认识发生了一次根本性的变化。1908年，闵可夫斯基不无诗意地说道："从今往后，空间也好，时间也好，注定会淡入阴影之中，只有二者的统一体才可能屹立不倒。"

　　所以说，从表面上看，爱因斯坦的相对论使得物理世界变得主观、因人而异；可事实上，相对论并不"相对"，它其实是一套关于"绝对"的理论。观测者对空间或时间的测量或许是主观的，但对"时空"间隔的测量却是普适、绝对的。四维闵氏空间才是大千世界的真正舞台。

通过对爱因斯坦相对论的再造，闵可夫斯基为我们带来了一场思维变革。想要一探这一变革所触及的深度，最好还是看看爱因斯坦本人的反应。最初，爱因斯坦称闵可夫斯基的时空图景为"多余的学问"。他觉得这不过是些虚幻的数学，没有任何物理意义。他还强调说："由于某些数学家的入侵，现在我自己也搞不懂相对论了。"然而，正如他在此后学术生涯中的几次反复一样，爱因斯坦最终还是回过头来。他认识到，闵可夫斯基的工作对于理解时间和空间的本质极为重要。此后，爱因斯坦在闵可夫斯基工作的基础上建立了广义相对论。

谁能想到法拉第的转轮和磁铁，最终彻底改写了我们的时空观？可从事后诸葛亮的角度来看，至少我们知道，电磁大统一早已为我们预示了一个全新的世界。在这片新天地中，运动向我们展示了隐秘的现实世界。

让我们再回到法拉第和麦克斯韦的时代。这一系列革命始于带电粒子在磁场中运动时，所受到的一个特殊的力。这个由磁场施加的力，并未推动粒子前进或倒退。相反，力的作用方向总是和带电粒子的运动方向呈 90° 角。我们现在称这个力为洛伦兹力，以纪念差一点就能发现相对论的物理学家亨德里克·洛伦兹（Hendrik Lorentz）。下图所示即为粒子所受的洛伦兹力：

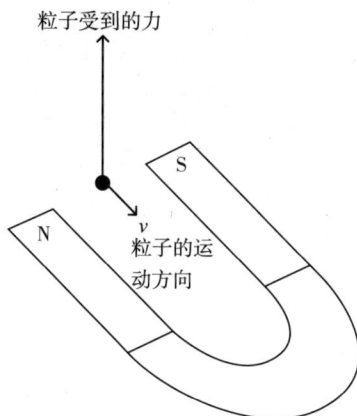

粒子受到的力

S

N

v
粒子的运动
动方向

在磁铁中间运动的带电粒子会受到一个向上的力。

现在让我们站在粒子的角度来思考同一问题。在粒子的参考系中，磁铁运动，而粒子不动：

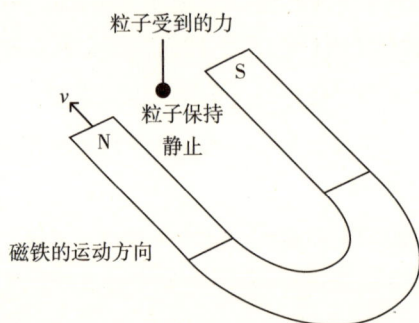

可通常来说，我们认为静止的带电粒子不可能受到磁力，只可能受到电力。换句话说，在粒子的参照系中，粒子所受的向上的力只可能是电力。

一个人眼中的磁力在另一人看来就是电力，而连接二者的就是物体的运动。相对运动着的观测者会看到不同的现实图景，这正是电磁大统一的核心。

运动，这个最早被伽利略研究的课题，在三个世纪后为我们展示出一个全新的现实世界。在这个新世界中，不但电与磁得到了统一，时间和空间也得到了统一。如果只看这段传奇的开头，没有人料想得到它竟然会如此波澜壮阔。

而这，正是我们的故事的魅力所在。

06
现实的影子

一个生活在 1908 年的人可能会这样想，在发现时间和空间那出人意料、令人震惊的隐秘联系之后，世界再也没有什么奥秘可言。可惜，我们的宇宙并不在乎你我的感受。又一次，光为我们打开了一个通往奇幻世界的入口。爱丽丝的仙境冒险与之相比，倒是显得有些波澜不惊了。

在上一章中，我们谈了由爱因斯坦和闵可夫斯基发现的时空联系。虽然一眼看上去有些奇怪，可正如我所展示的那样，如果我们从光速不变的条件出发，仔细想想，却也挺直观的。本章所讨论的发现就没有那么直观了。它发生于微观尺度，我们无法直接体验，因而不能从直觉上加以理解。理查德·费曼（Richard Feynman）曾说，没有人理解量子力学——他所谓的"理解"，是指发展出一套直观而又具体的物理图像。

尽管距离量子力学的发现早已过去了许多年，这门学科依然让我们感到惊奇不已。举个例子，1952年，天体物理学家汉伯里·布朗（Hanbury Brown）

制造了一套名为"强度干涉仪"的装置，用以测量天空中大型辐射源的角直径。这套装置相当成功，于是布朗和同事理查德·特威斯（Richard Twiss）打算用同样的方法来观测单个恒星发出的可见光，继而测出恒星的角直径。对此，很多物理学家声称，根据量子力学原理，这套仪器注定什么都测不到。

可是，布朗的实验成功了。当然，这不是物理学家们第一次搞错了量子力学，也不会是最后一次……

要想理解量子力学种种古怪的表现方式，我们常常要接受一些看起来完全不可能的事实。在谈论自己的强度干涉仪时，布朗风趣地说，他和特威斯试图阐释"光那自相矛盾的本质，解释难以解释的东西。有意思的是，这一行为本身，很像是在布道'亚大纳西信经'（Athanasian Creed）"。确实，和量子力学的许多奇异特性一样，三位一体——圣父、圣子、圣灵为同一本体，也难以令人理解。当然，二者的相似之处也仅限于这一点。

光是波也是粒子

常识也告诉我们，光不可能既是波又是粒子。可实验不在乎常识如何，也不在乎我们的喜好如何。实验告诉我们，光是波，同时也是粒子。和公元5世纪的信经不同，这个事实和信仰无关，和语义无关。我们无须每周默念量子力学的信经；我们相信与否，都不会动摇这个事实。

或许有人听说过"量子力学诠释"这个名词。之所以这样提，是因为"经典"的现实图景无法涵盖量子世界。这里，经典现实指的是我们所体验的、遵循牛顿经典运动定律的世界。在表层世界之下，隐藏着一些我们看不见的关键过程。正是这些过程决定了我们所能看到的现象。这和柏拉图寓言中的囚徒很像。只看墙上的人影，囚徒们很难发现控制人生老病死的生理过程。无论他们进行多么深入的思考，都很难从黑乎乎的影子中获得理解现实世界的直觉。

量子世界为我们重新定义了什么叫作"合理"，甚至重新定义了什么叫作"可能"。量子力学认为，在小尺度、短时间上，诸如投球、接球这样的宏观物体的经典运动不复存在。取而代之的是，物体在小尺度上会同时经历许多不同的经典行为，甚至还能经历一些不被经典力学所允许的行为。

和其他许多柏拉图之后的物理学分支一样，量子力学起源于科学家们对光的思索。就让我们从光开始研究疯狂的量子力学吧。让我们先看一个于1800 年由英国博物学家托马斯·杨（Thomas Young）率先发表的重要实验，即大名鼎鼎的杨氏"双缝实验"。

我们很难想象杨生活的那个时代。彼时，一个聪明勤奋的人可以在许多领域取得突破性的成就。可杨不仅仅聪明勤奋，他还是个天才。他两岁识字，13 岁便通读所有重要的古希腊和古罗马史诗，自制了显微镜和望远镜，同时在学习 4 门语言。此后，杨开始学医。1806 年，杨第一次提出现代意义上的"能量"概念。现在这个概念已经渗透进了各个科学领域。仅此一点，杨就可以青史留名。他利用自己的闲暇时光，第一个破译了罗塞塔石碑上的象形文字。他发展了弹性材料物理学，提出了我们现在所称的"杨氏模量"。他率先阐明了色觉、视觉的生理学原理。他还勇敢地向人们证明了光的波动性本质（光的"波动说"和艾萨克·牛顿的"粒子说"相互对立）。他的证明极具说服力，奠定了麦克斯韦发现电磁波的基础。

杨氏"双缝实验"说来简单。让我们回到柏拉图的洞穴，考虑在石壁前面放置一张遮光板，板上开两条狭缝，如下图所示（俯视图）：

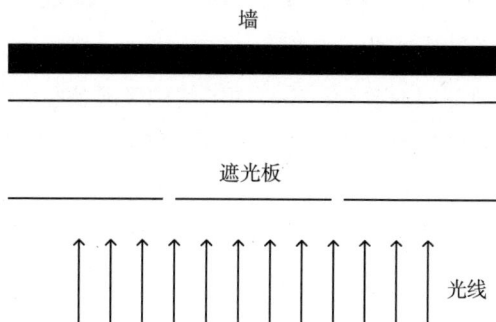

墙

遮光板

光线

如果光真的是由粒子构成的，那么透过狭缝的光线会在墙壁上留下两条明亮的线：

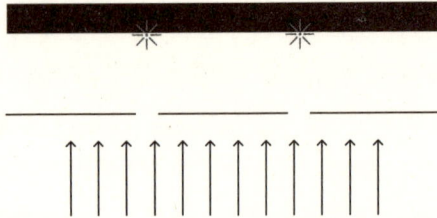

可众所周知，波和粒子有着很大的不同。当波遇到狭缝或遮光板时，会发生衍射，这会在墙上留下完全不同的条纹。当波穿过遮光板后，会产生出同心圆波纹。而由两条狭缝产生的同心圆波纹会相互"干涉"。干涉有时相长，有时相消。墙上也会出现或亮或暗的区域，如下图所示：

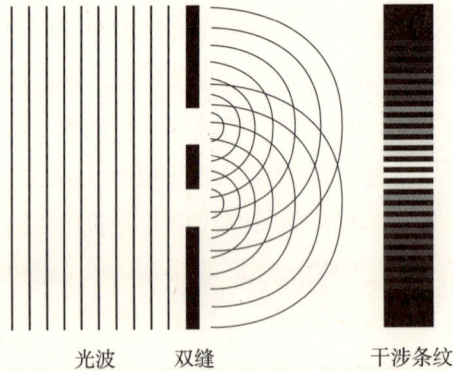

光波　　　　　双缝　　　　　　　干涉条纹

基于如此简单的双缝装置，杨发现了波的重要特征——干涉条纹。由此，杨证明了光的波动本质。1804年的这一发现，成为物理学史上一座重要的里程碑。

杨氏"双缝实验"不一定要用光来做，也可以用诸如电子这样的基本粒子来做。如果我把一束电子打到老式电视的荧光屏上，你会看到电子会在撞击点上留下一个亮点。现在，让我们用电子来重复杨氏"双缝实验"。在荧光屏前放上双缝，再用一束非常宽的电子束轰击屏幕：

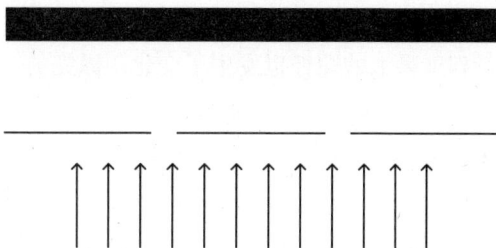

基于前文的讨论，你或许会认为，和光的情形一样，我们会在屏幕上看到两条亮纹。当然，你或许也早已料到事实并非如此（至少当双缝足够窄，靠得足够近的时候）。的确，你会看到和光类似的杨氏双缝干涉条纹。作为粒子的电子，似乎也会有类似光波的行为。在量子力学中，粒子具有波动性。

电子通过两道狭缝后发出的"波"，可以发生相互干涉，这个结论出人意料、让人奇怪。然而这还不是故事的全部。现在让我们将电子一个个地朝双缝发射。在这种情况下，荧光屏上出现了和此前一模一样的干涉条纹。在某种意义上，这意味着电子可以和自己相互干涉。我们再也不能把电子视作一个个的台球了。

我们可以这样理解以上实验：对于一个电子来说，它在轰击屏幕的过程中，并没有单独走某条轨迹，而是同时走过许多条轨迹。这些轨迹有些穿过缝 A，有些穿过缝 B。然后，那些穿过缝 A 的轨迹和那些穿过缝 B 的轨迹相互干涉，并在屏幕上制造出我们所见到的干涉条纹。

更直接地说，人们不能像描述台球那样，说电子通过了缝 A 或是缝 B。相反，电子没有通过任何一道单独的缝。它在同一时间通过了两道缝。

你坚称这完全是胡说八道。为了证明这一点，你将实验装置稍做改动。你在每道缝的后面放上一个电子探测仪，一有电子通过，探测仪就会进行一次计数。

再做实验时，果不其然，在把一个个的电子射向屏幕的过程中，每次只有一个探测仪进行了计数。这意味着一个电子确实只能通过一道狭缝，而不是同时通过两道狭缝。

可是，你会看到屏幕上的图像也发生了变化。原先的干涉条纹消失了，取而代之的是我们早先的预期——两条明亮的线。这就好像我们射向屏幕的不是波，而是台球或者子弹。

换句话说，在你验证经典直觉的过程当中，你改变了电子的行为。让我们换种量子力学中更加专业的说法——某个系统的测量方式能够改变其行为。你永远也无法表明，在没有测量介入的情况下，电子有着经典的、合理的行为。而这正是量子力学一大不可思议的地方。诸如电子这样的粒子，它们的奇异波动行为可以通过数学加以描述。我们可以给每个电子赋予一个"波函数"，用以描述在某处发现该电子的概率。在精确测量电子的位置之前，电子的位置并不固定。相应地，在量子力学中，我们不会限制波函数只在某个位置非零，而在其他地方处处为零。换句话说，电子可能同时出现在许多不同的地方。

或许你会认为，这不过是因为在测量之前我们无法获得粒子位置的全部信息。可是，电子的杨氏"双缝实验"证明，这样的理解并不正确。任何"合理"的经典解释，都和实验数据不相容。

上帝不和宇宙掷骰子

电子的怪异行为使人们认识到直观的经典逻辑并不适用于微观世界。可这并不是人们感觉量子力学古怪的第一个证据。和柏拉图之后的许多物理革命一样，量子力学的发现和人们对光的思考有关。

让我们回到洞穴中的杨氏"双缝实验"。我们将光打在遮光板上，然后会在石壁上看到干涉条纹。至此为止，一切正常。现在，让我们把光线调弱，再让我们探测一下光到底透过了哪条缝。我们会看到奇特的结果：墙上的条纹会发生改变，光只会通过两条缝中的一条，而不是同时通过两条。这和电子的"双缝实验"类似，测量使得光不再是波，而变成了粒子。

事实上，光和电子类似，既有波的行为也有电子的行为。到底哪个行为能够得到表现，取决于你测量的方式。现在我们称单个的光粒子为"光子"。更早的时候，它被称作"量子"。量子这个概念首先由德国理论物理学家马克斯·普朗克（Max Planck）于1900年提出，它指的是光传播能量时的最小单位。事实上，早在1877年，大物理学家路德维希·玻尔兹曼（Ludwig Boltzmann）就考虑过光的能量传播是离散化的。

随着我对普朗克生平的了解不断深入，我对他的敬仰之情也越发深厚。和爱因斯坦一样，在完成博士论文后，普朗克没有获得任何教职，成了一名没有薪水的讲师。这段时间普朗克潜心研究了热的本质，并写作了几篇热力学方面的重要论文。在完成博士论文答辩的5年之后，普朗克终于获得了大学教职。很快，他获得了提拔，于1892年成为享有盛誉的柏林大学教授。

1894年，在商业利益的驱动下，普朗克开始研究黑体辐射问题（据我所知，这是商业利益推动基础物理学研究的第一个例子）。他接受了一家公司的委托，开始研究如何制造消耗最少的能量，但能产生最多光亮的灯泡。

我们都知道，随着温度的升高，烤箱中的铁丝会先发红，再发蓝。为什么会这样呢？令人诧异的是，这一问题的传统解释和实际观测并不相符。在苦苦思索6年之后，普朗克提出了一个合乎实验观测的革命性解决方案。

普朗克的原始推导并没有什么革命性的推论。可在完成初稿后的两个月内，普朗克发现在理论的基础层面发生了一件大事，为此，他修订了自己早先的分析。普朗克有句话一直让我记忆犹新。他这样写道，他的新方法是"一出绝望的行动……我准备牺牲掉任何一条我原先的物理学信念"。

在我看来，普朗克的这句话点出了科学进步神速的根本原因。这在量子力学上表现得尤为明显。所谓"原先的信念"，究其本质，不过是有待推翻的信念（比如说被新的实验数据推翻）。如果某些观念不再起作用，我们就会像扔旧报纸那样将它们抛弃。此处，旧有的物理学观念无法解释物质辐射的本质。

普朗克的推导存在一个基础性的假设，即假设光波在辐射的过程中存在一个类似"波包"的最小能量单位。这个最小能量和光波的频率成正比。"量子"的能量和频率之间的比例系数，现在被我们称作"普朗克常数"。

乍看之下，普朗克的量子有如法拉第的电场，不像是什么大的物理学革命。在普朗克自己看来，他的假设不过是分析过程中使用的一个数学技巧。他后来说："其实当时我也没多想。"然而，普朗克的假设难以融入经典的光波图景。光波携带的能量只和波的振幅有关。而光波的振幅可以连续下降至零。可根据普朗克的理论，辐射光波的能量存在着一个绝对的最小值，人们称其为"能量子"。

在提出能量子之后，普朗克试图将它纳入经典的物理学图景。但这样的尝试并不成功。他曾经说，他"惹上了大麻烦"。尽管如此，普朗克还是认识到宇宙的存在不是为了让自己活得舒坦。这种想法和他的许多同辈大为不同，其中一位代表是物理学家兼天文学家詹姆士·金斯爵士（Sir James Jeans）。即使面对实验的直接证据，金斯依然不肯放弃经典的辐射观念。对此，普朗克评价道："我无法理解金斯为什么如此顽固不化。他这样的人就不该成为理论物理学家，就像黑格尔这样的人不应该成为哲学家。他们和自己的领域格格不入，这实在太糟糕了。"（我在此声明，这是普朗克对黑格尔的评价，而不是我本人的评价，请读者不要给我寄抗议信！）

普朗克后来和另一位物理学家成了好友。这位物理学家接受了普朗克的理论，将其推向一场物理学革命。他就是爱因斯坦。1914 年，普朗克在担任柏林大学校长期间，专门为爱因斯坦设立了一个新的教授席位。爱因斯坦革命性的理论提出于 1905 年，这也正是他提出狭义相对论的同一年。在爱因斯坦看来，光不但在辐射过程中以量子的形式存在，在光传播的过程中，也同样以量子的形式存在。光由类似粒子的物质组成，现在我们将其称作"光子"。起初看到爱因斯坦的理论时，普朗克表示难以接受。

爱因斯坦之所以提出光子模型，是为了解释菲利普·莱纳德（Philipp Lenard）于 1902 年发现的"光电效应"。在物理学家的身份之外，莱纳德是名反犹分子。爱因斯坦的诺贝尔奖之所以被耽搁了那么多年，诺贝尔奖之所以表彰爱因斯坦对光电效应的解释，而非他的相对论，都和莱纳德的暗中活动有着莫大关系。光电效应指的是，当光照射金属表面时，金属表面的电子会受到激发，离开金属原子的束缚，从而形成电流。可如果光的频率不够高，那么无论光的强度如何，都不能从金属表面上激发出电子。只有当光的频率超过某个阈值时，光电流才会出现。

爱因斯坦正确地认识到，如果光波总是以能量子的形式入射（普朗克认为物质以能量子的方式辐射光波），如果能量子的能量和光的频率成正比，那么我们就能够解释光电效应。更具体地说，只有当光的频率大于某一阈值时，能量子才会携有将电子激发出原子的足够能量。

普朗克可以接受光在辐射过程中以量子形式出现，毕竟这解释了他的黑体辐射定律。可如果说光本身就是种量子（即认为光本身是种粒子），那么就连普朗克也表示出了迟疑。当时的人们普遍认为光就是一种电磁波，与之相比，爱因斯坦的理论过于超前。在发表论文的 6 年之后，爱因斯坦受邀参加在比利时举办的第一届索尔维会议（Solvay Conference）。与会期间，爱因斯坦最终说服普朗克抛弃光的经典物理图像，接受了光子的真实性。

尽管爱因斯坦对量子力学的概率本质和实际情况颇有微词，并留下了"上帝不和宇宙掷骰子"的名言，可爱因斯坦其实是第一个将这个概率特性应用于物理实践的人。爱因斯坦指出，假设原子中的电子在能级跃迁的过程中自发吸收或辐射光子，他便可以推出普朗克的辐射定律。

爱因斯坦开始了量子革命，并第一个运用量子力学的概率特性来理解物质的本质。爱因斯坦之后的物理学家借鉴了他的思路，以概率为核心构建了整套量子力学。从这个意义上说，爱因斯坦是第一个阐明"上帝也掷骰子"的物理学家。可具有讽刺意味的是，爱因斯坦此后并没有加入量子革命的大军。

更进一步来看，爱因斯坦第一个证明了经典的因果概念并不适用于量子世界。我在上一本书中提到，宇宙可以无中生有，其存在不需要任何理由。很多人对此并不表示赞同。可此刻，你阅读本书所依赖的光，正是无中生有的产物。光子由原子中的受激电子辐射而来。电子不辐射，光子就不会存在。这个辐射过程是自发的，而不是由某个特定原因造成的。如果我们能够自然而然地接受光子的无中生有，接受宇宙的无中生有又有何难呢？

在认识到电磁波的粒子本质后，量子大革命终于拉开了帷幕。它将改变我们对世界的所有认知。经典物理学中，物质不可能同时既是波又是粒子；可在量子世界中，这是完全有可能的（通过本章的讨论，读者应当明白了这一点）。当然我们应当清楚，认识到这一点仅仅是一个开始。

07
量子世界，奇幻宇宙

传统智慧认为，物理学家们之所以发明各种各样的疯狂理论来解释我们的宇宙，要么是因为他们无所事事，要么是因为他们本来就丧心病狂。可当量子世界展露其真容时，大呼小叫的人就换作是科学家了。他们被大自然无情地拖出了舒适区。

可是，如果我们因此低估量子力学先驱们的胆识，那就大错特错了。他们的旅程没有向导，前无古人。在那个否认所有常识和逻辑的世界，面对前路上的每一个急转弯，他们都要做好改变物理规则的准备。

想象一下这样的场景：你在国外租车旅行，却发现自己语言不通，交规不熟；开车上路的时候，你又发现该国的信号灯神出鬼没，一会儿出现在这个地方，一会儿又出现在那个地方。如果你对此心有戚戚，便能体会20世纪上半叶那些量子力学先驱的感受。那些少壮派物理学家彻底颠覆了我们对宇宙的理解。把探索量子世界和出国旅游等量齐观，看似有些牵强，可在量子力学的奠基人沃纳·海森堡（Werner

Heisenberg）身上，这两件事真的重叠了。据海森堡回忆，1925 年夏天，他在北海之滨的美丽绿洲黑尔戈兰岛上小住。一天晚上，他意识到，自己发现了量子力学：

> 当最后的结果展开在我面前的时候，已经快凌晨三点了。公式里的每一项，都满足能量守恒定律。终于，我不再担心我笔下的量子力学是否自洽，是否一致了。起初，我感受到的只有震惊。我好像正透过层层的表面现象，窥视着原子的内部，那里散发着奇异的美。大自然慷慨地将如此丰富的数学结构撒在我的面前，我必须全力以赴地探索。这个想法让我觉得有些晕眩。我兴奋得难以入眠。黎明时分，我动身前往岛的南端。那里有块我朝思暮想的崖石，径直突入大海。没花费太多工夫，我便登了上去。我站在崖顶，等待太阳升起。

当时，海森堡刚拿到博士学位。他加入了大名鼎鼎的哥廷根大学，和马克斯·波恩（Max Born）一起研究如何创立一套"自洽的量子力学"（这个名词由波恩于 1924 年在一篇名为《论量子力学》的论文中提出）。可哥廷根春天的花粉令海森堡苦不堪言，于是，他逃到海边的绿色田园小住。其间，海森堡整理了自己关于原子的量子行为的想法，将手稿寄给波恩，再由波恩投给期刊。

你或许早就听说过海森堡的大名，特别是和他名字拴在一起的"海森堡不确定性原理"。这条著名的定理让很多人觉得，现实生活中的种种奢望都能被量子力学一一实现。经常有人拿它来做传销，这条定理身上笼罩着一种新世纪运动的光环。

话说回来，玻尔、薛定谔、狄拉克以及后来的费曼和戴森都为探索未知的量子世界做出过飞跃性的贡献。和海森堡一样，他们都不是孤立的天才。物理学的发展其实讲究众人的合作，可科学故事往往把它描述成某个天才在某个深夜的顿悟。早在海森堡读博士期间，他就在其导师、德国大科学家阿诺尔德·佐默费尔德（Arnold Sommerfeld）的指导下研究量子力学多年。佐默费尔德指导的学生中有 4 人获诺贝尔奖，博士后科研助理中有 3 人获诺贝尔奖。其后，他又和波恩以及同事帕斯夸尔·约尔旦（Pascual Jordan）有过密切合作。大约 30 年后，波恩终于获得诺贝尔奖。对于每一次重大的科学胜利，我们常常习惯于给它安上一个名字，颁给它一次奖励。可事实上，科学成就来源于一批批勤奋刻苦却又默默无闻的个人。他们中的每一个人，都将未知和已知的边界向前推进了一点点。科学的常态是步履蹒跚，而不是大步向前。

在所有探索未知的飞跃之中，人们常常忽视那些至关重要的深刻飞跃。这里，"人们"包括那些理论的创立者。这样的情况常常要等多年后才能翻案。举个例子，爱因斯坦漂亮的广义相对论预言宇宙不可能是静止的，而是始终在膨胀或收缩。但爱因斯坦自己对此将信将疑，直到观测表明宇宙确实在膨胀之后，爱因斯坦才改变了自己的观点。当海森堡的论文出现时，世界大为震惊。在他的好友、暴躁的天才物理学家沃尔夫冈·泡利（Wolfgang Pauli，这位未来的诺贝尔物理学奖得主正是佐默费尔德的一个助理）看来，这不过是海森堡的一次数学意淫。对此，海森堡做出了幽默的回应：

> 请你首先承认，在任何情况下，我们都没有在恶意地破坏物理学。你骂我们在物理学上毫无建树，是群大蠢驴，你可能真的骂对了。可是，你不也是头一事无成的蠢驴吗……别把我想得太坏了，祝好！

和教科书上写的不同，物理学的发展从来不是线性的。现实生活和精彩的传说故事一样，充满了误会、误导和曲折。量子力学的发展也是如此。此处，我不想将这段历史一一重述。我会跳过两位量子力学的重要人物。一位是尼尔斯·玻尔（Niels Bohr），他首次提出了原子的量子化模型，这个模型成为量子力学以及现代化学的基础。另一位是极富个人魅力的埃尔温·薛定谔（Erwin Schrödinger），他有很多情人，至少有 3 个非婚生子女。薛定谔的波动方程是量子力学最为著名的象征。

海森堡不确定性原理

让我们把注意点放到海森堡身上，更准确地说，放到他著名的不确定性原理上。人们常常认为，不确定性原理就是说，对量子系统进行观测会改变量子系统的性质。在上一章中，我们讨论过电子或光子如何穿越双缝后在屏幕上显像。从中得出以上印象，似乎自然而然。

可这样的观点造成了一大误解，即观测者，特别是人类观测者，对量子力学而言至关重要。我经常和迪帕克·乔普拉（Deepak Chopra）在推特（Twitter）上论辩。他对此深信不疑，并且毫无理由地认为，如果我们的意识不存在，如果我们不去测量宇宙的性质，那么宇宙也不复存在。令人欣慰的是，远在乔普拉有意识之前，远在这个星球上有生命出现之前，宇宙就早已存在，并且运行良好。

其实，尽管海森堡不确定性原理限制了观测者的观测能力，它的核心与观测者并没有关系。相反，不确定性原理是量子系统的基本属性。它的推导基于量子系统的波动性，相当直截了当。

例如，让我们考虑一个简单的波，它以某个固定频率（波长）振荡，沿x方向传播：

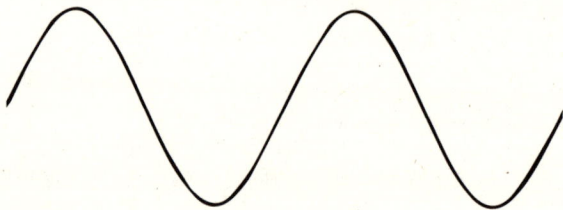

如上文所述，在量子力学中，粒子具有波的属性。另一方面，马克斯·波恩告诉我们，粒子波（即薛定谔所谓的波函数）在某处振幅的平方，即为此处出现该粒子的概率。我们看到，沿着x轴，波函数的振幅都大同小异。这意味着在 x 轴的每一点上，电子出现的概率几乎都一样。

现在，让我们将两个频率（波长）稍有不同，都沿 x 轴移动的波进行叠加：

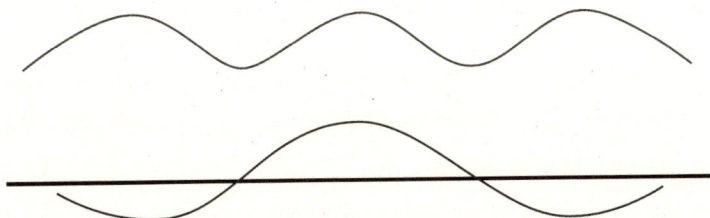

两波叠加之后，就会出现如下波形：

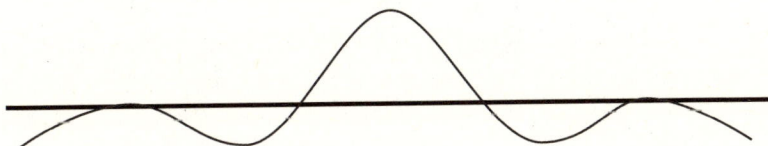

由于两个波的波长略有不同，在许多地方，一个波的波峰会被另一个波的波谷抵消掉一部分，此即"相消型干涉"。可在少数几个地方，两个波的波峰可能同时出现，从而振幅增强（见上图波形中间部分）。这和上文提到的杨氏"双缝实验"异曲同工。

如果我们再叠加一个频率略微不同的波：

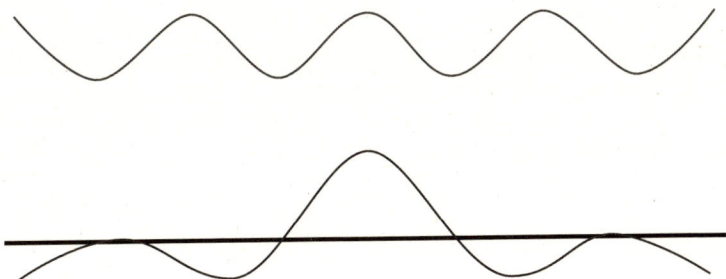

叠加后的波形就会变成这样：

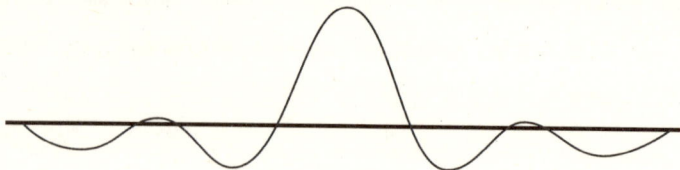

我们看到，除了那个两波波峰同时出现的地方，干涉效应进一步抹平了两波原有的振荡。最后得到的波，中心有个波峰，两侧的振荡则相对较小。

如果我们继续重复以上叠加过程，在现有波形的基础上不断加入频率稍有不同的波，最终我们会得到如下图所示的波形。在中心的小区域，我们有个巨大的波峰。除此以外的地方，波就基本不振荡：

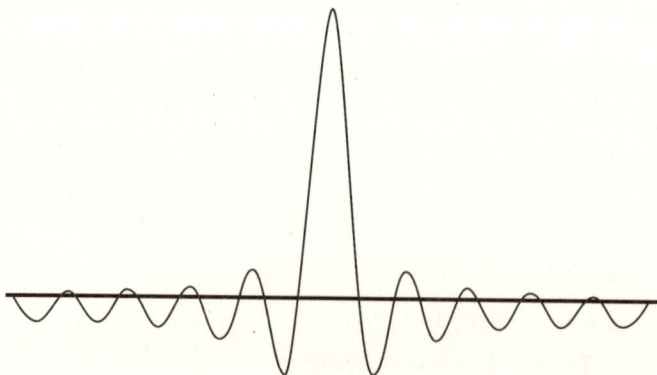

随着我叠加次数的增多，中心波峰会变得越来越窄。现在，让我们把上图的波视作某个粒子的波函数。中心位置的振幅越高，粒子出现在中心位置的概率就越大。当然，中心处的波峰有一定宽度，这意味着粒子也有可能出现在中心位置附近的区域。

普朗克和爱因斯坦认为，光子的能量和频率成正比。带质量的粒子身上也有类似的关系，粒子的动量和波函数的频率成正比。

于是，海森堡不确定性原理其实在说这样一件事情：如果我们想把某个粒子锁定在某个位置，我们就要把中心波峰弄得尽量窄。要实现这一点，需要叠加许许多多频率略有不同的波函数。可另一方面，我们知道，粒子的动量和频率成正比，频率略有不同就意味着动量略有不同。想要波函数的中心波峰越窄，所要叠加的不同频率（不同动量）的波就要越多。换句话说，如果我们想要粒子位置的不确定性越小，粒子动量的不确定性就会越大。

大自然并不关心人类的想法

以上讨论与意识、观测者以及具体的观测技术无关。不确定性原理是量子世界的一个内在特性。在量子世界中，每个粒子都有波的属性，固定粒子的动量，波函数的频率也随之固定。以上事实才是引出不确定性原理的真正原因。

在发现不确定性原理之后，为了让人们更好地理解它，海森堡第一个提出了如下思维实验。想要确定一个粒子的位置，我们必须向粒子发射一道光，再观测光子和粒子碰撞后反射回来的光。想要提高空间解析率，发射出去的光的波长就要尽可能小。可波长越小意味着频率越大，光子的能量也就越高。可如果光子的能量很高，碰撞过程本身便能改变粒子的动量和能量。所以，尽管你有可能测出某个粒子在某个时刻的准确位置，但你无法确定粒子在和光子散射之后所具有的动量和能量。

因为这个原因，很多人将海森堡的不确定性原理和后来广为人知的量子力学的"观测者效应"混为一谈。可诚如前文所述，不确定性原理和观测毫不相关。套用我朋友的话，如果量子实验的结果真的取决于观测者的意识，那么在写实验报告时，我们一定要注明观测者在实验过程中到底想了些什么。当然，我们不会这么做。我们知道，超新星爆发的产物是构成我们身体必不可缺的元素。超新星爆发早在你我意识存在之前就早已发生了。

在许多层面上，海森堡不确定性原理的发现意味着经典世界观的彻底消亡。不管我们未来的科技如何，大自然给人类设置了一条绝对红线：我们不可能同时知道粒子的动量和位置的准确信息。

可事实上，大自然并不关心人类到底能否知道，不确定性原理的意义比以上总结还要极端。在杨氏"双缝实验"中，说某个时刻粒子处于特定位置、拥有特定动量本身就是没有意义的。在那个时刻，粒子可能处于许多不同的位置，并同时拥有许多不同的动量。这样的情形会一直持续到测量发生之时。通过测量，我们可以把位置或者动量限定于一个很小的取值范围。

疯狂的量子世界

继海森堡之后，保罗·阿德里安·莫里斯·狄拉克（Paul Adrien Maurice Dirac）进一步向我们展示了量子世界的疯狂。站在某个角度看，狄拉克并没有探索者的气质。可换个角度来说，完成这项探索非狄拉克不可。爱因斯坦曾这样评价狄拉克："天才和疯狂之间只有一步之遥，（狄拉克）能在二者之间保持平衡，这着实让人生畏。"

每每谈到狄拉克，我都会想起一个笑话。有个小孩出生以后就一直不说话，他的父母四处求医，却无济于事。这样的情况一直持续到这个小孩过4岁生日的时候。那天早上，小孩下楼吃饭，刚吃一口就对父母说："这片烤面包是凉的！"父母高兴得互相拥抱，眼泪直流。他们问小孩为什么之前不说话，小孩说："因为到今天为止，一切都很好啊。"

众所周知，狄拉克谈吐简洁，说话不讲究技巧，总按字面意思理解别人的话语。因此，他留下了许多轶事。一次，狄拉克在课堂上写板书，有个听众举手提问："我不理解你这一步是怎么推出来的。"狄拉克沉默了好一会儿，直到那个听众追问他到底打不打算回答自己的问题时才说："那不是一个问题，只是一句评论。"

其实，我和狄拉克有过电话交谈。当然，谈话的时候我非常紧张。当时我还是个本科生，我想邀请狄拉克出席一个全国性的本科生会议。我当时刚上完量子力学课，和狄拉克通话愈发使我紧张不安。现在想想这还真是个大失误。我语无伦次地提了一大堆要求，狄拉克沉默了一会儿，然后回了我一句话："我没有什么想对本科生说的。"

放下个性不谈，狄拉克在物理学的探索过程中颇具胆识。他所追求的是一座新的圣杯，即将20世纪的两大革命性发现——量子力学和相对论，统一到同一个数学框架之内。尽管海森堡和薛定谔（他和若干女朋友在山中度假两周，其间推出了著名的薛定谔方程）已经发现了量子力学的基本性质，对于原子内部的电子行为，还是没有人能够得出完美的解释。

我们可以把薛定谔方程视作牛顿定律的量子形式。当描述简单原子（例如氢原子）的外层电子的时候，薛定谔方程完全胜任。可原子内部电子的平均速度比光速慢不了多少。想要描述它们的运动，我们一定要用狭义相对论。可一旦加入相对论效应，薛定谔方程就不再是电子运动的正确描述了。

终于，在所有人失败的地方，狄拉克成功了。新的运动方程理所应当地被我们称作"狄拉克方程"，它是现代物理最重要的方程之一。多年以后，狄拉克第一次遇到了物理学家理查德·费曼。在一段尴尬的沉默之后，狄拉克对费曼说："我有一个以我的名字命名的方程。你有没有？"

从形式上看，狄拉克方程相当优美。它第一次考虑了电子的相对论效应。它能准确地预测出电子在原子中的全部能级，以及电子跃迁过程中所发射的光子能量，进而准确预测出原子的光谱。可狄拉克方程有个根本性的大问题。它似乎预测出一些并不存在的粒子。

为了描述电子的高速运动，狄拉克引入了一套全新的数学机制。他使用4个不同的量来描述一个粒子。

在物理学家看来，电子是微观点粒子，没有半径。可在量子力学中，它们的行为有点儿像旋转的陀螺，拥有所谓"角动量"的属性。有角动量就意味着物体会进行永不停歇的旋转，除非有外力介入。物体的质量越大，转得越快，它们的角动量也就越大。

可惜，诸如电子这样的点粒子的旋转并不简单，它们不是绕着某个轴的经典旋转。电子的角动量，即"自旋"，是一种量子效应，没有直观的经典类比。在狄拉克方程中，电子的自旋只可能有两个不同的取值，它们的自选方向只可能沿某个方向（记作"上"），或者沿与之相反的方向（记作"下"）。因为电子有两个自旋，我们就需要两个不同的量来描述不同电子的属性，一个用来描述自旋向上的电子，另一个用来描述自旋向下的电子。

在经历一些反复之后，狄拉克认识到，想要描述电子的相对论行为，他还需要引入另外两个量。这两个量描述的是另一种电子———它们的质量、自旋和电子相同，只是电荷和电子正好相反。这听上去有些疯狂。人们通常认为，电子的电荷肯定是负的，可这种新粒子的电荷却是正的。

对此，狄拉克自己也有些困惑。没人观测到过这样的粒子。在绝望感的驱使下，狄拉克提出这个带正电荷的粒子其实是质子。当然，这不正确，质子的质量是电子的两千多倍。为了解释质子质量为什么比电子质量大这么多，狄拉克勾勒了一些模型。他认为，二者质量之所以不同，是因为二者和真空的电磁作用不同。在狄拉克眼中，真空是一片由无数微观粒子构成的海洋。这个想法其实并不疯狂，之所以这么说，我不想在此处细讲。不管怎么说，狄拉克的模型很快就显露出诸多纰漏——首先，数学上推不出狄拉克想要的结果，即带正电荷的粒子和电子拥有相同的质量。其次，如果电子和质子真的互为镜像，那么放在一处时，它们一定会湮灭，这就意味着电中性的物质不可能稳定。狄拉克不得不承认，如果自己的方程确实正确的话，那么世界上一定存在着某种带正电荷的"电子"。

狄拉克相当幸运。就在他举旗投降后的一年之内，卡尔·安德森（Carl Anderson）在宇宙射线中发现了带正电的"电子"。这便是正电子。狄拉克听到这个消息后，无奈地说："我的方程比我更加聪明！"不久之后，狄拉克承认，之所以没能提出可能存在的新粒子，纯粹是因为自己的"懦弱"。

狄拉克这个不太情愿的"预言"，是物理学史上又一座重要的里程碑。人们第一次基于纯粹的数学推理，预言出新粒子的存在。让我对此做进一步阐发。

基于电磁统一理论，麦克斯韦"后测"了光的存在。基于天王星的异常运动，勒维耶（Le Verrier）预测了海王星的存在。可狄拉克的预测和他们的都不一样。狄拉克的预测没有直接的实验动机，它从微观世界出发，通过理论推理，预测出全新的宇宙基本特征。这看上去有点儿像宗教信仰，可二者其实很不相同。首先，提出者本人不信这个预言。其次，这个预言尽管和隐秘现实有关，但终究它还是可以被观测的，是可以被证伪的。

爱因斯坦的相对论从根本上改变了我们看待时空的方式。海森堡和薛定谔创立的量子力学从根本上改变了我们看待原子的方式。狄拉克第一次尝试将二者结合，为我们打开了一扇观察物质微观性质的窗口。它奠定了其后一个世纪理论物理的基调，预示着现代粒子物理时代的到来。

我们没有理由认为狄拉克方程只适用于电子，而不适用于其他粒子。于是，不仅电子有自己的"反粒子"，所有粒子都有自己的"反粒子"。后来的发现验证了这一点。

反物质是科幻小说的常客。在《星际迷航》中，反物质为"企业"号这样的星舰提供了动力。在电影《天使和魔鬼》（Angels & Demons）中，反物质炸弹是反派阴谋中最为愚蠢的部分。可不管怎么说，反物质真实存在。在宇宙射线中，除了正电子以外，我们还发现了反质子和反中子。

从理论层面上看，反物质并不是什么怪胎。毕竟，除了电荷不同，正电子和电子的性质一模一样。很多人可能有这样的误解，反物质也会"反引力"，这个想法并不正确。反物质可以和物质相互作用，完全湮灭成为能量。这看上去有些让人担心。可是，在亚原子世界，正反物质湮灭不过是诸多全新相互作用中的一种。更何况，湮灭产生的能量没有你想象的那么大。想要通过湮灭点亮一个灯泡，你需要数目庞大的物质及反物质。

最后，让我们谈谈反物质真正让人觉得奇怪的地方：为什么我们的宇宙充满了物质，而不是反物质？一个充满反物质的世界和一个充满物质的世界好像也没什么不同。可是，如果我们的宇宙由同样多的物质和反物质构成（一个看上去非常合理的初始条件），如果我们的宇宙不存在什么特别的机制，那么我们的宇宙一定会非常无聊——正反物质会早早地相互湮灭，宇宙中只会剩下辐射。

为什么我们的宇宙充满了物质，而不是反物质？这是现代物理尚未解决的有趣问题。换句话说，反物质真正奇怪的地方在于我们很少遇到反物质。

这一点让我想到一个有趣的类比：说反物质很奇怪，就像说比利时人很奇怪。比利时人也是人，当然不奇怪。可当我面对台下的一大群观众时，我对他们说，请来自比利时的人举起你们的手，我发现几乎没人举手。

最近，我在比利时做了一场讲演，其间我问了同样的问题，还是遇到了冷场。

08
时间的褶皱

　　自伽利略以来，科学一层层地向我们展示了世界的隐秘联系。而每一个新连接的出现，都会导致物理学向着出人意料的全新方向发展。电磁大统一向我们揭示了光的本质。伽利略运动定律和光的统一向我们揭示了时间和空间的隐秘联系，二者在相对论中合为一体。光和物质的统一向我们揭示了神奇的量子世界。量子力学和相对论的统一向我们揭示了反粒子这种全新的存在。

　　狄拉克"猜出"了相对论形式下描述电子和电磁场相互作用的正确方程，随之发现了反粒子。可他无法从直觉上理解这个方程。这也是狄拉克本人以及其他一些物理学家最初怀疑反物质是否存在的原因。为什么存在反物质呢？20世纪后半叶最重要的物理学大师理查德·费曼回答了这个问题。

　　费曼和狄拉克的个性正好相反。狄拉克极端沉默寡言；费曼魅力十足，人缘极好，讲起故事来滔滔不绝。狄拉克很少刻意地开玩笑；费曼天性乐观，特别喜欢搞恶作剧。狄拉克面对女性时非常羞涩；费曼面对各种类型的女性，都能打得火热（在他的第一任妻子去世后）。然而，物理学却使这两个人走到了一起。又一次，光为两人建立了永久的智力连接。费曼和狄拉克合力完成了人们苦思已久的光的量子理论。

狄拉克比费曼大一辈，他是费曼敬仰的物理英雄。1939 年，狄拉克写了篇论文，谈到一种研究量子力学的全新方法。费曼读后深受启发，跟进研究，做出了为他赢得诺贝尔奖的工作。

在此之前，海森堡和薛定谔解释了在给定初始状态的情况下，系统如何依照量子力学随时间演化。然而，世上还有另外一种思考量子力学的思路。又一次，光成了我们思考的关键。

我们习惯性地认为，光总是沿着直线运动。可事实并非如此。炎热的夏日，遥望径直通向远方的道路尽头，你会发现地面湿漉漉的。这其实是因为光的传播并不总是沿着直线方向。来自天空的光线，在通过地表附近的层层热空气时受到了弯曲。偏折向上的光线最终进入了你的眼睛。

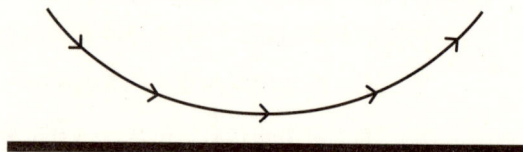

1650 年，法国数学家皮埃尔·德·费马（Pierre de Fermat）提出了另一种理解以上现象的思路。较之冷空气，光在低密度热空气中的传播速度更快。由于越是贴近地表，空气就越热，光线借道地表再进入你眼睛的时间，会比沿直线射入你眼睛的时间要短。费马提出了"最短时间原理"。这一原理指出，想要确定光线从 A 传播到 B 的实际路径，你只需从所有可能的路径中，找到那条需时最短的路径。

这让人感觉光有着某种意图。如果我换种提法，"光会考虑 AB 之间所有的路径，并从中选择需时最短的那条"，那么迪帕克·乔普拉肯定会这样说："连克劳斯自己都觉得光具有意识。"所以我会回避这样的说法。光不具有意识，只是数学推导的结果，好似光选择了需时最短的路径。

现在请回想一下，在量子力学中，光线和电子都不会沿着单一的轨迹从一处移动到另一处。它们会在同一时间沿着所有可能的轨迹移动。每条轨迹都拥有一个特定的测量概率。而经典轨迹（即需时最短的那条轨迹）拥有概率最大。

1939 年，狄拉克提出，想要确定一个粒子从 A 处运动到 B 处的可能性，就需要计算所有路径的概率，再将它们加在一起。为了阐明这个想法，狄拉克在一篇论文中就一个特例给出了数学推导。当时还是研究生的理查德·费曼在一个派对上听说狄拉克有这样一篇论文。费曼从狄拉克的想法出发，证明了在一些简单的情况下，沿着狄拉克的思路推出的量子力学结果，和沿着薛定谔或海森堡图景推出的量子力学结果一模一样。更为重要的是，"路径积分"可以让费曼处理一些复杂的量子系统。这些系统无法被其他方法简单地描述或分析。

最终，费曼完善了数学框架，他将描述电子行为的狄拉克方程推广为一套完全自洽的、描述光与电子相互作用的量子理论。他的这一工作被我们称为"量子电动力学"。因为独立创立了量子电动力学，费曼和朱利安·施温格（Julian Schwinger）、朝永振一郎（Sin-Itiro Tomonaga）分享了 1965 年的诺贝尔物理学奖。

可早在完成量子电动力学之前，费曼就给出了一个反粒子之所以存在的直观理解。它是量子力学和相对论结合的必然产物。

考虑一个电子正在沿着某条"量子"轨迹移动。这是什么意思呢？如果我不去测量电子，那么电子就会沿着两点之间所有可能的轨迹移动。其中的一些轨迹被经典物理学禁止，因为它们违背了诸如"物体不可能超光速运动"（依据相对论）这样的经典物理定律。另一方面，海森堡不确定性原理指出，即使我在某段相当短的时间内测出了电子的轨迹，由于量子不确定性，我也不可能准确测出电子的速度。也就是说，即便我测量了电子移动轨迹上的若干个点，我也无法知道从一个点到另一个点之间，电子是否展现出某些奇异的量子行为。现在，让我们考虑以下运动轨迹：

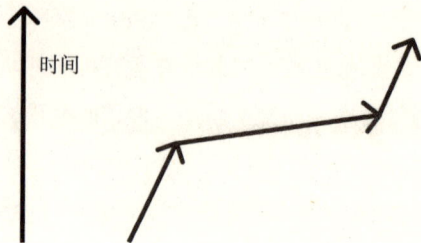

在上图中间的一小段时间内，电子进行了超光速运动。

可爱因斯坦指出，时间是相对的。在不同的观测者看来，两个事件之间的时间间隔也不一样。在一个观测者的参考系中，某个粒子进行了超光速运动；可在另一个观测者看来，这个粒子好像进行了下图所示的逆时运动（相对论之所以禁止粒子超光速运动，就是要防止逆时运动的出现）：

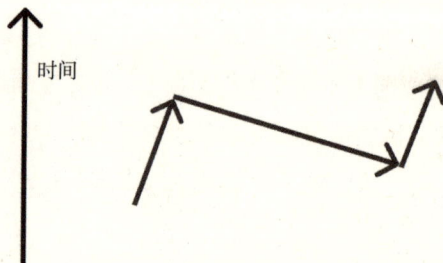

费曼认为，在以上过程中，电子顺着时间移动了一会儿，又逆时运动了一会儿，然后再顺时运动。可逆时运动时，电子会变得怎么样呢？电子带负电，一个逆时向右运动的负电荷相当于一个顺时向左运动的正电荷。也就是说，上面这幅图中的过程等同于下面这幅图中的过程：

图中，一个电子先是顺着时间运动。过了一会儿，又有一个电子和一个看起来像电子但带相反电极的粒子突然凭空出现，然后带正电的粒子顺着时间朝左运动，直到它和起初的那个电子相遇并湮灭，只剩下一个电子继续运动。

这一切发生在我们无法直接测量的时间尺度上。倘若我们可以测量它们，那么这些有违相对论原理的奇怪行为，就绝不可能发生。可话说回来，我向你保证，在你正在翻阅的书页中，抑或是你正在触摸的电子屏下，以上奇怪的过程每时每刻都在发生。

反粒子真的存在吗

如果在隐形的量子世界中，以上轨迹真的可能存在，那么在可见的世界中，反粒子就必然存在。反粒子的电荷和粒子相反，其他性质与粒子相同（在狄拉克方程中，它们就好像逆时运动的粒子）。另一方面，这也意味着只要粒子—反粒子对的存在时间足够短，短到无法被我们测量，那么它们就能从真空中自发产生。

通过以上论证，费曼一方面阐明了为什么相对论和量子力学结合，就必然产生反粒子；另一方面，他也指出说某个时间、某个区域内有一两个粒子其实是不恰当的。在一个我们无法测量的超短时间内，可能有无数对正反"虚粒子"。虚粒子极为短命，以至于无法被我们直接观察到。它们从真空中自发产生，然后迅速湮灭。

面对这样一幅天马行空的图景，你一定会觉得难以置信。毕竟，倘若直接测量虚粒子是不可能的，为什么我们要相信它们真实存在呢？

解开这一矛盾的关键在于，尽管我们无法直接测量虚粒子的效应，我们可以间接推断它们是否存在。虚粒子的存在会间接影响系统的性质，进而可以被我们观测发现。

量子电动力学描述了虚粒子的行为，也描述了正负电子间的电磁作用。它是人类迄今为止最好的科学理论。人们拿量子电动力学的理论预言和实验结果相比较，二者吻合到小数点后十多位。量子电动力学基于我们所能描述的终极尺度上的基本定理。就预言和实验观测之间的吻合程度而言，所有科学领域都无出其右。

可是，量子电动力学之所以能和实验观测吻合得如此之好，虚粒子效应不可或缺。事实上，在量子理论中，粒子之间的相互作用是通过交换虚粒子来实现的。让我进一步对此加以说明。

量子电动力学中，电磁相互作用通过物质吸收或发射光子得以实现。我们可以通过"费曼图"来表示以下过程，一个电子释放出一个"虚光子"（波浪线）后，改变了运动方向：

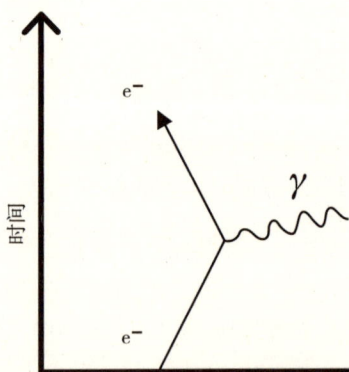

两个电子之间的相互作用则可以通过下面这个费曼图来表示：

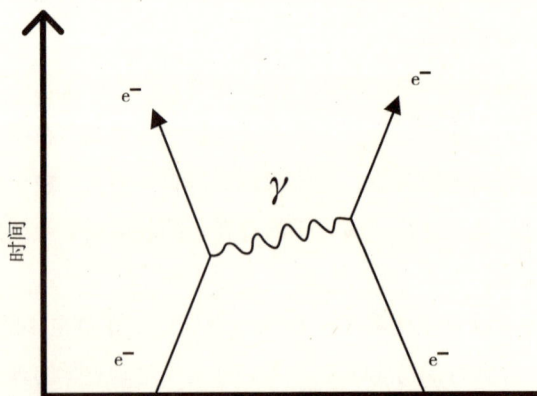

上图中，电子通过交换虚光子来实现相互作用。虚光子由左侧的电子自发辐射，再被右侧的电子吸收。这一过程所需的时间极短，以至于我们无法观测到这一过程中产生的虚光子。相互作用使得两个电子相互排斥，反向运动。

上面这幅图还解释了为什么电磁力是种长程力。海森堡不确定性原理指出，如果我们想在某段特定时间内测量一个系统，那么我们一定测不准系统的能量。想要缩小能量的不确定性，就要增加系统的测量时间。由于光子的质量是零，根据爱因斯坦质能关系，虚光子可以携带任意小的能量。不确定性原理告诉我们，这意味着虚光子在被吸收之前可以传播任意长的时间。任意长的传播时间也意味着任意长的传播距离。虚光子所携带的能量非常小，我们无法观测到其对能量守恒定律的破坏。基于以上原因，由地球上的电子发射的虚光子，可以穿越 4 光年的漫长距离，再被南门二（Alpha Centauri）上的电子吸收，从而在两个电子间传播电磁力。如果电子的静质量是某个非零值，设为 m，那么根据质能关系 $E = mc^2$，光子能够携带的能量也存在一个非零下限。这也意味着光子在被吸收之前只能在有限距离、有限时间内传播。如果光子的传播距离超过了这个限制，能量守恒定律就会受到显著的破坏。

虚粒子为什么必须是一个

然而，虚粒子身上有个潜在的大问题。我们看到粒子之间可以交换一个虚粒子，真空可以自发产生一对正反虚粒子，可为什么虚粒子或虚粒子对的数目必须是一个或一对呢？为什么不可以是两三个或两三对呢？又为什么不可以是无穷个或无穷对呢？另一方面，我们说虚粒子的能量越大，它们的存在时间就越短，二者呈反比关系。如果这样，为什么真空无法产生一个能量任意大、存在时间任意短的粒子呢？

在将以上效应加入量子电动力学后，物理学家们发现，他们的计算结果中充满了各式各样的无穷大。

该怎么对付这些无穷大呢？忽略它们。

更准确地说，不是忽略它们，而是借助一套系统性的方法，把计算结果中的有限部分留住，把无穷大部分"扫到地毯下面"。当然，现在问题变成了怎么确定哪部分是有限部分，哪部分是无穷大部分？怎么知道以上这套程序合不合理呢？

为了弄清楚以上问题，物理学家们花费了许多年时间，而费曼正是他们中的一员。1965 年费曼领取诺贝尔奖的时候，他还悲观地认为所有物理学家们的努力不过是研究出了一种数学技巧，将来我们需要一套更具根本性的解决方案。

然而，我们有一个很好的理由来论证为什么我们可以忽略那些能量任意大、数目任意多的虚粒子。一方面，海森堡不确定性原理指出，这些高能粒子存在的尺度必然非常短。另一方面，我们设计物理理论，是为了要解释我们所观察到的物理现象。而这些现象存在于我们现阶段能够测量的物理尺度。二者天差地别，那么我们又如何确信我们的物理理论在虚粒子存在的超短尺度上也同样适用呢？在超短尺度上，我们是不是还要考虑一些与之相关的新的基本粒子、新的相互作用、新的物理理论呢？

为了解释我们所看到的大尺度物理现象，我们必须知道无穷小尺度上的物理规律，我们还必须知道两个尺度之间的所有物理规律。如果我们不知道终极理论，我们就无从知道任何理论。如果物理学真是这样，这实在让人绝望。

可是，一个真正合理的物理理论不应该对极短尺度上的新物理敏感。我们称这样的理论"可重整"。"重整"指的正是我们脱去计算结果中的无穷大部分，保留有限合理部分的过程。

声称理论需要重整，和证明理论确实可以重整，完全是两回事。重整的证明过程相当曲折。在我们获得第一个可重整理论[①]后，我们通过这个理论准确地计算了氢原子的能级，进而预言了氢原子的吸收和发射光谱。预言同

① 即量子电动力学。——译者注

实验观测结果完全吻合。

尽管费曼、施温格以及朝永振一郎在构建量子电动力学的过程中应用了重整技术，但他们并没有证明量子电动力学具有可重整性。只有当一个理论具有可重整性时，这个理论才能精确地预测所包含的一切可观测物理量。完成这一证明工作的是弗里曼·戴森（Freeman Dyson）。这个证明让量子电动力学在物理学中获得了空前的地位。量子电动力学是一套关于电子和光子作用的完整理论。它可以给出任意高精度的预言，以和实验观测相比较。当然实际的预言精度，取决于理论物理学家做计算时有多少精力和定力了。正因为如此，我们可以根据量子电动力学精确预测原子的发射光谱，设计激光器和原子钟。这些设备允许我们准确测量距离和时间。量子电动力学的预言极为准确，我们甚至可以利用这一特点，在实验室中寻找略微偏离预言的物理现象。这些细微的偏离，可能源自时空更深处的新物理学。

50 年之后再看，我们现在知道这个理论之所以如此特别，部分在于理论背后具有"对称性"。物理学中的对称性探索现实世界的深层次特征。无论现在还是将来，对称性的探索决定了物理学进步与否。

如果我们交换物理世界中的某些基本数学量，现实世界没有发生任何内在或外在的改变，我们就将这种交换称作"对称性"。举例来说，一个球可以沿任意轴以任意角度旋转，旋转后的球看上去和旋转前的球一模一样。球的物理性质和球的转向无关。物理定律不会因为时间不同而不同，不会因为地点不同而不同，这背后具有很深的意义。物理定律的时间对称性，即时间平移不变性，产生出了能量守恒定律。

在量子电动力学中，电荷的本质和一个基本对称性有关。我们说粒子"带正电"或者"带负电"，往往具有随意性。我们可以把宇宙中所有带正电的粒子换成带负电的粒子，再把带负电的粒子换成带正电的粒子，宇宙的样子和行为，不会发生任何改变。

让我们想象一下：宇宙其实是个巨大的国际象棋棋盘，布满了黑格和白格。如果我让白格变黑，又让黑格变白，棋盘除了发生黑白互换之外，没有任何变化。再交换一下黑白棋子，下棋的过程也就不会发生什么变化了。

正是由于上述对称性，我们才有了电荷守恒定律：在任何过程中，正电荷或者负电荷都不会单独自发产生。即便在量子力学中也是如此，正负电荷必须成对同时产生。正因为如此，由真空自发产生的虚粒子总是以正负粒子对的形式出现。这也同时解释了雷电产生的原因。风暴云的下层会聚积大量的负电荷，这也使得地表聚积大量的正电荷。而摆脱这些正负电荷的唯一方法，就是构筑一条从地下直通天上的巨大电流。

为什么上文中的对称性产生电荷守恒定律呢？让我们回到棋盘世界。不管我如何改变黑白，只要每个黑格子周围都是白格子，那么改变后的棋盘就和最初的棋盘一模一样。可如果我让两个黑格子紧挨在一起，那么棋盘上就出现了网状黑块，黑白格子就不再相等了。从物理意义上看，二者不再相同。换句话说，黑白之间的对称性遭到了破坏。

请读者再坚持一会儿，现在我要介绍一个非常重要却又非常微妙的概念。说它重要，是因为这个概念是现代物理学的基石。说它微妙，一是由于不用数学公式，我真的很难描述这个概念；二是由于尽管这个概念早在100年前就被人提出，人们迄今还是未能完全搞清它的来龙去脉。基于以上这些原因，如果你没有一下搞清楚以下解释的话，请不要觉得惊讶。物理学家们花了足足60年的时间，才开始明白这个概念。

这个概念被称作"规范对称性"。我会在下文解释这个奇怪名字的由来。当然我们并不关心名字是否奇怪，规范对称性有着深刻的物理意义：

> 电磁学中，我可以在某个局部区域改变电荷的定义。只要我通过某个量跟踪局部和局部之间电荷定义到底如何改变，那么，这些改变就不会影响与电荷有关的电磁学定律。而这便是电磁学中的规范对称性。那个帮助我跟踪电荷定义改变的量，即为电磁场。

让我回到我的棋盘，再重新解释一下规范对称性。上文中，我描述过全局对称性，即在棋盘上的所有地方，黑白格子发生互换。如果我们将换色后的棋盘旋转180度，那它看起来就是最初的棋盘。拿它来下象棋，自然也没有什么不同。

现在，假设我只把一个格子的黑色改成白色，而不改变那个格子周边的颜色。那我们就会得到 5 个紧靠在一起的白格子。这时的棋盘和原本的棋盘完全不同，我们再也不能拿它来下象棋了。

可真的不能下了吗？如果有这样一本象棋手册，告诉我当棋子遇到这样的特殊格子时应该怎么走，那么只要我们时刻查询这本手册，一盘棋就还能照着原来的规则走。正是由于这本象棋手册的存在，下棋的过程没有发生改变。

在数学中，如果某个量给平面（例如棋盘）上的每一点赋予一定的规则，那么这个量就称作"函数"。在物理学中，如果某个函数在现实空间的每个点都有定义，那么这个函数就称作"场"。举例来说，电磁场描述了空间各处电力和磁力的强度。

现在，终于到了临门一脚的时候了。我们所需函数（这个函数允许我们改变局部的电荷定义，但不影响电磁学规律）的必要特性，正是电磁场所遵从的规律的必要特性。

换句话说，要使自然定律在"规范变化"下不变（具体说来，当我改变某个局域的电荷定义时，自然规律不变），就等同于要求电磁场符合麦克斯韦方程组。"规范不变性"，完全决定了电磁学的性质。

这带给我们一个有趣的哲学问题。在物理学中，到底是对称性更为基本，还是阐明对称性的物理学方程更为基本呢？如果对称性更为基本，换句话说，因为有了规范对称性，世上才有了光子、光、法拉第发现的电磁现象、麦克斯韦提出的方程组，那么"神说：'要有光。'"就等同于"神说：'要让电磁学具有规范对称性。'"。后面这种提法并不吸人眼球，但两种提法其实是相等的。

当然，你也可以说物理理论就是物理理论。我们发现物理方程底下有某个数学对称性固然很好，但这也不过是个巧合。

如果以上两种观点间的争论只是语义学上的争论，那么大概只有哲学家会对此产生兴趣。可大自然却显示出自己的倾向。如果只有量子电动力学具有某种对称性，那么认为物理方程更为基本的一派就会占据上风。

可事实并非如此，我们已知的每一个描述宇宙基本尺度的理论，都具有某种规范对称性。因此，许多物理学家倾向于认为，对称性在宇宙中扮演着关键性的角色，而描述宇宙的物理定律受制于这些对称性。这些限制进而反映出我们这个宇宙的一些关键且基础的数学特征。

在这场争论中，我们抱有何种观点其实并不重要。关键在于最后，发现并应用规范对称性，是否能帮助我们发现终极尺度上的世界本质。物理学家总在试图突破现有的四大基本力（引力、电磁力以及我们马上就要介绍的强核力和弱核力）框架，就结果来看，这些尝试都构筑于规范对称性之上。

对称性必不可少

话说回来，"规范对称性"这个名字的由来其实和量子电动力学无关。它诞生于更早的年代，和爱因斯坦的广义相对论有关。同其他许多基础理论一样，广义相对论也具有规范对称性。爱因斯坦指出，当我们描述周遭的空间时，我们可以随意地选择局域参考系，引力场（函数）会告诉我们从一个点到另一个点，局域参考系该如何连接变化。这些变化取决于该处空间的曲率。而空间的曲率又由空间内物质的能量和动量决定。引力场和物质之间的耦合方式，由空间的一组几何不变量决定。这些几何不变量，不随参考系的改变而改变。

广义相对论中蕴含的这种对称性，启发了数学家赫尔曼·外尔（Hermann Weyl）。他觉得电磁学方程的形式，或许反映了某种和标度变化相关的对称性。外尔将标度称作"规范"。之所以称之为"规范"，或许是因为外尔受了铁轨存在多种轨距标准的启发（不只有爱因斯坦和《生活大爆炸》中的谢尔顿受到过火车的启发）。外尔的猜想其实并不正确，但运用于电磁学中的对称性后来就称作规范对称性了。

不管名字的起源如何，就我们所知，规范对称性是这个世界上最为重要的对称性。而从量子的角度出发（比如在量子电动力学中），规范对称性的存在就显得愈发重要了。规范对称性使得量子电动力学成为一个合理的理论。

对称性的本质到底是什么呢？思考这一问题，有助于我们理解为什么对称性对于量子电动力学来说如此重要。举例来说，对称性会告诉我们世界的不同部分之间，到底有着怎样的联系。对称性也会告诉我们，存在一些特殊的量，它们在各种变换之后保持不变。但我们旋转 90 度角后，方块还是方块。这是因为方块的各条边、各个角都相等。所以，通过对称性，我们可以看到某些物理量具有相同的大小（比如虚正粒子的效应和虚反粒子的效应）。这些物理量还可能具有相反的符号，因而可以非常精确地相互抵消。想要在理论中实现物理量的精确抵消，对称性必不可少。

顺着这个思路去想，我们不难想象量子电动力学中的那些讨厌的无穷大如何相互抵消，最终呈现出一个没有无穷大的理论。而这正是量子电动力学脱去无穷大的过程。正因为有了规范对称性，理论预言中的无穷大被局限到了少数几项之中。在对称性的作用下，这些讨厌的项要么在相互抵消后消失，要么彻底脱离实际可测的物理量。

证明量子力学可重整是一项极为重要的研究成果，其中倾注了这个世界上最富才华和创造力的理论物理学家们数十年的光阴。这项证明使得量子电动力学成为 20 世纪最为准确、最为优秀的量子理论。

量子电动力学所揭示出来的数学之美，使得我们可以真正理解电磁力，这一宇宙中的基本相互作用。可惜好景不长，当人们转而思考原子核中的相互作用时，其他恶心的事情开始向人们袭来。

09
衰变与碎片

第一次听说人类也具有放射性时，我还是个中学生。那一刻，我惊呆了。告诉我这一切的是汤米·戈尔德（Tommy Gold）。他是一位博学之士，也是一位杰出的天体物理学家，在宇宙学、脉冲星、月球科学方面做出过开创性的工作。戈尔德告诉我们，构成我们身体的粒子中，很大一部分是中子。中子并不稳定，平均寿命只有十几分钟。

我真心希望你阅读本书的时间已经超过了 10 分钟。如果这样，戈尔德的话或许也会使你感到惊讶。这听上去非常荒谬。当然，这个悖论存在解答。解答中蕴藏了我们的宇宙中最为原始也最为美妙的惊人巧合。正因为这个巧合，人类才有可能存在。接下来，我们会不断探讨"为什么我们会生存于此地"。在讨论的过程中，这个巧合也会显得愈发重要。前面的章节中，故事的核心是光。中子看上去和光完全不同。但随着理解的深入，最终我们会看到二者之间的紧密联系。中子的衰变正是放射性元素发生"β 衰变"的原因。为了理解这一过程，物理学家不得不放弃简洁优美的电磁理论，去探索一片全新的宇宙基础领域。

上面说得太快，且听我细细道来。

一毫厘质量之差，让我们能够存在于世上

1929 年，狄拉克发表了电子和光的相互作用理论。人们似乎看到，这个理论最终可能发展成为万物至理。当时，人们知道的相互作用就只有电磁力和引力。因为爱因斯坦的伟大工作，我们对于引力有了深入的理解。当时的基本粒子只有电子、光子和质子。它们相互组合，构成了一切事物，也成为人们理解原子、化学、生命乃至宇宙的基础。

反粒子的出现似乎让人感到有些不安。可由于狄拉克的成功预测（尽管理论预测超出了狄拉克自己的预期），这似乎不过是通往真理之路上的一道减速带，而不是什么路障或绕弯。

时间到了 1932 年。这一年之前，科学家们普遍认为原子完全是由质子和电子组成的。这种想法有个问题：原子的质量不对。1911 年，欧内斯特·卢瑟福（Ernest Rutherford）发现了原子核。原子核是原子中心的极小区域，比电子轨道半径要小 10 万倍，却集中了几乎所有的原子质量。要保持原子的电中性，原子核中的质子数量必须等于核外的电子数量。这些质子的总质量即为原子核质量。可就在卢瑟福发现原子核后不久，人们很快就发现，对于重核来说，其原子核质量比质子总质量的 2 倍还要大。

怎么解释这个矛盾呢？当时人们给出的答案非常简单。其实原子核中质子的数目是核外电子数目的 2 倍。相应地，还有些电子嵌在原子核内，从而使得整个原子依旧保持电中性。

可量子力学告诉我们，把电子禁闭在原子核内是不可能的。具体的解释有些复杂，大致如下：如果基础粒子都具有波动性，那么要禁闭一个粒子，就得让粒子的波长小于禁闭尺度。另一方面，在量子力学中，粒子的波长和粒子的动量成反比，也和粒子的能量成反比。想要把电子禁闭在原子核这样狭小的区域内，我们需要巨大的能量，具体来说是电子进行能级跃迁所需能

量的百万倍。

如此巨大的能量，电子到底通过何种方式获得呢？答案是，电子没有可能获得。如果电子和质子真的被电磁作用绑在一块，那么在电子"坠落"到原子核的过程中，确实会释放一些能量，可这个能量还是不及禁闭所需能量的 1/10。

上文中我们看到质量加起来不对，这里我们又看到能量加起来不对。

面对这些问题，当时的物理学家当然知道它们存在，但却安之若素。我怀疑人们采取了类似搁置争议的谨慎态度。量子力学和核物理都是当时物理学的前沿，在进一步了解这些领域之前，物理学家愿意把他们的不信任感暂时放一放。最终，是物理实验，而不是新奇的物理理论（或许只是我个人的无知），促使物理学界克服踟蹰不前的状态，迈出了合乎逻辑的下一步：世界比我们想象的还要复杂，还有许多奥秘尚未被我们发现。

1930 年，狄拉克发现自己的方程所预言的反粒子其实并不是质子。也正是这一年，一系列的物理实验为人们提供了解开原子悖论所需要的线索。这段发现历程跌宕起伏。与其精彩程度不相上下的，也只有那些研究者们的个人经历了。

马克斯·普朗克解决了原子辐射悖论，从而开启了量子革命。在解决原子核悖论的过程中，他理所应当地做出了间接的贡献。尽管普朗克没有亲自进行相关研究，可他慧眼识珠，将一位才华横溢的学生招入麾下。这名学生正是瓦尔特·博特（Walther Bothe），他当时正在柏林大学攻读数学、物理学、化学和音乐学位。1912 年，博特正式成为普朗克的博士生。在其随后的职业生涯中，博特自始至终都在接受普朗克的指导。

博特撞上了好运。在接受普朗克指导的不久之后，他又获得了盖格计数器的发明人汉斯·盖格（Hans Geiger）的指导。在我看来，盖格是一名极有天赋的实验物理学家，他没有获得诺贝尔奖的青睐实在不公。在其职业生涯的开端，盖格和欧内斯特·马士登（Ernest Marsden）合作，一起做了卢瑟福设计的原子核散射实验。在卢瑟福手下工作了一段时间后，盖格离开英国回到柏林，成为一所新的实验室的领导人。新官上任的他做出的第一个决定，便是雇用博特作为实验室的研究助理。在盖格手下，博特将注意力集中在那些重要的物理实验上面，他会使用简单、即刻见效的实验方法。

博特有一段为期 5 年的"强制性休假"时期。他在第一次世界大战中沦为战俘，被囚禁在西伯利亚。返回德国后，博特开始和盖格进行密切合作。最终，博特成为盖格的继任者。在同盖格合作期间，他们开创了"符合计数法"，用来探索原子物理和核物理。他们在探测目标周围放置多个不同的探测器，并仔细校准探测器间的时间。当单个原子或核子发生衰变时，他们就会在这些探测器中看到同步出现的信号。

1930 年，博特和他的研究助理赫伯特·贝克（Herbert Becker）发现了一个从未出现过的意外现象。在用 α 粒子——即氦核，轰击铍核的过程中，二人观察到原子核发射出一种全新的高能辐射。这种全新辐射有两个特征。首先，它比高能伽马射线更具穿透力；其次，它和伽马射线一样，完全由电中性的粒子组成，在穿透物质的过程中，这种射线不会使原子发生电离。

这个惊人的发现很快就传遍了欧洲的所有物理实验室。最初，博特和贝克认为，这种全新辐射不过是某种新的伽马射线。可在巴黎，居里夫人的女儿伊雷娜·约里奥－居里（Irène Joliot-Curie）和她丈夫弗雷德里克·约里奥－居里（Frédéric Joliot-Curie）重复了博特－贝克实验，并对这种辐射进行了更为细致的研究。特别值得注意的是，在他们用这种辐射轰击石蜡目标的过程中，轰击产生出了能量极高的质子。

这一发现说明，这种全新的辐射不可能是伽马射线。为什么这么说呢？

道理很简单。当一辆卡车向你驶来，你朝卡车扔爆米花，这些爆米花既不会让卡车停下，也不会打坏车窗。爆米花的质量很小，纵使你使出了全身的力气，这些爆米花的动量还是少得可怜。要让卡车停下来，需要耗费巨大的动量。这是因为尽管卡车的移动速度可能不快，但它的质量很大。想让卡车停下来，或从卡车上砸出什么大件物品，你必须向卡车扔大石头才行。

同样地，石蜡中的质子也很重，可伽马射线却是由零质量的光子组成的。想要从石蜡中轰出质子，伽马射线的能量必须极高（只有当能量极高时，单个光子的动量才会大到足以轰出质子的程度）。可在任何已知的原子核衰变过程中，释放出的伽马射线能量并没有那么大，低于所需能量的 1/10。

令人诧异的是，约里奥 – 居里夫妇（这对夫妻非常前卫，他们将两人的姓氏连在一起作为共同的姓氏）和狄拉克很像，他们讨厌通过提出新的粒子来解释实验数据。当时，人们熟知的粒子只有质子、电子和光子，人们认为这三种粒子足以解释包括原子的量子现象在内的一切已知事物了。于是，约里奥 – 居里夫妇否认了一个今天看来相当浅显的解释，即博特 – 贝克实验中产生了新的带质量粒子。不幸的是，由于同样的怯懦，尽管约里奥 – 居里夫妇在卡尔·安德森发现正电子前好几年就观察到了正电子，他们还是和正电子的发现失之交臂。

物理学家詹姆斯·查德威克（James Chadwick）在以上研究的基础上更进一步。查德威克的物理嗅觉很灵敏，可政治嗅觉就不行了。查德维克在卢瑟福的指导下工作，并于 1913 年在曼彻斯特大学（University of Manchester）获得硕士学位。当时，他获得了一大笔奖学金，可以到世界上任何一个地方继续求学。他决定前往柏林追随盖格。查德威克很有眼光，盖格是当时世界上最伟大的导师。查德威克开始了一系列重要的辐射衰变研究。不幸的是，在查德威克留德期间，第一次世界大战爆发。他在一个拘留营中度过了此后的 4 年。

战后，查德威克追随卢瑟福重返剑桥，并在卢瑟福的指导下获得了博士学位。毕业后，查德威克继续在卢瑟福手下工作，并帮助管理卡文迪许实验室（Cavendish laboratory）。查德威克知道博特和贝克的发现，甚至再现了他们的实验。然而，多亏一名学生告诉他约里奥 – 居里夫妇的发现，查德威克方才相信实验产生的辐射确实由一种全新的粒子组成。这种粒子不带电，质量和质子差不多，或许它们就藏在原子核中（查德威克和卢瑟福多年之前就这样认为）。

查德威克重复并拓展了约里奥－居里夫妇的实验。他用射线轰击石蜡以外的其他材料，也同样打出了质子。查德威克确信，轰出质子所需的能量如此高，新的辐射不可能是伽马射线。同时，他也确信，新的射线和原子核之间有着极强的相互作用，远远超过伽马射线和原子核的相互作用。

查德威克分秒必争。1932 年，在实验开始两周之后，他就向《自然》杂志寄了一封信，标题是"论中子存在的可能性"，并将后续内容整理成一篇详尽的论文，投到皇家学会。这便是中子——构成绝大部分重核质量的粒子，也是构成绝大部分人体质量的粒子的发现过程。

因为这个发现，三年之后的 1935 年，查德威克被授予诺贝尔物理学奖。戏剧性的是，走在查德威克前面却没有指出中子存在的三位实验物理学家，因为其他工作而获得了诺贝尔奖。博特因发明不同探测器间的符合计数法并以此探索核物理及原子物理的细节现象，而获得 1954 年诺贝尔物理学奖。约里奥－居里夫妇在错失两座诺贝尔奖之后，终于因为发现人工放射性，而获得 1935 年诺贝尔化学奖。人工放射性是发展原子能及核武器的关键。有意思的是，直到伊雷娜·约里奥－居里获得诺贝尔奖之后，法国人才授予她教授职位。加上玛丽·居里的两座诺贝尔奖，整个居里家族一共获得过 5 座诺贝尔奖，这在所有学术家族中前所未有。

在发现中子之后，查德威克开始着手测量中子的质量。1933 年，他做出初步估计，认为中子质量略小于质子质量和电子质量之和。这似乎又一次印证了中子是质子和电子组成的束缚态。根据爱因斯坦质能关系 $E = mc^2$，中子质量之所以小于质子和电子总质量，是因为绑定质子和电子消耗了部分能量。然而，其他的实验物理学家测出了不同的中子质量。为此，查德威克在一年之后重新对中子质量进行了测量。这次，他使用的是原子核的光致蜕变。这种方法允许查德威克对所有可能的能量进行精确的测量。实验结果相当清晰，中子质量要比质子和电子的质量和要大，尽管两者之间的质量之差仅为中子质量的千分之一。

俗话说，差之毫厘，失之千里。这话用到质子和中子质量上面真是一点不为过。要不是因为这一毫厘的质量之差，我们就不可能存在于世界上。

10 分钟的永恒

1896 年，亨利·贝可勒尔发现铀具有放射性。三年之后，欧内斯特·卢瑟福提出辐射分为两种——α 辐射和 β 辐射。一年之后，人们又发现了伽马射线。卢瑟福认为伽马射线是一种新的辐射，并于 1903 年为其命名。另一方面，1900 年，贝可勒尔发现 β 衰变产生的辐射其实是电子。现在我们知道，这些电子是由中子衰变产生的。

在 β 衰变过程中，中子分裂成一个质子加上一个电子。如果中子的质量比质子小，这样的衰变就不会发生。中子衰变其实并不让人惊讶，真正奇怪的是中子的衰变周期相当长。对大多数不稳定的基本粒子来说，其衰变周期不过百万分之一秒或亿万分之一秒。可自由中子的寿命，平均而言有 10 多分钟。

中子的寿命为何如此长？一个主要原因是，中子质量只比质子和电子的质量总和大一丁点。于是，中子勉勉强强地可以衰变成为质子和电子。（其实还有另外一个原因，中子衰变的产物不只质子和电子，还有第三个粒子……且容我下文细细道来！）

对核子来说，10 分钟可能就是永恒。可对人类来说，对地球上的各个原子来说，10 分钟太短暂了。让我们回到本章开头的问题，如果我们的身体由大量的中子组成，如果中子的寿命比电视插播广告还要短，那么为什么我们还能活在这个世界上呢？

回答这个问题的关键，依然在于中子和质子微小的质量差。自由中子的寿命确实只有 10 多分钟，可我们要考虑的，却是束缚在原子核中的中子。束缚意味着想要从原子核中敲出中子，就必须对其施加能量。可反过来，这也意味着在形成束缚态的过程中，中子会损失能量。爱因斯坦告诉我们 $E = mc^2$，能量的损失与质量的损失成正比。在中子损失能量、束缚于原子核的过程中，中子的质量也会变小。在自由状态下，中子质量只比质子加电子质量大一丁点，现在又损失了部分质量，剩下的质量就无法再让中子衰变成质子加电子了。想要原子核中的中子衰变成质子，衰变产生的能量就必须足够大。具体来说有两种情形：一是衰变能量大到可以将质子踢出原子核。根据标准的核物理束缚能理论，这种情况不可能发生。二是衰变能量大到可以使质子留在一个新的稳定原子核内。新核比旧核多了一个正电荷，而原子核增加一个正电荷所需的能量，多数情况下比中子衰变所释放的能量还要大，所以这种情况也不可能发生。综上所述，绝大部分原子核中的中子是稳定的，绝大部分包含中子的原子也是稳定的。

对于我们的身体来说，对于我们所看到的万事万物来说，构成它们的原子之所以稳定，来自一个巧合，即中子质量和质子质量之差，仅为中子质量的千分之一。二者的质量差如此小，当中子嵌入原子核之后，中子就再也不可能衰变了。这便是汤米·戈尔德告诉我的答案。

可当我细细回味时，这依然让我觉得不可思议。各种复杂的物质，元素周期表，远至天际的星辰，近至我正在敲击的键盘，我们看到的所有这些事物之所以存在，全在于这样一个巧合。为什么会这样呢？这真的只是一个巧合吗？还是有些别的什么原因，使物理定律不得不产生这样一个巧合？这些问题，正是驱使物理学家上下求索的动力。

中子的发现，以及随后对中子衰变的观察，在亚原子大家族中加入了不止一个的新粒子。它似乎也在表明，自然世界的两大基本属性——能量守恒和动量守恒——或许在核物理这样的微观尺度上并不成立。

在发现中子的 20 年前，詹姆斯·查德威克观察到 β 射线有某种奇怪的行为，那个时候没有人知道 β 射线是由中子衰变而来。人们发现中子衰变所产生的电子的能量谱是连续的。能量的下限是零，能量的上限由中子衰变后的剩余能量决定。对于自由中子来说，能量上限即为中子质量减去质子和电子的质量。

可这里存在一个问题。为了更简单地阐明这个问题，让我们假设质子质量和电子质量相同。假设中子衰变后，质子携带的能量大于电子携带的能量，由于二者质量相同，这就意味着质子的动量大于电子的动量。可在实验中，衰变前的中子是静止的——也就是说，在衰变之前，系统的总动量是零，根据动量守恒定律，衰变产生的质子动量和电子动量必定是大小相同、方向相反的。换句话说，质子动量不可能比电子动量大。总结一下：如果质子和电子的质量相同，那么它们的能量和动量大小也必定相同。

当然质子质量不同于电子质量，这会使得数学处理上面略微烦琐一些，可大致的推理还是一样。如果中子衰变只产生质子和电子，那么它们的动量、速度和能量就必须满足一个特定的关系。具体关系取决于质子和电子的质量比。

因此，在中子 β 衰变中，如果电子的能量不是一个特定的值，而是一个连续的取值范围，这就打破了能量守恒定律和动量守恒定律。当然，我在上文中指出，以上推理有个前提，即在中子衰变过程中仅产生两个粒子。

让我们再次回到1930年，中子的发现仅在几年之后。杰出的奥地利理论物理学家沃尔夫冈·泡利给瑞士联邦理工学院的同事写信，信的开头是这样的："亲爱的放射性女士们、先生们。"信中，泡利提出了一个解决上述问题的方案，可他"还没有足够确信到可以发表"这个方案。泡利提出，存在一种新的电中性的基本粒子，他称其为"中子"。中子衰变形成电子、质子和这个新的中性粒子。中子的能量由三者共享，这种情况下，电子可以形成连续的能量光谱。

泡利不是傻瓜，后来他因为他的"不相容原理"而荣获诺贝尔物理学奖。事实上，他很不待见傻瓜。如果他觉得报告人胡言乱语，他就会故意冲到黑板前，夺走报告人手中的粉笔。对于那些他不喜欢的理论，他会给予异常严厉的批评。他最为严厉的批评，针对的是那些模糊不清的观点，他会说它们"连错都算不上"。[大数学物理学家费萨·古西（Feza Gürsey）是我在耶鲁教书时的同事。一次，有个记者问他，有些追求名利的科学家会对一些夸张的想法大加宣传，这样做到底有什么意义呢？古西答道："这意味着，泡利肯定已经死了。"]

泡利认识到，构想一个谁也没有观测到过的基本粒子实际存在，确实有些天马行空。在他的信中，他认为这样的粒子可能并不存在，一是没人观测到过这样的粒子，这说明这些粒子和物质的作用非常之弱；二是相较于质子质量，β 衰变中产生的能量很小，这就要求这些粒子必须足够轻，否则它们就不可能和电子相伴而生。

不久之后，泡利的想法就遇到了第一个问题——他给粒子起的名字。查德威克在 1932 年发现我们现在所称的中子。于是，泡利构想的这个中子小表弟就需要换个名字了。伟大的意大利物理学家恩里科·费米（Enrico Fermi）正好是泡利的同事。1934 年，他想到了一个好名字，他将泡利的"中子"改名为"中微子"（neutrino），在意大利语中是"小中子"的意思。

26 年后，泡利构想的中微子才最终被人们发现。在这期间，这个小小的粒子和他的大表哥中子一起，将整个物理学界搅得天翻地覆，彻底颠覆了物理学家们对于宇宙中的相互作用、光的本质乃至真空本质的固有看法。

10
核裂变，太阳光芒万丈之源

很多人大概都没有听说过恩里科·费米这个名字，但这并不妨碍他成为 20 世纪最伟大的物理学家之一。在物理学黄金时代的那批伟大人物之中，恩里科·费米和理查德·费曼对我的影响最为深刻。他们改变了我对待物理学的态度以及研究方法，同时也改变了我对物理学的理解。我多么希望我拥有他们二人的天赋。

费米生于 1901 年，卒于 1954 年，活了 53 岁（创作本书时，我已经 62 岁了）。费米的死因是癌症，这大概和他对放射性的研究工作不无关系。尽管一生短暂，费米却始终致力于推动理论物理学和实验物理学的前沿研究。他的贡献如此之大，大概再也没有一个物理学家可以与之匹敌。今天，理论物理学和实验物理学成为两门相互独立的学科。一方面，我们拥有大量复杂的理论工具，用来处理物理模型；另一方面，我们有非常复杂的实验装置，用来验证这些模型。对今天的物理学家来说，无论他们是多么才华横溢，都不可能像费米当年那样，同时处于理论物理学和实验物理学的前沿领域。

1918 年，费米从罗马的一所高中毕业。对于一名优秀的青年科学家来说，那是一个充满机遇的年代。量子力学刚刚诞生，新的观点层出不穷，严格处理这些观点所需的数学工具尚未被发明应用。这个时候，实验物理学还没有进入"大科学"时代；三两个研究人员，在临时组建的实验室中工作几个星期而不是几个月，就能够完成物理实验。

高中毕业后，费米申请就读著名的比萨高等师范学校（Scuola Normale Superiore in Pisa）。入学考试时，学校要求申请人撰写一篇以"声音的特性"为题的论文。在费米的论文中，他用傅立叶分析方法求解了杆震动的微分方程。时至今日，傅立叶分析依旧是一门不太好掌握的学问，很多学生在本科三年级时才会有所接触，有的甚至要到读研究生的时候。可费米当时年仅 17 岁。他在考官的心目中留下了深刻印象，也因此获得了入学考试的第一名。

大学期间，费米的专业是数学，后来转为物理学。在这期间，费米自学了爱因斯坦提出没几年的广义相对论，以及量子力学、原子物理学。这在当时都是新兴的研究领域。到达比萨后 3 年，费米就在主要的物理学期刊上发表了多篇理论物理学论文，主题涵盖电磁学、广义相对论。21 岁时，费米获得了博士学位，这是他在比萨学习的第 4 年。他的博士论文论述了 X 射线衍射成像的可能应用。当时，想要在意大利获得物理学博士，学生不允许递交纯粹的理论物理学论文，可这也促使费米在理论计算之外拥有了很强的实验能力。

毕业后，费米先后前往当时的量子力学研究中心——德国以及荷兰的莱顿进行访问，再返回意大利任教。其间，费米结识了一大批大名鼎鼎的物理学家——波恩、海森堡、泡利、洛伦兹、爱因斯坦。1925 年，泡利提出了"不相容原理"，认为两个电子不可能在同一时间、同一地点占据同一量子态。不出一年，费米就将泡利不相容原理应用到了一类全同粒子多体系统。这些粒子和电子很像，拥有两个可能的自旋态，分别是自旋向上态以及自旋向下态。通过这一工作，费米建立起了现代的"统计力学"。统计力学是材料科学、半导体和现代电子器件的基础。

处处皆有弱相互作用

正如我前文所说的那样，没有任何直观的方法，允许我们想象一个点粒子到底如何自旋。这真的就是量子力学超越你我常识的地方。电子是一种自旋 1/2 粒子，这是因为电子的自旋角动量是它的最低轨道角动量的一半。我们将任何类似电子这样带有半整数自旋的粒子称作费米子，以纪念费米的杰出贡献。

26 岁那年，费米获得了罗马大学一个新设立的理论物理学教授席位。他开始领导一批极富活力的青年学生。他们中的许多人后来因为对原子物理及核物理的研究而荣获诺贝尔奖。

1933 年，费米开始对泡利的另一个想法感兴趣。泡利认为中子衰变过程中会产生新的粒子，费米称之为"中微子"。命名一个粒子不过是费米工作的边角，他的着眼更高。费米发展出一套中子衰变理论，这一理论揭示出世界之中，除了引力和电磁力之外，还存在着一种全新的相互作用。无独有偶，这种新的作用又一次和我们对光的思考有关。尽管对当时的人们来说还不是很明显，现在我们知道，这种新的相互作用是一种核力。核力共分两种，而这是率先被人们发现的一种。引力、电磁力再加上两种核力，便是我们已知的全部相互作用。小到亚原子，大到星系，万事万物的相互作用概莫能外。

费米把论文投到《自然》杂志，编辑拒绝了这篇论文，理由是论文"与现实物理图像相去甚远，不能引起读者的兴趣"。我们中的许多人都会有论文被大牌编辑拒绝的经历。知道费米也有过同样的经历，知道 20 世纪最为重要的物理学论文也被拒绝过，这让我多少觉得有些好受。

费米觉得编辑拒绝的理由相当牵强，因而非常沮丧，可他也因祸得福。费米打算重新开始实验物理学研究，他打算重复两年之前查德威克发现中子时所进行的实验。数月之后，费米就开发出了一个强大的中子源，这允许他用中子轰击那些稳定的原子。在用中子轰击铀和钍之后，他发现原子核发生了衰变，并由此产生了新的元素。事实上，中子的轰击使得原子核发生裂变，碎裂成一些轻核。1939 年，科学家们又发现核裂变所释放的中子数，比所吸收的中子数还要多。

这些实验对费米帮助颇大。4 年之后的 1938 年，37 岁的费米被授予诺贝尔物理学奖，以表彰他在人工放射性以及通过中子轰击产生新放射性元素方面所做的工作。而 1938 年，也正是纳粹开始在德国和意大利先后推行种族法的时候。费米的犹太人妻子劳拉也因此受到威胁。在斯德哥尔摩出席诺贝尔颁奖礼之后，费米和他的家人并没有返回意大利，他们去了纽约。费米接受了哥伦比亚大学的一个教职。

1939 年，尼尔斯·玻尔在普林斯顿大学做了一个核裂变的报告。身处纽约的费米在得知报告内容后，为了澄清此前犯下的错误，专门修正了自己的诺贝尔奖感言。不久之后，他又重复出了德国小组的核裂变实验。没过多久，费米和他的合作者就意识到"链式反应"可能存在。当用中子轰击铀原子之后，铀会发生裂变，释放能量，并在这一过程中释放出更多中子。这些中子又可以继续轰击铀原子。整个反应不断持续。

费米立即到美国海军部做了相关报告。他向军方阐明这一发现可能带来的严重后果，可他的提醒并没有获得军方重视。同年，爱因斯坦向罗斯福总统递交了著名的呈请信。人类的历史因此发生了改变。

早在多年以前，费米就意识到原子能中蕴藏着巨大的危险。1923 年，距离费米获得博士学位仅仅过去一年，他在相对论著作的附录中谈起了质能关系的重要性，并这样写道："（从原子核中）获取这种惊人的能量至少在未来可预见的时间里是不大可能实现的，但这也没什么不好。实现它的物理学家是不幸的。因为在这种可怕能量爆发的那一刻，他本人就会化为粉末。"

1941 年，费米一定会回想起他年轻时的想法。他参与了新成立的曼哈顿计划，负责建造一个可控的链式反应装置，即核反应堆。尽管当时的负责人担心在芝加哥市中心进行这样的实验可能会引发不可控的后果，费米还是说服了曼哈顿计划的领导人，同意让他在芝加哥大学建造核反应堆。1942年12月2日，核反应堆进行了临界实验，芝加哥市安然无恙。

两年半之后在新墨西哥州，费米目睹了第一次核爆炸，即"三位一体"核试验。就在其他人为核弹的惊人力量而赞叹、惊恐时，费米还是费米，他做了一个即兴实验。当爆炸的冲击波袭来时，他扔下一些纸片。通过观察纸片被冲击波吹走多远，他估算出核弹的当量。

费米喜欢用实验的眼光来看待物理学问题。在我看来，这难能可贵。费米总能通过一种简单明了的方法获得问题的正确答案。费米的数学能力很强，但他不想把问题搞得太复杂。他认识到，对于一些问题来说，估算"足够好"的答案所需时间很短，可要获得这些问题的准确答案，则要花上几个月甚至几年的时间。为了培养自己和学生们的估算能力，费米发明了我们现在所说的"费米问题"。据说，在每天和手下的科研人员一起吃午饭时，费米都会布置一道费米问题。我最喜欢的是这样一道费米问题："芝加哥有多少钢琴调音师？"我常常给基础物理学课上的学生们布置这道问题。请你也试一试。如果你的答案介于100到500之间，那么恭喜你，答得不错。

尽管费米因为实验物理学方面的工作而获得诺贝尔奖，但他在理论物理学方面的建树影响更为深远。尽管他的中子衰变"理论"被《自然》杂志拒绝，但这个理论相当简洁、实用。诚然，费米理论并不是一套完整的理论；可想在当年就发展出一套完整的理论，多少有点痴心妄想。与之相反，费米理论中运用了最为简单的假设。他假设，只有当粒子相互接触时，粒子之间才会发生某种全新的作用。新的相互作用只涉及4个粒子：中子、质子、电子，以及由泡利构想、费米命名的中微子。

和其他所有的现代物理一样，费米思考的起点还是和光有关。具体说来，是现代量子理论中光与物质相互作用的方式。上文我们提到，费曼提出了一套描述粒子作用的时空图像。通过这幅图像，费曼论证了反物质存在的必然性。现在，让我们来看看质子释放光子的时空图像。它和前文的图很像，只是我们用质子（p）替代了电子：

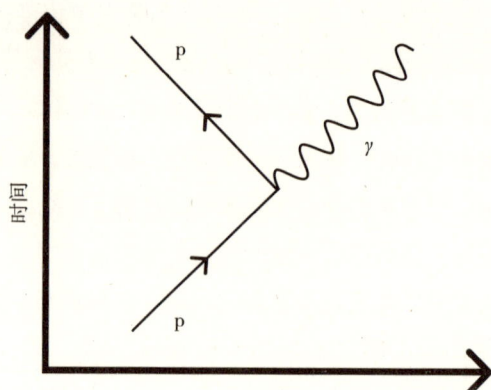

费米认为，中子的衰变也很像上面这幅图像。只是在上图中，质子释放光子后还是质子。可一个中子（n）在释放出一个电子（e）和一个中微子（ν）之后，转化为一个质子（p）：

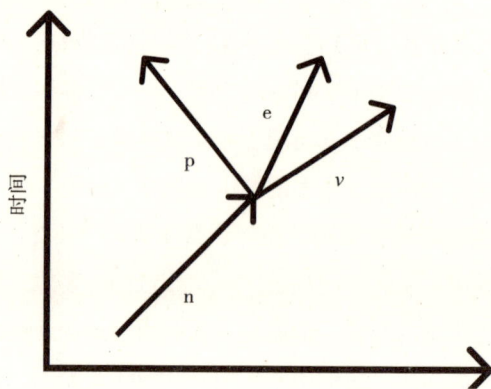

在电磁学中，带电粒子和光子之间的相互作用强度（在本页第一幅图的相互作用点上，相互作用强度决定了质子辐射光子的概率），与带电粒子的电荷成正比。电荷允许粒子之间相互作用，或者说，允许粒子"耦合"到电磁场之中。我们将单位电荷称作电磁场的"耦合常数"。

与此类似，费米相互作用中的耦合常数，决定了中子有多少概率转换为质子（在本页第二幅图的相互作用点上）。现在我们称这个耦合常数为费米常数，它的具体值可以通过实验测得。因为中子衰变的时间很长，相对于电磁耦合常数，费米常数的数值还要小。费米相互作用描述了世界上的全新作用。今天，我们称费米相互作用为"弱相互作用"。

费米理论相当引人注目。其中一个原因是，第一次有光子之外的粒子在量子过程中自发产生。(电子和中微子在中子转换为质子的过程中自发产生。)它为其后的基本相互作用研究提供了启发，也成为参考。

更为重要的是，它不是关于世界的后见。在中子衰变的基础上，费米理论归纳出了弱相互作用的单一数学形式，并预言出大量粒子现象。这些现象随后被人们观测证实。

比这还重要的是，其他许多粒子的衰变过程都遵循弱相互作用的模式，享有同样的耦合强度。举例来说，1936 年，卡尔·安德森在宇宙射线中，发现了正电子以外的一种全新粒子，从而开启了发现新粒子的大时代。以至让后来的物理学家怀疑，这个大时代是否会永远持续下去。在听说了这个发现之后，原子物理学家、后来的诺贝尔奖获得者伊西多·拉比（I. I. Rabi）大叫："这是谁点的菜？"

现在我们知道，安德森发现的是 μ 子，本质上就是电子的拷贝，只是比电子重 200 多倍。因为更重，μ 子可以衰变成电子和中微子。这个衰变过程和中子衰变很像，唯一区别在于 μ 子没有转化为质子，而是转化为另外一种中微子，即 μ 子中微子。值得注意的是，当我们将中子衰变过程中的费米常数拿来用于 μ 子衰变计算时，我们会得到正确的 μ 子寿命。

我们可以清晰地看到，弱相互作用是一种处处存在的、全新的基础相互作用。它在某些地方和电磁相互作用很像。可在另外一些地方，二者极为不同。首先，弱相互作用弱于电磁相互作用。其次，弱相互作用只能在很短的距离内发生。费米模型中更为极端，它只能在相互作用点发生。中子不可能在一个地方转换成质子，再在另一个地方将电子转换成中微子。电磁相互作用与之不同。两个电子之间可以交换虚光子，从而在任意长的距离内相互排斥。再次，弱相互作用将一种粒子转换成另一种粒子。而电磁相互作用只是吸收或释放光子，带电粒子的性质在作用前后不变。引力和电磁力一样，也是长程相互作用，也不改变物体性质。当一个皮球落向地面时，皮球还是皮球。可弱相互作用却让中子变成质子，μ 子变成中微子……

这清楚地表明，弱相互作用背后必然有着某种原因，使其如此不同。当然你会回过头来问，为什么我们要关心这些问题？中子的衰变相当有趣。可幸运的是，原子核的存在阻止了中子衰变，稳定的原子因此而存在。由此看来，弱相互作用和我们的日常生活没有什么关系。和引力、电磁力不同，我们感知不到弱核力。如果弱核力真的不重要，那么人们大概也不会去重视它的那些反常性质。

可事实上，弱相互作用和人类的存在有着直接关系，其重要程度不亚于引力和电磁力。1939 年，后来的原子弹负责人汉斯·贝特（Hans Bethe），认识到，除了重荷裂变释放能量以外，轻核能在适当环境中能够形成重核，并在这一过程中释放出比核裂变还要多的能量。

太阳能量的来源之谜

在此之前，太阳的能量来源一直是个未解之谜。人们早已知道，太阳的中心温度不会超过数千万摄氏度。数千万摄氏度听上去很高，可在核子对撞实验中，人们已经实现了这样的温度。此外，太阳不可能像蜡烛那样通过燃烧来发光发热。

早在 18 世纪，人们就认识到，如果太阳的亮度不变，像煤块那样燃烧，那么太阳的质量只能支撑太阳燃烧一万年。尽管这和乌雪大主教（Bishop Ussher）对宇宙年龄的估计不谋而合，19 世纪中叶的生物学家和地质学家普遍认为，地球的年龄比一万年要长。如果没有新的能量来源，太阳不可能以人们所见的亮度燃烧这么多年。轮到汉斯·贝特登场了。和当时许多杰出的物理学家一样，才华横溢、著作等身的贝特同样来自 20 世纪上半叶的德国。他同样是阿诺尔德·佐默费尔德的博士生，并成为后来的诺贝尔奖获得者。由于学校的物理学基础课教得非常糟糕，贝特开始学的是化学（这是一个很普遍的问题。大学第一年时，我也因为讨厌基础课而放弃学习物理学。幸亏学校的物理学系比较开明，允许我在第二年上一些高级的物理学课）。在上研究生之前，贝特才转而学习物理学。为了躲避纳粹的迫害，贝特选择移民美国。贝特是一名技术精湛的物理学家。他经常在黑板上演算各种各样的物理学问题，从左上角开始，到右下角结束，全程几乎不用黑板擦。费曼深受贝特的影响，他对贝特有条不紊的解答思路大为感叹。费曼自己的思维比较跳跃，解决问题时常常从开头跳到结尾，再从结尾反推回来。当两人一起在洛斯阿拉莫斯从事原子弹的计算时，贝特的计算功底和费曼的聪明见解有了完美的结合。他们常常一起进入大厅，费曼会大声地和贝特争辩，后者极富耐心却又相当顽固。他们的同事常常将两人比作"战略舰和鱼雷艇"。

当我还是一名青年物理学家时，年过九旬的贝特依然在发表重要的物理学论文，他是一代物理学传奇。他愿意和任何人讨论物理学。当时我正在康奈尔大学访问（贝特大部分的学术生涯都在康奈尔大学度过），贝特走进我的办公室，问了我一些问题，然后专心听我解答，仿佛真的能从我这里学到什么。对此，我受宠若惊。

贝特本人相当健壮。一位同为物理学家的朋友告诉我这样一则故事。在访问康奈尔期间，我的朋友决定周末去学校附近登山。他打算挑战自我，为此选择了一条最为陡峭的登山线路。当他气喘吁吁地快要登上山顶时，他感到颇为自豪。可就在这时，他看到80多岁的贝特正高高兴兴地从山顶沿着那条山路往下走。

我非常敬重和热爱贝特。在整理本书材料的过程中，我高兴地发现我和他之间还有两重私人关系。首先，我发现在某种意义上，我是贝特的再传弟子。我本科论文的导师M.K.森达利桑（M. K. Sundaresan）是贝特的博士生。其次，我发现贝特在博士后期间写过一篇恶搞论文，用来嘲讽大物理学家亚瑟·斯坦利·爱丁顿爵士（Sir Arthur Stanley Eddington）。对于那些声称自己有个大发现却拿不出真凭实据的人，贝特向来不待见。爱丁顿声称自己从物理学的基本原理中"推出"了电磁学的精细结构常数。可在贝特看来，这不过是种误人子弟的玄学。他是正确的。在耶鲁担任助理教授期间，我看到一篇发表在权威杂志上的错误论文，作者声称自己发现了一种全新的相互作用

（后来证明并没有）。对此，我也像贝特一样，专门写了一篇恶搞论文。可在贝特那个年代，物理学界还非常严肃。恶搞论文出来后，贝特和他的同事被迫向爱丁顿致歉。可当我写文章的时候，我收到的唯一负面反应来自我的系主任，他担心的是《物理学评论》（*Physical Review*）或许真的会发表我的那篇恶搞论文。

贝特 30 多岁时已是公认的物理学大师，有许多以自己名字命名的结果，比如描述带电粒子穿越介质的"贝特公式"，再如用于精确解出某些量子多体问题的"贝特拟设"。1936 年，贝特及合作者发表了新兴核物理学领域的一系列评论文章。多年以后，它们依然是研究核物理学的权威材料，被人称作"贝特圣经"。（不同于"圣经"，"贝特圣经"做出了可被观测的预言，并因为科学进步而被人们淘汰。）

1938 年，有人介绍贝特去参加一场主题为"恒星能量来源"的会议。当时，天体物理学并不是贝特研究的主要方向。就在会议快结束时，他发现了一个新的过程。单独的质子（氢核）会通过弱相互作用"聚变"，形成包含两个质子和两个中子的氦核。在这个核聚变过程中，每个原子释放的能量是煤炭燃烧所释放能量的 100 万倍。有了这个能源，太阳的燃烧时间延长了 100 万倍，即 10 亿年。后来，贝特发现另外还有一系列核反应过程为太阳提供了能源。其中的一些过程还将碳核转化为氮核和氧核，即所谓"碳氮氧循环"。

终于，我们揭开了太阳的奥秘——太阳系中的阳光究竟从何而来。贝特于 1967 年荣获诺贝尔物理学奖。大约 40 年后，实验物理学家发现了太阳中微子，从而证实了贝特的预言。中微子是贝特预言的核心观测对象。整个链式反应起源于两个质子之间的对撞，通过弱相互作用，其中一个质子变成中子，中子和质子一起聚变成为氘核，这一过程会释放正电子和中微子。正电子和太阳间的电磁相互作用导致正电子被捕获。但中微子不会。它和物质之间只会发生弱相互作用，因而它能离开太阳，抵达地球以及更为遥远的地方。

　　每一天每一秒，400多亿个中微子穿过你我的身体。它们和物质的相互作用如此之弱，你得要有一万多光年厚的铅板才能将之阻挡。它们穿越你我，穿越地球，却悄无声息。如果没有弱相互作用，它们就不可能存在，太阳也不会闪耀，你我也就不会在这里谈论中微子。

　　所以，虽然弱相互作用非常弱，你我的存在依然与之相关。描述它的费米理论，它所预言的中微子，都超出了我们的常识。正因为弱相互作用的重要性，物理学家们不得不站出来，对它进行认真研究。接下来，物理学家们还会改变我们对真实本身的理解。

THE GREATEST STORY EVER TOLD— SO FAR

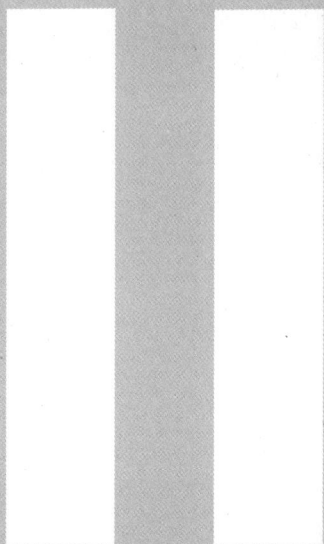

THE GREATEST
STORY EVER
TOLD——SO FAR

第二部分
绝望与拯救

11
构想新粒子，绝望时代的绝望之举

20 世纪 30 年代是个令人应接不暇的时代。人们相继发现了中子，观测到了中子衰变，提出了中微子的概念，并发现了一种在宇宙中普遍存在的新的短程相互作用——弱相互作用。对于那个时代的物理学家来说，面对种种发现，他们与其说是备受鼓舞，倒不如说是备感困惑。在此之前，人们统一了电与磁，统一了相对论与量子力学。这两场伟大的长征都始于人类对光的本质的思考。然而，量子电动力学的美丽框架是否真的能帮助我们思考新的相互作用，物理学家对此并不确信。弱相互作用发生的尺度与人类可以直接体验的尺度相去甚远。弱相互作用包含了奇异的新粒子，允许原子核发生转变。这不禁令人想起古老的炼金术。然而，与炼金术不同的是，我们可以通过实验来检验弱相互作用的预言，这些实验可以被人们不断重复。

原子核问题，物理学家最为困惑的问题

现在，物理学家最为困惑的问题恰恰在于原子核

本身。核子为什么会结合在一起？早先，人们认为要使原子核拥有正确的质量，就必须包含额外的质子，而要抵消额外质子带来的额外电荷，原子核内必须禁闭电子。可是，人们在实验中观测到了 β 衰变，即从原子核内辐射出来的电子。这样看来，原子核内无法禁闭电子，这个解决方案也因此失效。最终，中子的发现消除了人们对于原子核质量的疑惑。

中子通过 β 衰变转化为质子的过程，帮助人们认清了原子核的真相。那么，新的问题又来了：β 衰变是否能够解释中子和质子如此牢固地结合在原子核内的原因呢？

尽管量子电动力学看上去和弱相互作用很不一样，但前者成功地描述了原子的行为，以及光与电子的相互作用。在量子电动力学中，虚粒子的交换本会产生种种恼人的无穷大。可是量子电动力学背后存在着美丽的数学对称性。对称性确保了在计算可观测物理量时，那些无穷大会相互抵消。物理学家不禁这样想：把弱相互作用和量子电动力学的对称性结合在一起，是不是就能理解原子核中将中子和质子结合在一起的力了呢？

说得更加具体一点。电磁相互作用的实质是虚光子的交换，那么对于将核子绑在一起的力来说，其本质是否也是某种粒子的交换呢？这样的想法相当合理。1932 年，就在中子发现前后，维纳·海森堡提出了这样一个理论：如果中子、质子可以相互转化，具体来说质子可以通过吸收一个电子来变成中子，那么这些电子的交换，或许正是核子结合力的起源？

可惜，海森堡的理论具有诸多众所周知的缺陷。首先，它有个和自旋有关的问题。海森堡假设，中子究其本质，就是质子和电子的结合体。可是，质子和电子都是自旋 1/2 的粒子。如果它们结合在一起，1/2 自旋加上 1/2 自旋永远无法得到 1/2 自旋，可中子的自旋正是 1/2。对此，海森堡绝望地认为，物理学正处于一个绝望的时代，或许所有的常规物理学定律都该被打破。中子和质子之间所交换的"电子"，或许就和自由电子不同，它的自旋为零。

站在今天的角度回头看，海森堡的理论还有一个问题。海森堡之所以会认为中子和质子之间通过交换电子而结合在一起，是因为他当时在类比氢分子模型。氢分子中包含两个质子。这两个质子通过共享轨道电子而结合在一起。想当然地把氢分子的结合机制套用到原子核上，面临一个问题，那就是系统的尺度。原子核中中子和质子的距离，是氢分子中两个质子距离的十万分之一。在如此近的距离内，中子和质子之间如何通过交换电子而产生如此紧密的结合呢？

让我们换个思考角度，它对我们理解下文很有帮助。前文提到，电磁力是种长程力。两个电子，即使隔了一个星系，依然会相互排斥。当然这种情况下，斥力很弱。电磁力之所以是长程力，是因为电子之间存在虚光子的交换。这基于电磁场的量子特性。光子是零质量的，这意味着虚光子可以携带任意大小的能量。海森堡不确定性原理告诉我们，光子在被重新吸收之前，可以传播任意远的距离。假如光子的质量非零，那么电磁力就不可能是长程力。

假设中子和质子间的结合力确实来自虚电子的交换，那么，由于电子的质量不是零，结合力就会是一种短程力。这种短程力的作用距离会有多短呢？计算发现，它的作用距离比原子核尺度要大上 100 倍。换句话说，交换电子无法产生原子核尺度的短程力。这确实让人绝望。

要让自己的理论可行，海森堡需要一个自旋为零的诡异电子。可他的这个绝望想法还是启发了一位时年 28 岁、腼腆的日本物理学家——汤川秀树（Hideki Yukawa）。1935 年，日本帝国告别了几个世纪的锁国政策，四处扩张，即将引燃太平洋的战火。是年，汤川秀树发表了自己的第一篇论文。这也是第一篇由完全在日本本土接受教育的物理学家发表的论文。发表之后的两年内，这篇论文默默无闻。可此后，它却因为几个错误的理由备受人们重视，最终在 14 年以后为汤川秀树带来了诺贝尔物理学奖。

1922 年，爱因斯坦访问了日本。这点燃了汤川秀树对物理学的兴趣。当时，汤川秀树还是一个高中生，为了通过第二外语的考试，他寻找了一些阅读材料。他找到的材料正是马克斯·普朗克所著的德文版《理论物理学导论》（*Introduction to Theoretical Physics*）。能够同时学习德文和物理，令汤川秀树备感愉悦。其间，他还得到了朝永振一郎的帮助。朝永振一郎是汤川秀树的同学。在高中时期，以及随后的京都大学学习期间，他表现出了极强的物理学天赋。后来，朝永振一郎因论证量子电动力学的自洽性，同理查德·费曼、朱利安·施温格共享了 1965 年的诺贝尔物理学奖。

汤川秀树求学期间，他的那些老师尚且没有完全理解新兴的量子力学；可他却提供了一个可以解释核力难题的方案。能做到这一点，足见汤川秀树的优秀。汤川秀树的这个方案，逃过了海森堡、泡利甚至费米的法眼。为什么会发生这种事呢？我怀疑这和一个在 20 世纪屡次发生，之前或许也发生过，现在或许仍会发生的现象有关：每当在物理过程中出现某种压倒性的复杂、悖谬现象时，人们总是倾向于相信类似相对论、量子力学这样的革命性的解决方案。这些解决方案往往要求人们放弃推行现有的技术，转而进行彻底的思维改变。

当年，海森堡、泡利寻求的正是这样的彻底革命。费米和他们不同，他愿意提出一个关于中子衰变的"暂时理论"。在这个暂时理论中，电子可以在 β 衰变期间自发产生。费米知道自己的理论不是一个完整理论，只是一个有效的理论。可这个有效理论允许物理学家进行计算，做出预言，正是这一点体现了费米的实用主义风格。

汤川秀树一直在关注这些发展。他翻译了海森堡那篇关于原子核的论文，并附上一段引论，发表在日本的学术刊物上。所以说，汤川秀树很清楚海森堡模型存在的问题。1934 年，汤川秀树读到了费米的中子衰变理论。他大受启发，脑海中很快形成了一个新的理论。或许，中子和质子间的结合力，并不产生于虚电子的交换，而是产生于电子和中微子的同时交换。这些电子和中微子由中子衰变产生。

可是，汤川秀树的理论很快就遇到了一个问题。人们知道中子衰变是弱相互作用的结果，而弱相互作用非常弱。如果中子和质子之间真的通过交换电子–中微子对而产生结合力，那么这样产生的结合力远远不能让中子和质子结合在一起。

去构想些新粒子

于是，汤川秀树做了一件前无古人的事。他问道，如果核力真的类似电动力学，起源于虚粒子的交换，那么为什么我们要把所交换的粒子局限于一种或几种已知或已预见的粒子呢？想想狄拉克和泡利吧，即使他们的理论需要新粒子，他们依然那么不情愿地去构想这些新粒子。相较之下，汤川秀树的观念是多么激进。汤川秀树后来这样回忆：

> 当时，原子物理、核物理都不自洽、令人费解。为什么？因为我们的基本粒子概念太过狭窄。日语中没有"基本粒子"这个词，我们只在英语中谈论它——它指的就是质子和电子。不知谁在我们身上下了这样一道禁令，我们不能考虑除此以外的粒子。考虑二者之外的粒子（光子除外）需要一点儿傲慢，无惧神的愤怒。自德谟克利特（Democritus）和伊壁鸠鲁（Epicurus）以来，物质永远不灭就成了人们的一种传统认知，这正是禁忌的来源。如果有人声称可以创造出光子以外的粒子，人们常常会怀疑这样的说法。这种疑虑相当根深蒂固，更像是人们潜意识中的反应。

我的一个好朋友也是物理学家，他告诉我，每当他新的孩子出生后，他会睡不着，开始熬夜工作到天亮，这是他唯一能做复杂计算的时间。汤川秀树也是如此。1934 年 10 月，因为次子诞生，他失眠了。这天晚上，汤川秀树认识到，想要让强核力的作用距离小于原子核尺度，那么强核力所交换的粒子质量必须远大于电子质量。次日早上，他估算出了交换粒子的质量必须是电子质量的 200 倍。因为要在中子和质子间交换，这个粒子需要带有电荷。同时，为了让质子和中子在吸收或辐射的过程中保持自旋不变，粒子的自旋应该是零。

你或许会问，强核力和上一章及本章开头提到的中子衰变到底有什么关系？20 世纪 30 年代，对于新粒子的提出，人们表现得相当抵触。如果你提出一种新的相互作用，人们会觉得你的假设完全没有必要，甚至会觉得你有些离经叛道。物理学家坚信，原子核中发生的所有过程，特别是在强核力和弱核力之间，必然存在某种关系。

对此，汤川秀树构思了一套聪明的理论。它很好地结合了费米和海森堡的观点，并推广了量子电动力学的成功之处。汤川秀树认为，由中子发射、被质子吸收的粒子并不是光子，而是一种有质量、零自旋、带电荷的粒子。他将这种粒子称作 mesotron。后来，海森堡修正了汤川秀树的拼写错误，mesotron 简化成为 meson（介子）。这种粒子可被原子核中的质子吸收，产生出一种吸引力。汤川秀树将电磁学公式进行了推广，并以此为基础，计算出这种力的大小。

将强核力类比成电磁力并不是精确的。毕竟，光子无质量，而介子带质量。对此，汤川秀树采取了费米的态度：的确，这不是一个完整的理论，强核力无法重现电磁力的所有性质。但汤川秀树愿意忽略这些细节，开足马力，不管三七二十一。

汤川秀树巧妙地（最后证明是错误地）将强核力和中子衰变结合在了一起。他认为，介子不仅存在于中子和质子传递核力的过程中；在由中子产生的介子之中，有一小部分可能在被质子吸收之前，就衰变成了电子和中微子。在这种情况下，中子衰变不再对应下方左图的情景，即中子衰变和其他粒子的产生在同一点上发生。中子衰变应该对应下方右图中的情景，即中子衰变后，吐出虚线所示的介子。介子在传播过一段很短的距离后，衰变成为电子和中微子。因为新的中间粒子的出现，中子衰变背后的弱相互作用，变得更加像电磁相互作用了：

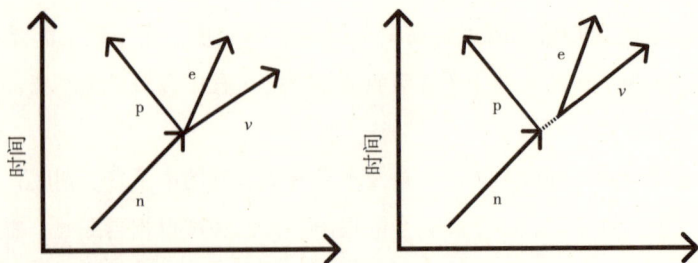

受到虚光子交换的启发，汤川秀树引入了一种新的中间粒子，即质量非零的介子，来描述中子的衰变。这样一来，弱相互作用就变得像电磁相互作用了。可二者还是有着明显的区别。弱相互作用中，介子有质量，带电，有自旋；电磁相互作用中，光子零质量，零电荷，零自旋。

然而，汤川秀树证明了，他的介子理论和费米的接触作用理论，对于描述中子衰变来说没有区别。更准确地说，二者对于中子衰变细节的预测没有区别。除了解释中子衰变以外，介子理论还能解释为何质子和中子能在原子核内结合在一起。他将一切关于原子核的奇异性质简化成一种新的相互作用。这种新的相互作用正起源于介子的交换。

然而，介子理论还有一个大问题。如果介子真的存在，那它们到底在哪里？为什么我们没能从宇宙射线中找到介子？因为存在这些疑问，再加上汤川秀树本人默默无闻，物理学界没能重视这样一个同时解释强核力和弱核力的理论。可不管怎么说，介子理论比海森堡、费米及其他科学家的理论更为简洁，也更为合理。

这种情况一直持续到 1936 年。此时距离汤川秀树预言介子的存在，过去才不到两年。正电子的发现者卡尔·安德森及其合作者塞思·内德梅耶（Seth Neddermeyer）在宇宙射线中发现了一类新的粒子。云室轨迹显示，这类粒子在穿越物质的过程中，并没有产生大量辐射，不可能是电子或质子。这类粒子的质量远远大于电子，有些电荷为正，有些电荷为负。没过多久，人们就确定出此类粒子的质量是电子的 200 倍。这正是汤川秀树的预言。

全世界的科学家以令人惊讶的速度，快速跟进了这一结果。汤川秀树发表了一篇简短的说明，指出自己的理论早就预言了此类粒子的存在。不出数周，欧洲的主要物理学家就吃透了介子理论，并将它纳入各自的工作。1938年，在第二次世界大战前最后一次重要国际科学会议上，8 位主题演讲者中就有三位在讨论介子理论。汤川秀树，这个一两年前还无人问津的名字，在会上被人们一次次地提及。

问题依然存在

正在物理学家庆祝"介子"发现的同时，这个发现背后却出现了隐忧。1940年，人们在宇宙射线中确实发现了汤川秀树所预言的"介子"衰变成电子的过程。可在1943年到1947年间，越来越多的证据表明，安德森和内德梅耶所发现的"介子"同核子的相互作用，比汤川秀树预言的相互作用要小得多。

到底是哪里出问题了呢？

汤川秀树的三位日本同事提出，介子实际上分两种，其中一种如汤川秀树预测，和核子作用很强。另一种和核子作用很弱。前一种介子可以衰变成为后一种介子。三人的论文是用日文写的，在第二次世界大战以后才被翻译成英文。可在此之前，美国物理学家罗伯特·马沙克（Robert Marshak）也提出了类似的理论。

这实在是段幸运的耽搁。其间，人们发明了通过感光乳剂来观测宇宙射线的新技术。一大批勇敢的物理学家将自己的设备拖到高海拔地区，以便进行更好的观测。宇宙射线会和大气反应，常常在抵达海平面之前就消失殆尽。要想探索宇宙射线中的新粒子，科研人员们没有选择，唯有登上海拔更高的地方。海拔越高，宇宙射线穿越大气的距离就更短，也就更容易被人们探测到。

意大利物理学家朱塞佩·奥基亚利尼（Giuseppe Occhialini）在研究物理学之前做过登山向导。第二次世界大战期间，他应邀前往巴西，参与一个英国小组的原子弹研究。可奥基亚利尼持有意大利国籍，因而不能加入原子弹项目，于是他前往布里斯托尔大学参与宇宙射线的研究。其间，奥基亚利尼要将感光乳剂拖到2800米高的法国比利牛斯山山顶。他此前的登山训练派上了大用。今天，你可以坐缆车前往比利牛斯山山顶的天文台。这段旅程，让人心惊胆战。可在1946年，奥基亚利尼徒步攀上了山顶。为了发现宇宙射线中的新粒子，他不在乎自己的健康。

奥基亚利尼和他的团队最终如愿以偿，他们发现了新奇的物理现象。奥基亚利尼的同事塞西尔·鲍威尔（Cecil Powell）这样说道："我们看到了一个全新的世界。我们仿佛一瞬间进入了一座高墙内的果园，那里有着繁茂的树木，以及各式各样熟透了的奇珍异果。"鲍威尔后来获得了诺贝尔物理学奖，但干尽体力活的奥基亚利尼却没能拿到。

当然，现实没有这么诗情画意。布里斯托尔小组发现了一个现象：进入乳剂内的初级介子，如同理论物理学家所预测的那样，衰变成了另一种"介子"。此后，人们将感光乳剂运到了两倍高度的地方，并观察到更多的类似衰变。1947 年 10 月，《自然》杂志发表了一篇由鲍威尔、奥基亚利尼及鲍威尔的学生塞萨雷·拉泰（Cesare Lattes）合写的论文。其中，三人将初级介子命名为"π 介子"，将衰变产生的"介子"命名为"μ 子"。π 介子和原子核作用的强度与汤川秀树的预测相符。汤川秀树预言的介子似乎终于被人们找到了。

尽管起初有些疑惑，但人们很快就认识到，随 π 介子一同发现的 μ 子其实并不是介子。μ 子的自旋同电子、质子一样非零。它和物质的相互作用远不足以产生核结合力。最终，人们认识到 μ 子其实不过是加重版的电子。它的发现引出了拉比的问题："这是谁点的菜？"

此前让汤川秀树扬名的，正是 μ 子。可 μ 子根本不是介子。人们错误地理解了安德森和内德梅耶的实验结果，意外地让汤川秀树的理论成名。幸运的是，诺贝尔奖委员会一直等到 1947 年发现 π 介子，此后才将 1949 年的诺贝尔奖授予汤川秀树。

我们可以看到，在介子的发现过程中，人们一路犯错。那到底 π 介子是不是汤川秀树预言的介子呢？我们既可以回答是，也可以回答不是。计算中子和质子间的 π 介子交换，确实可以让我们准确估计原子核中的强核力。可是汤川秀树预测 π 介子带电，但人们却发现了不带电的 π 介子。这些带电不带电的 π 介子，又是谁点的"菜"呢？

更加严重的问题在于，汤川秀树的介子理论和费米理论类似，在数学上并不是完全自洽的。在提出介子理论时，汤川秀树本人也承认了这一点。当时，面对交换有质量粒子的相互作用，人们还没发展出正确的相对论描述。一些关键要素尚未出现。为此，物理学家还需要等待一系列惊人的实验结果，组合一些不幸被人错用的理论观点，经历十余年的曲折反复，才终于等到大雾散去，发现隧道尽头的微光。或者说，那是洞穴出口的阳光。

12
巨人们的远征

在科学发展的过程中，理论和实验的关系极为有趣。就其本质而言，物理学和其他科学领域一样，是一门实验科学。然而，理论自有它惊人的力量，短时间内的大爆发就足以改变世界。爱因斯坦在20世纪头20年带来的时空革命，以及薛定谔、海森堡、泡利、狄拉克等人在20世纪20年代发展的量子力学，都是这样的例子。

可很少有人知道，从1954年到1974年，物理学理论还发生过一次大爆发。就其革命性而言，这次大爆发不及相对论与量子力学。然而，假以时日，人们一定会认识到，这段时期正是理论物理学在20世纪成果最为丰硕的黄金年代。虽说这20年并非风平浪静，可就总体而言，在这20年间，混乱终归秩序，迷茫终归自信，丑陋终归美丽。现在，我们就将踏上这段大冒险之旅。有些地方有点儿曲折，但我希望读者能够坚持一会儿。如果你读着觉得不舒服，读不下去，那么请回想我在引言中所说的，"科学就是让人觉得不舒服"。只有让自己的思绪和屡败屡战的物理先驱们同步，你才能明白他们的苦思所得是多么非凡。

在这风云激荡的 20 年间，物理学实验散播着令人费解的发现。诚如刘易斯·卡罗尔（Lewis Carroll）所言，实验让世界看上去"越来越怪"。正电子和中子的发现仅仅是个开始。中子衰变、核反应、μ 子、π 介子和其他许多全新的粒子接踵而来。摆在我们面前的基础物理学变得无比复杂。在此之前，宇宙似乎简单得多：所有的物质都由质子和电子组成，物质之间的相互作用完全被电磁力和引力决定。现在，这幅图景被我们扔进了历史的垃圾堆里。面对这样复杂的情况，一些物理学家和今天的保守派政客一样，渴望重回简单又美好的昨天（尽管昨天并不美好）。

这样的复杂局面一直持续着。到了 20 世纪 60 年代，一部分物理学家转而认为，"没有任何东西是基本的"。他们提出了一种颇具禅意的观点：基本粒子并不基本，所有基本粒子都由其他的基本粒子构成；进一步来说，基本相互作用也不基本。说它们基本，不过是一种假象。

然而，这重无知和迷茫的大幕，最终被新的理论拉开了。宇宙的基本结构其实极为简单。这让人惊叹，又让人诧异。又一次，光在我们的探索过程中起到关键性的作用。

一切始于两大理论

这一切的故事，发轫于两大物理学理论：一个深刻，却鲜为人知；一个直接，又轰动一时。有意思的是，这两大理论都和同一个人有关。

杨振宁生于 1922 年，自幼在中国接受教育，他的父亲是一位数学家。由于日本发动侵华战争，1938 年，杨振宁从北平辗转至昆明。4 年之后，他毕业于西南联大。此后，杨振宁留校两年，获得硕士学位。在此期间，他遇到了另一位转移至昆明的青年学生——李政道。那段时期，美国政府为中国的优秀学生设立了奖学金，鼓励他们赴美深造。1946 年，杨振宁和李政道一同获得了这笔奖学金。美国对于他们来说极为陌生，两人在美国仅有一个泛泛之交。由于拥有硕士学位，杨振宁获得了更多的选择机会；他打算师从当时正在哥伦比亚大学的费米，开始博士研究。随后，他又跟随费米来到了芝加哥大学。李政道并没有获得硕士学位，摆在他面前的选项就少了很多。如果他想跳过硕士直接攻读博士，当时唯一一所提供这样机会的大学就是芝加哥大学。最终，杨振宁在爱德华·泰勒（Edward Teller）的指导下完成了博士学位。毕业后一年，杨振宁才成为费米的助理，开始在费米的直接指导下工作。同一时期，李政道在费米的直接指导下获得了博士学位。

20 世纪 40 年代，芝加哥大学是全美最重要的理论和实验物理中心。芝加哥大学的研究生可以接受一大批杰出科学家的指导，其中不仅包括费米和泰勒，还有聪明低调的天体物理学家苏布拉马尼安·钱德拉塞卡（Subrahmanyan Chandrasekhar）。钱德拉塞卡常常被同事们称为"钱德拉"。19 岁那年，他就证明了任何大于 1.4 倍太阳质量的恒星，都会在核燃料耗尽后坍缩。恒星在坍缩的过程中，要么经历"超新星爆发"，要么直接坍缩成黑洞。当时的人们觉得钱德拉塞卡的理论荒唐可笑，可 53 年之后，这项工作为他赢得了诺贝尔物理学奖。

和费米一样，钱德拉塞卡不但是一名杰出的科学家，同时也是一名非常敬业的老师。有段时间，钱德拉塞卡在威斯康星州的耶尔克斯观察站（Yerkes Observatory）工作。每周，他都要驱车 160 多千米回到芝加哥大学给学生上课。选课的学生其实只有两人——杨振宁和李政道。最终，老师加上学生，班上的所有人都获得了诺贝尔物理学奖。这在科学史上恐怕也是空前绝后的。

1949 年，杨振宁开始在著名的普林斯顿高等研究院工作。在这期间，他和李政道就一系列课题展开了合作。1952 年，杨振宁成为高等研究院的终身研究员。一年之后，李政道也搬到了离高等研究院不远的哥伦比亚大学。他在那里一直工作到退休。

杨振宁和李政道各自为物理学的诸多领域做出了巨大贡献。然而，他们之所以出名，还是由于一次合作。这次合作还是和宇宙射线有关，起源于一个奇怪的发现。

就在杨振宁从芝加哥大学搬到高等研究院的那一年，π 介子的发现者塞西尔·鲍威尔在宇宙射线中发现了一种全新的粒子。他称其为"τ子"。τ子衰变后，会产生三个π介子。不久之后，人们又发现了θ介子。θ介子衰变后，会产生两个π介子。令人奇怪的是，θ介子和τ子的质量和寿命完全一样。

这有什么好奇怪的呢？或许θ介子和τ子就是同一种粒子，然后这个粒子有两种不同的衰变模式？还记得我们在量子力学那章中的讨论吗？任何没被物理定律禁止的现象都有可能发生。只要我们的粒子质量大于三倍的π介子质量，那么通过弱相互作用，我们就该找到这两种衰变模式。

然而，如果弱相互作用真的自洽的话，这两种衰变模式就不可能同时存在。

为了解释这一点，让我们先来看看自己的双手。你的左手和右手有着明显的不同。没有任何简单的物理过程（不准使用镜子），可以把左手转换成右手或是把右手转换成左手。不管你如何平移、旋转、跳上跳下，以上运动都不能够使二者相互转换。

电磁力和引力，是我们日常生活中最常接触的两种相互作用。对于这两种相互作用来说，左和右没有什么区别。如果某个过程只涉及电磁力和引力，那么这个过程就注定无法让你的右手变成左手。举例来说，给你的右手打上光，它不可能因此而变成左手。

让我们换种说法。如果我站得离你很远，用一束光照射你的左手或右手，再观测反射回来的光线。反射回来的光的强度和我照左手还是右手无关。当光在物体表面反射的时候，它可不在乎到底是左还是右。

如果让"左""右"互换

我们根据人类的习惯定义了"左""右"。如果某天我们突发奇想，让"左""右"互换，世界不会因此发生任何改变。此刻，我正坐在经济舱里写作。我左边的乘客当然和我右边的乘客不一样，可这仅仅是种环境层面上的意外。飞机左右机翼所服从的物理定律应该是一样的。

再让我们回到亚原子世界。前文我们提到，费米发现，在量子力学中，费米子（自旋1/2的基本粒子）有着特殊的数学性质。费米子的统计行为和整数自旋的粒子（例如自旋为1的光子）的统计行为截然不同。举例来说，如果我们用一个"波函数"来描述两个费米子，那么这个波函数必须具有数学上的"反对称性"；反之，如果我们用一个波函数来描述两个光子，那么这个波函数必须具有数学上的"对称性"。"反对称性"指的是，如果我们将两个费米子位置互换，描述新系统的波函数比旧的波函数多出一个负号；"对称性"指的是，如果我们将两个光子位置互换，新的波函数和旧的波函数一模一样。

让两个粒子位置互换，等价于对两个粒子进行镜面反演。原先在左侧的粒子，现在来到了右侧。于是，物理学家发现粒子互换同一种名为"宇称"的物理性质有关。宇称指的是物理系统在空间反演（即左右互换）变化下的整体性质。

如果某个基本粒子衰变出了两个粒子，那么我们就能够通过末态波函数的性质（即左右互换后，波函数多个负号还是保持不变）反推出初态粒子的宇称。在量子力学中，如果和粒子衰变相关的弱相互作用不区分左和右，那么在整个衰变的过程中，系统量子态的宇称也就不应发生改变。

在这种情况下，如果我们发现衰变后的系统是反对称的，那么我们就可以说整个系统具有"负"的宇称，衰变前的初态粒子也一定是反对称的（即描述粒子的波函数，在左右互换后变号）。

现在，再让我们回头看看由汤川秀树提出、被鲍威尔发现的 π 介子。它的宇称为负，即描述 π 介子的波函数在空间反演后变号。正宇称和负宇称之间到底有什么区别呢？让我们考虑一个完美的球体。透过镜子反射，我们发现球的镜像和球本身一模一样。所以说，完美球体的宇称为正。

相较之下，你的左手被镜子反射后，就变成了右手，形态完全不一样。所以说，手的宇称为负。

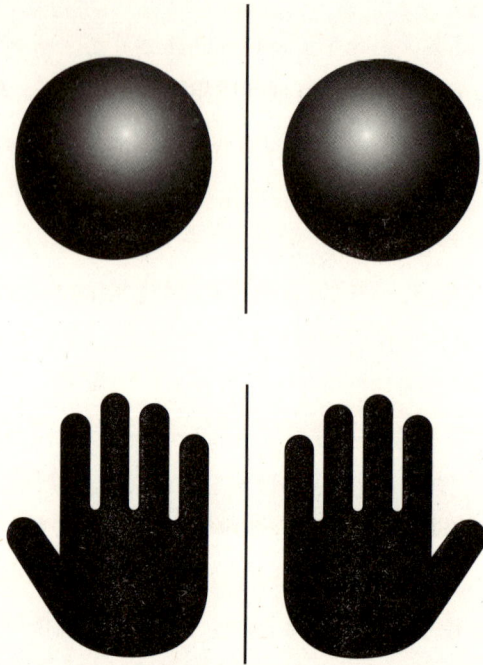

以上关于宇称的讨论有些抽象。然而，正是宇称使得鲍威尔发现的新粒子变得扑朔迷离。π 介子的宇称为负。如果我们有 2 个 π 介子，整个系统的宇称就负负得正，即 $(-1)^2 = 1$。如果我们有 3 个 π 介子，整个系统的宇宙就又变成负的了，即 $(-1)^3 = -1$。如果粒子在衰变过程中不改变宇称，原始粒子的宇称就被衰变产物的宇称唯一确定。由于一个粒子只可能有一种宇称，它就注定无法衰变成宇称不同的两种末态。

如果和衰变相关的弱相互作用真的和引力、电磁力一样，不在乎宇称，即不区分左右，那么在粒子的衰变过程中，系统的宇称就不会发生改变。这就像用一束光照射你的左手，它不会因为反射光线而变得像你的右手。

所以说，同一种粒子不可能有时衰变成两个 π 介子，有时衰变成 3 个 π 介子。想要出现这两种衰变模式，必须存在两种宇称相反的粒子。这便是鲍威尔命名的 θ 介子和 τ 子，前者衰变到 2 个 π 介子，后者衰变到 3 个 π 介子。

然而，实验观测发现，θ 介子和 τ 子的质量和寿命相同。这让它们看上去就像同一粒子。为此，杨振宁和李政道提出了这样一个观点：大部分基本粒子都存在着一个宇称相反、其他性质相同的伴侣粒子。他们称之为"双倍宇称"。

1956 年春天，国际高能物理年会在罗切斯特大学召开。当时，你只需要一个报告厅，就能装下全世界高能物理及核物理领域的所有科学家。大会群星荟萃。理查德·费曼遇到实验物理学家马蒂·布洛克（Marty Block），两人成了室友。作为一名实验物理学家，布洛克不在乎理论有多么离经叛道，他觉得世界上存在着能够区分左右的相互作用。他问费曼，弱相互作用能不能区分左和右呢？如果可以，这就允许同一个初态粒子衰变到两种宇称不同的两个末态——θ 介子和 τ 子就有可能是同一个粒子。

慎重的布洛克并没有在会上当众提出自己的问题。公开这一问题的是费曼，尽管费曼本人觉得这不大可能。杨振宁回答费曼说，自己和李政道也考虑过这种可能性，但尚未得出任何重要的结论。另一位与会代表尤金·魏格纳（Eugene Wigner），也针对弱相互作用提出了同样的问题。魏格纳后来因阐明对称性在原子物理和核物理中的重要性而获得诺贝尔物理学奖。

正所谓几分耕耘，几分收获。怀疑弱相互作用破坏了宇称，和真正阐明弱相互作用确实破坏了宇称完全是两件事。大会结束后的一个月，杨振宁和李政道在纽约的一家咖啡厅里碰面。他们决定检查所有和弱相互作用相关的实验，看看宇称到底有没有破缺。令二人惊讶的是，没有一个实验可以明确地回答这一问题。杨振宁后来回忆道："在没有实验支持的情况下，人们长期以来竟错误地相信弱相互作用中宇称是守恒的，这个事实本身令人吃惊。然而更令人吃惊的是，一个被物理学家如此充分了解的时空对称性可能发生了破缺。我和李政道并不喜欢这种可能性。"

鉴于以上情况，杨振宁和李政道提出了一系列实验，用以检验弱相互作用过程中宇称是否守恒。他们建议实验物理学家检查钴 -60 内部的中子 β 衰变。钴 -60 母核的自旋角动量不是零。它就好像是个陀螺，似乎带有那么一点磁场。加上外磁场后，母核自旋方向会和外磁场方向平行。如果 β

衰变产生的电子没有沿着母核的仰角方向均匀地逸出，一个半球逸出的电子比另一个半球更多，这就意味着宇称破缺。这是因为在镜面变换下，原本逸出电子多的半球逸出的电子变少了，和镜面变换前不再一样。

如果以上预测成立，这就意味着在最基础的层面上，宇宙能够分辨左右。人为定义的"左""右"好像也有了那么一点物理依托。这也说明，镜子中的世界和真实的世界并不完全一样。对此，理查德·费曼后来谈道：通过钴-60实验，我们可以向火星人发送一条信息，告诉他们到底什么方向叫作"左"。例如，看看母核的哪个半球逸出的电子更多，那个半球所在的方向即为"左"。

在当时的很多物理学家看来，杨振宁和李政道设计的实验非常困难，没有人能够把它实现。可是，有一位实验物理学家做到了。她就是吴健雄，李政道在哥伦比亚大学的同事。大家都称她为"吴夫人"。

今天我们常常感叹，美国大学培育的女性物理学家太过稀少。1956年的情况比今天要糟糕得多。当时，常春藤盟校不录取女性本科生。这种情况直到20世纪60年代末才有所改观。1936年，吴健雄离开中国，来到加州大学伯克利分校深造。30年后，她在《新闻周刊》（*Newsweek*）的一篇人物特写中这样谈道："从事科学研究的美国女性如此之少，这实在是件可耻的事……在中国，有很多很多女性都在从事物理学研究。美国社会有一种错误的观点，即认为女性科学家都是不修边幅的老处女。这完全是男性造成的错误。在中国社会，一位女性会因为自身的价值而获得尊重，男性会鼓励她实现自我——与此同时，她身上还永远保存着女性的气质。"

尽管如此，吴健雄却是位中子衰变专家。在和朋友杨振宁、李政道交流之后，吴健雄痴迷于寻找弱相互作用过程中宇称破缺的蛛丝马迹。她取消了和丈夫一同去欧洲的旅行计划，于1956年6月开始实验。这离杨振宁和李政道提出实验设计思路才过去了一个月。同年10月，杨振宁和李政道的论文发表。也就在这个月，吴健雄和她的同事搭建出了实验所需的必要仪器。圣诞节过后的第二天，他们就获得了实验结果。

今天，从设计到完成一个粒子物理学实验，常常要花几十年。可在20

世纪 50 年代，情况却大为不同。那时的物理学家，想度假就去度假。尽管已经到了圣诞假期，李政道还是会组织每周五的"中国午餐会"。在新年过后的第一个中国午餐会上，李政道宣布了吴健雄团队的发现：宇称不但破缺，而且还最大化地破缺。这是一个惊人的实验发现。此后，吴健雄团队进一步验证了他们的工作，以确保不是仪器故障造成了这个"发现"。

与此同时，同在哥伦比亚大学的实验物理学家利昂·莱德曼（Leon Lederman）及其同事迪克·加温（Dick Garwin）、马塞尔·温里克（Marcel Weinrich）认识到，他们可以通过哥伦比亚大学的回旋加速器研究 π 介子和 μ 子的衰变，进而检验宇称是否破缺。与此同时，芝加哥大学的杰里·弗雷德曼（Jerry Friedman）、瓦尔·泰莱格迪（Val Telegdi）也完成了类似的实验。在不到一周的时间内，三个独立的实验团队都确凿地证明了宇称破缺。1957 年 1 月中旬，三组人将各自的论文投递到了《物理学评论》。他们永久性地改变了我们的世界观。

为此，哥伦比亚大学专门召开了一次新闻发布会，这也是第一次为宣布一个科学发现而召开新闻发布会。费曼很是不幸。因为相信宇称守恒，他输掉了一个 50 美元的赌局。相较之下，同样笃信宇称守恒的泡利则幸运得多。1957 年 1 月 15 日，泡利尚未得知以上实验结果。在写给麻省理工学院教授维克托·魏斯科普夫（Victor Weisskopf）的信中，泡利写道，他敢打赌吴健雄的实验找不到宇称破缺，"我不相信上帝是个弱的左撇子"（这或许说明了泡利对棒球很感兴趣）。知道上述实验结果的魏斯科普夫，善意地谢绝了泡利的赌约。

在得知实验结果之后，泡利这样写道："现在，第一轮冲击波已经过去，我开始整理自己的思绪。"这确实是一轮冲击波。四大基本相互作用之一，可以区分宇宙中的左和右。这个发现打了人类常识的脸，也站在了（当时）现代物理学基础的对立面。

这轮冲击如此之大，以至于诺贝尔委员会终于尽职尽责地实践了诺贝尔的遗愿。诺贝尔奖本意是授予那一年为相关领域做出最杰出贡献的相关个人。可纵观历史，这样的情况实在少得可怜。1957 年 10 月，34 岁的杨振宁和 30 岁的李政道因提出验证宇称不守恒的实验方案而获得诺贝尔物理学奖。此时，距离杨振宁和李政道的论文发表，刚好过去一年，距离吴健雄和莱德曼的实验发现，才过去 10 个月。可惜的是，"中国居里夫人"吴健雄没能获得诺贝尔奖的青睐。20 年后，她获得了首次颁发的沃尔夫物理学奖（Wolf Prize）。

转瞬之间，弱相互作用变得愈发有趣，也愈发让人不解。在费米理论中，弱相互作用只在一个时空点上发生，很大程度上可以和电磁相互作用类比。对电磁相互作用，我们可以做如下理解：取两条电流，每条电流都可以被视作一组运动的电子。两组电子间的相互作用就是两条电流间的电磁相互作用。弱相互作用与之类似。一条中子流，通过弱相互作用，变成一条质子流，同时产生出向外传播的电子流和中微子流。

然而，较之电磁相互作用，弱相互作用有两处关键性的不同：首先，在费米理论中，弱相互作用只发生在一个时空点上，如果两个粒子隔了较远的距离，它们就不会发生弱相互作用；其次，弱相互作用可以将一类粒子转化为另一类粒子。

对电磁相互作用而言，镜中的世界和真实的世界没有什么区别。可对宇称不守恒的弱相互作用来说，"弱流"具有"手征性"。为此，泡利打过一个比方，弱流就像开瓶器或剪刀，镜像之后样子就变了。

弱相互作用中的宇称破缺，好似我们总用自己的右手和别人握手。在镜像世界中，人们总会用自己的左手和别人握手。在这种情况下，镜像世界就和真实世界不一样。如果弱相互作用中的弱流具有手征性，那么弱相互作用就能区分左和右，镜中世界的弱相互作用和真实世界的弱相互作用就会不同。

在费米理论中，弱流没有明显的手征性。物理学家们设想了许多种方案，将各种可能的全新相互作用都加入费米理论。这一过程留下了大量的工作，也制造出大量的误解。多数对费米理论的拓展都和相对论兼容。然而，问题出在实验上。不同的实验结果促使人们进行不同形式的拓展。经过这些拓展后的弱相互作用互不兼容，没有交集，表明似乎不存在一个普适的、可以解释所有实验的弱相互作用。

就在人们通过中子和 μ 子衰变发现宇称具有最大化破缺的同时，罗切斯特大学的一位研究生乔治·苏达山（George Sudarshan），钻研了这一问题，并提出了自己的方案。尽管这个方案与当时的部分试验结果相悖，但它最终指向了一个正确的、普适的弱相互作用理论。

可惜，后来的故事令人遗憾。在发现宇称破缺的三个月后，也就是杨振宁、李政道首次提出双倍宇称的一年之后，罗切斯特大学又召开了一次物理学大会。苏达山受邀在会上展示自己的研究成果。可他当时还是研究生，不被允许在会上做报告。苏达山的导师是罗伯特·马沙克，正是他建议苏达山研究弱相互作用问题。可惜，马沙克当时对一个核物理学问题更感兴趣，他打算在会上做核物理学的报告而不是苏达山的报告。苏达山托了另一个教授在会上提及自己的工作，可那个教授却忘了这件事。整个会议期间，人们讨论了各式各样的弱相互作用，可最后还是莫衷一是。

早在 1947 年，马沙克发现，鲍威尔的宇宙射线实验中存在两种粒子——一种是汤川秀树预言的介子，另一种是 μ 子。马沙克同时也是罗切斯特大会的发起人。或许，他觉得特别安排自己的学生发言有些不妥。此外，苏达山的理论和当时的一些实验数据相悖，或许苏达本人也觉得此时展示自己的成果有些过于鲁莽。

那年夏天，马沙克来到兰德公司的洛杉矶分部工作。随行的是苏达山及另外一名研究生。当时，两位鼎鼎大名的粒子物理学家——费曼和默里·盖尔曼（Murray Gell-Mann）——都在加州理工学院工作。两人都在全力寻找正确的弱相互作用理论。

因为没有坚持自己的怀疑精神，费曼错失了发现宇称不守恒的机会。可在此之后，他认为自己在量子电动力学方面的工作能够启发弱相互作用的研究。费曼有些着急。他觉得自己在量子电动力学方面的工作太过技术性、技巧性了。与之相比，发现一种基本相互作用的正确理论就显得重要得多。可是，费曼的弱相互作用理论和当时的一些实验相悖。

20 世纪 50 年代，盖尔曼尚未大放异彩。若干年后，他会提出许多重要且影响深远的粒子物理学观点——盖尔曼和另外一位物理学家会发现核子其实是由更加基本的粒子组成的，这些粒子被盖尔曼称作"夸克"。出于自身的考虑，盖尔曼也在思考宇称和弱相互作用。盖尔曼深入思考了大自然的数学对称性，并由此在物理学上取得了成功。这些思考促使他提出了自己的弱相互作用理论。可惜，他的理论同样和实验矛盾。

在洛杉矶期间，马沙克安排苏达山和盖尔曼共进午餐，并让他在席间向盖尔曼介绍他们的理论。师徒二人还见到了著名的实验物理学家费利克斯·贝姆（Felix Boehm）。贝姆告诉他们，自己的实验和他们的理论很符合，没有矛盾。在和盖尔曼交流之后，苏达山和马沙克发现，盖尔曼提出的弱相互作用理论和苏达山提出的理论，本质上是一致的。盖尔曼正在撰写一篇关于弱相互作用的综合性论文。这次交流或许可以促使盖尔曼在某段文字中提及二人的工作。

与此同时，马沙克和苏达山开始撰写自己的论文。马沙克打算把文章压一段时间，以便秋天在一场意大利的会议上报告这一成果。与此同时，费曼听说了贝姆的发现，他终于认定自己的观点是正确的，兴奋之余立马执笔写起了文章。盖尔曼相当争强好胜，一听说费曼在写文章，马上决定自己也写一篇文章。最终，加州理工的物理系主任出面调和，建议费曼和盖尔曼合写一篇文章。二人最终确实这么做了，写成了一篇非常有名的文章。马沙克和苏达山的文章最终被一本会议论文集收录，他们的文章在物理学界的名气，完全不能和费曼、盖尔曼合写的文章相提并论（尽管二人的文章致谢了马沙克和苏达山）。

1963 年，费曼想表现一下自己的肚量。他公开承认："……该理论由苏达山和马沙克发现，费曼和盖尔曼所做的仅仅是宣传工作……"可费曼的拨乱反正力度不够，来得太晚。我们很难想象，初出茅庐的苏达山如何同如日中天的费曼、盖尔曼竞争。两位科学巨人发现了正确的弱相互作用理论，可它最先是由苏达山提出的。对此，苏达山只能忍气吞声。

费曼和盖尔曼的文章对苏达山理论做了优雅的阐述。人们现在称它为"弱相互作用的 V-A 理论"。这是一个技术性很强的名字。我们会在随后的几章中对此做进一步的讨论。可这个理论的基本观点相当简单，甚至简单得有些荒谬——费米理论中的弱流，百分之百地具有"左手手征"。

想要理解"手征"这个概念，先让我们回忆一下量子力学中出现的基本粒子：电子、质子、中微子。这些粒子都带自旋，自旋就好像粒子正在绕着自身的轴旋转（当然，在经典情况下，说一个点粒子绕一个轴旋转是没有意义的）。现在，假设这些粒子绕着如图所示的轴旋转，让我们考虑一下粒子的运动。请伸出你的右手，拇指指向粒子的运动方向，其余四指顺着粒子转圈的方向卷曲。如果你能用右手完成以上指示，那么这个粒子就具有"右手手征"；如果你必须换用左手，那么这个粒子就具有"左手手征"：

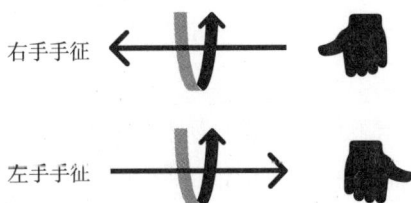

我们知道，透过镜子，左手会变成右手。如果你将粒子的旋转方向垂直指向镜子，你会看到镜中粒子的运动反了个方向。真实世界中朝你而来的粒子，在镜像世界中就变成离你而去的粒子了。可与此同时，镜中粒子的绕圈方向和真实粒子的绕圈方向一样。于是，透过镜子，左手粒子变成了右手粒子。（如果洞穴里有面镜子，或许因徒们就不会对箭头方向的突然改变感到奇怪了。）

当然，以上情景并不准确。你可以追上粒子，从而让一个左手粒子变成右手粒子。想象一下，假设你不动，粒子朝左运动的同时也相对于你向左运动。此后，你坐上火箭，运动得比粒子还快，粒子相对你朝右运动。相对速度的改变导致了手征的变化。想要粒子的手征不变，粒子的质量必须为零。零质量的粒子以光速运动。在这种情况下，没有任何东西能超过该粒子。上文的讨论此时严格成立。我们也可以在数学上对左右手征给出严格定义，但它过于复杂，此处没有必要赘述。

电子既可以具有左手手征，也可以具有右手手征。在 V–A 理论中，只有左手电子流能感受到弱相互作用，并参与中子的衰变。右手电子流感受不到弱相互作用。

更令人奇怪的是，中微子只能感受到弱相互作用，感受不到除此以外的其他相互作用。就我们目前所知，中微子全都具有左手手征（不只是有左手中微子流参与弱相互作用），右手中微子并不存在。或许，这正是大自然违背宇称守恒最为极端的表现。

几年前，我正在看《星际迷航：深空九号》(*Star Trek: Deep Space Nine*)，影片中卖弄的科学名词显得尤其愚蠢。一名空间站的科学官发现赌场的概率定律发生了问题。她向赌场发射了一道中微子束，并发现穿出赌场的中微子全是左手中微子。她觉得显然什么地方出了问题。

可事实正好与此相反。

我们的宇宙到底出了什么问题？为什么对弱相互作用来说，左不同于右？为什么中微子如此特殊？我们的存在取决于世界上的相互作用。弱相互作用对于我们极为重要。可面对这些问题，我们仅有一个简单的回答——我们不知道。对每一种相互作用的解释，都会产生一个新的谜题。然而，同科学中的很多其他谜题一样，它们为我们提供了一把钥匙。使用它，物理学家们就能踏上一条新的探索之旅。在宇称破缺发现之前，每个人都觉得宇宙中对称性是不可动摇的。在发现宇称破缺之后，人们开始重新检验世界向我们展现的对称性，以及那些世界本该展现却没有展现的对称性，继而提出这样一个更加重要的问题：这些对称性到底是怎么破缺的？

13
进化至美：对称性的
反击

套用泡利的话，大自然确实是个弱的左撇子。在惊讶地发现大自然确实可以区分左右之后，物理学转了个大弯，开上了一条没有路标的陌生公路。元素周期表所蕴藏的美丽秩序被扑朔迷离的原子核取代。同样神秘莫测的，还有核力的本质。

光、动量、电磁学、引力、量子力学，和这些概念打交道的简单日子已经一去不复返了。极为成功、一直占据物理学前沿的量子电动力学也如明日黄花。摆在人们眼前的，是新近发现的强相互作用和弱相互作用，以及与之相关的奇异现象所构成的混沌世界。尽管强相互作用比弱相互作用强数千倍，但强弱相互作用的效应及属性紧密相连，人们很难单独拿出一个来谈。基本粒子世界变得空前复杂。随着时光流逝，人们也在这种困惑中越陷越深。

将完美隐藏于我们司空见惯的事物之中

宇称破缺的发现，让人们认识到大自然有着完全出人意料的偏好。这给物理世界制造了混乱。可人们接着发现，尽管从表面上看完全不同，许多核物理量在基本层面上也有着类似宇称破缺的性质。这为物理学带来了一道曙光。

核物理学中最重要的发现，或许就是观测到质子和中子之间可以相互转化。对此，汤川秀树早已预言在先。正是由于这个发现，我们开始理解弱相互作用。在许多物理学家看来，同样也是由于这个发现，我们终于可以理解促使核子结合的强相互作用。

1956 年，杨振宁和李政道阐明了宇宙中的左右对称并不完美。在发表这篇划时代论文的两年之前，杨振宁关注着这样一个问题：他想借用量子电动力学中的对称性概念，看看是否存在另外一种对称性，可以帮助我们发现原子核中隐藏着的美。或许，诚如伽利略在研究运动学时所发现的那样，自然喜欢把她的本质属性完美地隐藏于我们司空见惯的事物之中。

通过中子衰变等弱相互作用效应，以及原子核对撞等强相互作用效应，人们渐渐地认识到，尽管质子和中子所带的电荷不同，就物理本质而言，二者没有多少区别。这就好比自由落体的石头和羽毛，尽管二者看上去完全不同，可就引力和自由落体而言，二者没有多少区别。

二者的相同，首先表现在质子可以通过弱相互作用转换成中子；更加重要的是，在原子核对撞的过程中，用中子取代质子，或者用质子取代中子，都不会对实验结果造成显著的改变。

1932 年，人们发现了中子。同一年，海森堡提出质子和中子其实是同一种粒子的两种状态。为了区分这两种状态，海森堡引入了一个名叫"同位旋"的参数。之所以提出同位旋，主要还是因为质子和中子的质量差不多，在稳定的轻核中，二者的数目一样。在此之后，核物理学家本尼迪克特·卡森（Benedict Cassen）、爱德华·康登（Edward Condon）、格雷戈里·布里特（Gregory Breit）和尤金·芬贝格（Eugene Feenberg）认识到，多数核反应对到底是质子参与其中还是中子参与其中并不敏感。基于海森堡的理论以及核物理学家们的发现，杰出的数学物理学家尤金·维格纳提出，核反应中同位旋守恒。这意味着核子结合力的背后具有某种对称性。（此前，维格纳通过原子系统的对称性，将原子的量子态进行了彻底的分类，并研究了量子态之间的跃迁。由于这一贡献，维格纳荣获了诺贝尔物理学奖。）

前文中，我们讨论过量子电动力学。我指出，电磁相互作用过程中电荷守恒，即系统总电荷不变。这是因为正负电荷背后存在着一种对称性。然而这不过是一个示例，对称性和守恒定律之间存在着广泛而又深刻的联系。这些深刻、意外的联系为 20 世纪物理学提供了极为重要的指导。

尽管对称性和守恒定律之间的联系如此重要，它们并不明显。1915 年，杰出的德国数学家埃米·诺特（Emmy Noether）第一次从数学上明确论证了二者之间的联系。令人遗憾的是，尽管诺特是 20 世纪早期最伟大的数学家之一，在她的大部分职业生涯中，她既没有正式的教职，也没有正式的薪水。

诺特面临着双重打压，一是因为她是女性，二是因为她是犹太人。女性身份使诺特在接受教育及寻找工作的过程中困难重重；犹太人身份让她被迫辞去德国的教职，背井离乡来到美国，不久之后便与世长辞。诺特就读于埃尔朗根大学，全校 986 名学生中只有两名女生。只有在教授同意的情况下，诺特才被允许旁听学校的课程。尽管阻力很大，但她还是通过了学校的毕业考试，之后又到著名的哥廷根大学进行短期学习，再回到埃尔朗根大学完成了博士论文。毕业后，诺特在埃尔朗根大学做了 7 年的无薪讲师。1915 年，受大数学家戴维·希尔伯特（David Hilbert）的邀请，诺特回到了哥廷根。哥廷根大学试图聘用她，却遭到了历史系和哲学系教授们的反对。其中一个反对者说："当我们的战士回到大学，看到自己要在一个女人的脚下学习时，他们会做何感想呢？"对此，希尔伯特反驳道："性别不该成为左右私人讲师聘用的不利因素。说到底我们是大学，不是澡堂。"因为这次反驳，我更加钦佩这位杰出的数学天才了。

可是，希尔伯特的反驳没什么用。随后的 17 年中，诺特一直在哥廷根大学教书。可直到 1923 年，她的工作不带薪水。在此期间，诺特对数学的诸多领域做出了巨大的贡献。因为这些广泛而深入的研究，人们视她为 20 世纪最伟大的数学家之一。尽管如此，诺特从未被学校提拔为教授。

1915 年，诺特刚到哥廷根大学不久就证明了"诺特定理"。现在，每一个物理系的研究生都知道这个定理，或者说，都应该知道这个定理，否则他们就不配自诩为物理学家。

让我们再回头来看电磁学。正负电荷之间的对称和电荷守恒定律（物理过程中，系统的总电荷不变）之间，并没有明显的关系（如果本杰明·富兰克林对世界有些更加深入的了解，或许他就会让电子带上正电荷，而不是负电荷）。事实上，我们需要通过诺特定理才能看出它们之间的联系。诺特定理称，世界上的每一种对称性（即物理定律在该种变换下不变），都和一种物理守恒量有关（随着物理系统的演化，这个物理量不会随着时间而变）。具体来说：

◎ 电荷守恒体现出自然定律不会因为电荷变号而发生改变；

◎ 能量守恒体现出自然定律不会随着时间的平移而发生改变；

◎ 动量守恒体现出自然定律不会随着空间的平移而发生改变；

◎ 角动量守恒体现出自然定律不会随着系统的转动而发生改变。

因此，核反应中观测到的同位旋守恒，反映出这样一个被实验确认了的事实：如果我们将参与核反应的质子全部换成中子，或者把中子全部换成质子，核反应大体不变。我们经常看到，轻核中的质子、中子数目大致相等。这同样是以上事实的反映。

1954 年，杨振宁同合作者罗伯特·米尔斯（Robert Mills）迈出了关键性的下一步。他们还是从光出发。电磁学及量子电动力学背后的对称性，告诉我们的不仅仅是正负电荷之间没有本质差别。我在前文中详尽地讨论过，二者背后还有一种更加微妙的对称性。这个对称性最终决定了电磁学的完整形式。

电磁学中的规范对称性告诉我们，我们可以在任意一个局域改变正负电荷的定义，系统的物理性质不会因此改变。想要做到这一点，我们需要一个场（即电磁场）来描述并抵消这些局域变化带来的效应，从而保证电荷之间的长程力（即电磁力）不受这些局域变化的影响。在量子电动力学中，以上条件意味着存在一种零质量的粒子（即光子）。它是电磁场的能量子，传递着带电粒子之间的电磁相互作用。

这样看来，作为大自然的一种对称性，规范不变性确定了电磁学该有的形式。带电粒子和光子之间的相互作用，早就被这种对称性确定了。

依据这个思路，杨振宁和米尔斯问了这样一个问题：如果扩展这种对称性，又会发生什么呢？我们可以将中子和质子互换时系统的物理不变性视作这样一种对称性，即我们可以在任意一个局域改变"中子""质子"的定义，系统的物理性质不会因此而改变。显然，量子电动力学告诉我们，想要做到这一点，我们必须加入一个新的规范场，来描述并抵消这些局域变化的影响。如果我们将这个新规范场量子化，我们就能得到一些新的粒子。或许，这些粒子会参与甚至决定质子和中子间的核力作用。

这些问题令人着迷。杨振宁和米尔斯的可贵之处，不仅在于提出了这些问题，更在于他们对问题答案的探索。同位旋守恒背后也有一种对称性，它是一种全新的规范对称性。杨振宁和米尔斯试图探索这种新型规范对称性背后的数学含义，以便回答自己提出的问题。

很快，杨振宁和米尔斯就认识到，扩展后的理论相当复杂。在量子电动力学中，我们要做的仅仅是改变电子或正电子的电荷符号，我们不会去改变它们的电荷大小。但对同位旋而言，我们要做的是将原子核中不带电的中子完全替换成带正电的质子。为了消除以上局域变换对系统的影响，我们要加入带电的新规范场。带电也意味着构成规范场的粒子会发生自相互作用。这和电磁场中的光子不同。光子不带电，也不会发生自相互作用。

将电磁场推广成带电的新规范场使得理论在数学上变得愈发复杂。为了描述所有可能的同位旋变换，我们不只是需要一个规范场，而是三个。三个规范场中，一个带正电，一个带负电，一个不带电。在量子电动力学中，空间内的每一个点都存在一个场。它有一定的方向和大小（因此又被称作矢量场）。这样的描述不足以涵盖我们的三个新规范场。我们需要通过"矩阵"来描述它们——这里说的"矩阵"和基努·里维斯（Keanu Reeves）无关。

杨振宁和米尔斯探索了此类规范对称性背后的数学。今天我们将其称作"非阿贝尔规范对称性"（"非阿贝尔"是一种数学特性，指的是矩阵相乘的结果同相乘的顺序有关。这和数字之间的乘法不同），或者"杨－米尔斯对称性"，以纪念杨振宁和米尔斯的贡献。

乍看上去，杨振宁和米尔斯的论文相当抽象，属于纯粹的臆测。他们受到了电磁学中的规范对称性启发，猜测了一种全新的相互作用应该具有的形式，并在数学上探索了这一形式所带来的影响。可是，仔细一看我们就能发现，这篇论文并不是一篇纯粹的数学练习。杨振宁和米尔斯探讨了他们的假设可能会引出哪些可被实验观测的后果，同真实的世界到底有没有联系。遗憾的是，这篇论文用到的数学相当复杂，可能的观测信号被覆盖在层层数学公式之下。

别将棋子挪得太远

尽管如此，这篇论文还是让人们搞清了这样一件事。如果我们想要新的"规范场"描述并抵消两个相隔遥远的地方的同位旋变换，新规范场（规范子）的质量就必须是零。这就好比说，两个相隔遥远的带电粒子之间之所以有电磁力，是因为光子不带质量。上文中，我用国际象棋棋盘来类比电磁学中的规范变化，让我们回到那里。如果我只在局域改变方格的颜色，那么你只需要一本规则手册，便能纵横整个棋盘，将棋子挪到任意地方。现在，如果规范场粒子的质量不是零，这就意味着它只能影响有限的距离，不再能影响任意长的距离。回到棋盘的例子，这就好比说规则手册有一定的适用范围，只能用于起始点附近的几个方块。在这种情况下，你不能将棋子挪得太远。

简而言之，无论是对于电磁学中简单的规范对称性，还是对于杨－米尔斯理论中复杂的规范对称性，只有当构成规范场的粒子不带质量时，规范场才能发挥应有的作用。不管规范对称背后的数学关系多么复杂，这一事实都不会发生改变。

然而，我们通过观测发现，世界上的长程力只有两种：引力和电磁力。它们各自对应于零质量的粒子交换。核力都是短程力，它们仅在原子核尺度内适用。

杨振宁和米尔斯清楚地认识到自己构想的规范子不带质量，可与核力相关的传递子带有质量，二者并不是同一粒子，这是一个相当突兀的问题。但是，这个问题被他们一脚踢开了。杨振宁和米尔斯认为，他们构想的规范子或许可以和原子核发生某种反应，从而获得质量。当他们试图从第一性原理出发，估算粒子质量时，他们发现其中的数学实在太过复杂，根本无法从理论中获得一个合理的估算值。不过他们知道，从实验的角度出发，新规范子质量必须远远大于 π 介子质量。这样一来，当时的实验尚无法探测这些粒子到底存不存在。

在外人看来，这种主动放弃的态度似乎是懒惰、缺乏专业精神的表现。可杨振宁、米尔斯以及他们的前辈汤川秀树都知道，没人能够写下一个合理的量子场论，用以描述类似光子但带有质量的规范子。所以，想在当时一并解决所有的量子场论问题尚欠火候。于是，杨振宁和米尔斯并没有表现出乔纳森·斯威夫特（Jonathan Swift）那样的激进。他们在论文中提出的观点并不远大，却足以刺激同辈物理学家们尽情想象。

可是，沃尔夫冈·泡利并不买账。一年之前，他就有过类似的想法。但这些想法早已被他抛弃。更重要的是，他觉得在估算质量时谈论量子不确定性完全是转移话题。如果杨－米尔斯规范对称性确实和同位旋、核力相关，那么杨－米尔斯规范子和光子一样，质量必须为零。

基于以上种种原因，杨振宁和米尔斯的论文所产生的影响力，远远不及杨振宁和李政道的论文。对大多数物理学家来说，杨振宁和米尔斯的论文不过是一次有趣的探索；但宇称破缺的发现，却让人兴奋不已。

然而，朱利安·施温格不这么看。施温格是位非典型的物理学家。他是神童，18 岁本科毕业，21 岁获得博士学位。他和理查德·费曼各自独立地发展量子电动力学，并因此分享了 1965 年的诺贝尔物理学奖。但他的性格完全和费曼不同。施温格有范儿、中规中矩、极具个人魅力；费曼极具个人魅力、散漫、没什么范儿。费曼的数学功底深厚，以此为基础，他经常通过直觉和猜测来完成工作。施温格的数学功底和费曼一样深厚，但他的工作方式相当传统。他会闲庭信步地完成一系列在常人看来不可能完成的复杂计算。当年，费曼为了简化量子场论中的费力计算，发展了一套名为"费曼图"的工具。对此，施温格笑道："这和这几年的硅基芯片一样，费曼图让人民大众都能算东西了。"然而，施温格和费曼在有一点上是相同的：他们都不是随波逐流的人……二人的想法与众不同，却正好相反。

施温格认真地研究了杨振宁和米尔斯的观点。他被杨－米尔斯理论中的数学之美深深吸引。1957 年正是发现宇称破缺的那一年。这一年，施温格发表了一个看似不可能的大胆观点。他认为，弱相互作用可能真的和杨－米尔斯场有关。二者的关系不同寻常。施温格认为，人们观察到的电磁规范对称性，可能仅仅是某个更大的规范对称性的一部分。在这个更大的规范对称性中，构成规范场的粒子或许可以传递弱相互作用。

对于这类"统一"方案，人们有一个很明显的反对理由。弱相互作用远比电磁相互作用弱得多。对此施温格自有答案。如果出于某个机制，规范子的质量相当大，是质子或中子质量的 100 倍。在这种情况下，规范子的作用范围就会变得很短，或许比原子核还小，甚至可能比单个质子或中子的尺度还小。如果弱相互作用的尺度很小，就可能发生以下情况：在亚原子核尺度，弱相互作用的耦合强度其实和电磁相互作用的耦合强度差不多；但到了原子核尺度或更大的尺度，由于作用距离有限，弱相互作用就会变得非常弱。

更加直截了当地说，施温格提出了一个令人震惊的观点：尽管电磁相互作用和弱相互作用有着种种明显的差异，但就本质上来说，它们同属于杨－米尔斯理论。施温格认为，同位旋守恒要求三种不同的杨－米尔斯规范子，其中两个带电，一个不带电。那个不带电的规范子正是光子，而那两个带电的粒子参与弱相互作用，在中子衰变的过程中传递弱核力。为什么带电粒子那么重，不带电粒子那么轻呢？施温格也不知道答案。然而，我经常告诉别人，缺乏对某个事物的理解，既不是上帝存在的证据，也不是理论错误的证据。它只是缺乏对某个事物理解的证据。

施温格不但是一名杰出的物理学家，还是一名杰出的导师。他对指导博士研究生很有心得。在他的一生中，他一共带出了 70 名博士，其中 4 人荣获诺贝尔奖。相比之下，费曼带出的成功学生很少。或许费曼的学生，没几个人能跟得上导师的思路。

施温格对如何联系弱相互作用和电磁相互作用相当感兴趣。他鼓励一名哈佛研究生认真钻研这个问题。这名研究生正是谢尔登·格拉肖（Sheldon Glashow）。格拉肖于 1958 年从哈佛毕业，获得博士学位，随后受到了美国国家自然科学基金的资助，到哥本哈根从事博士后的研究。这段时期，格拉肖的研究主题正是施温格留给他的问题。20 年后，格拉肖在他的诺贝尔奖演说中提到，施温格打算在他毕业后就这个题目同他合写一篇论文。但师徒二人中的一人弄丢了第一版的草稿，整篇论文也就没了下文。

格拉肖绝不是施温格的克隆，尽管格拉肖也很有范儿，极具个人魅力。但除此之外，格拉肖率性、俏皮、喜欢热闹。格拉肖的研究特点不在于数学技巧，而在于对物理难题的热忱。他会提出世界上存在着新的对称性，再看看它们是不是解决问题的诀窍。

当我在麻省理工学院攻读博士学位时，最初我被一些物理中的数学难题所吸引。我的申请文书中写的全是这些难题。可在之后的几年中，我对数学的研究徒然无果，这也让我自暴自弃。某个夏天，我到苏格兰参加一个专门为博士研究生组织的暑期学校。其间，我遇到了格拉肖。很快，我和他以及他的家人成了好朋友。（我和格拉肖之间的友谊一直持续着。后来，我们两人一同在哈佛工作过一段时间。）相遇后的一年，格拉肖到麻省理工学院进行学术休假。那段时期对我而言至关重要，当时我在考虑数学之外的一些选项。格拉肖对我说："一边是物理学，一边是形式主义，你得知道两边的区别在哪里。"他是在暗示我，应该转而研究物理学。我发现格拉肖在研究物理学时总是乐在其中。这成了我转向的动因。

很快我就发现，对我而言，想在物理学上取得进步，需要一些来自物理学的难题，而不是来自数学的难题。想要做到这一点，我就得不断追踪进行中的实验，以及刚发布的实验结果。我发现格拉肖搞研究时，有一种不可思议的能力。他知道哪些实验是有意思的，哪些实验是会产生重大影响的，哪些实验是指向全新方向的。对格拉肖而言，他的这种能力部分与生俱来，部分来自他那一以贯之、脚踏实地的研究态度。物理学是门基于实证的科学。如果我们只是一天到晚拿纸笔计算，我们就会失去和现实世界的关联。

之前我们提到，为了将弱相互作用同电磁相互作用相联系，施温格认为三个规范子中不带电的是光子，带电的是弱相互作用的传递子。由于某种未知机制，后者拥有着很大的质量。在哥本哈根期间，格拉肖认识到施温格的方案行不通。这套方案无法正确地解释弱相互作用，特别是为什么弱相互作用只涉及左旋的电子和中微子？为什么电磁相互作用不会区分电子到底是左旋的还是右旋的？

想要解决这个问题，我们必须假设在光子之外另有一种中性的规范子。这种规范子只和左旋的粒子耦合。显然，新的中性粒子也必须很重，这是因为它传递的同样也是弱相互作用。

在 1960 年的罗切斯特会议上，默里·盖尔曼报告了格拉肖的工作。当时格拉肖在盖尔曼的手下工作。同年，格拉肖将论文投了出去。次年论文发表。可是，论文发表之后，格拉肖的工作未见什么波澜。

毕竟，格拉肖的方案仍然具有两个根本性的问题。首先，还是那个老问题，规范对称性要求所有的规范子不带质量，然而某些相互作用要求规范子的质量不是零，到底怎么做到这一点呢？格拉肖论文的引论相当雄辩，可当谈到这个问题时，他轻描淡写地写道："这是一块我们必须忽略的绊脚石。"

第二个问题更加微妙，可从实验物理的角度来看却更加重要。中子衰变、π 介子衰变、μ 子衰变的过程，离不开弱相互作用的传递子。但这些过程，似乎只需要带电的传递子。当时没有一个已知的过程，需要不带电的传递子。如果这种不带电的新粒子确实存在，根据当时的计算，一些较重的介子就会通过它快速衰变为两个或三个 π 介子（它也会解开上一章中介绍的 μ 子和 θ 介子疑惑。这一疑惑最终使得人们发现了宇称破缺），然而实验中并没有发现此类加速衰变。

由于以上原因，格拉肖的方案被物理学家们束之高阁。这段时期，时不时会有新的粒子从加速器中冒出来，加入粒子动物园。随之而来的还有大把新发现的机遇。完成基础物理学革命的几个关键理论要素已经就位，但在当时的人们看来尚不明显。如果和当时的人们说，再过 10 多年，人们就会理解除引力之外的三大基本相互作用，人们一定会觉得这不过是痴人说梦。

　　对称性将会成为实现这一目标的关键。

14

冷酷世界：破缺的
到底是好是坏

　　阅读柏拉图的寓言时，我们很容易对洞穴中的囚徒报以同情。或许最终，他们会理解影子的所有变化，可那毕竟不是现实，只是现实在墙上的投影，这些表象会欺骗囚徒们的眼睛。可转过头来想想，我们周遭的世界是否也不过是真实世界的投影呢？

从秩序到对称破缺

　　设想一下，你在某个冬日的清晨醒来，看到窗户上面结满了霜。霜花呈现出下图所示的奇异花纹：

图片由 Helen Filatova 提供

上图的霜花美得让我震惊。从整体上看，花纹似乎很随机。而在微观之处，它却隐藏着明显的秩序。霜有如树枝一般生长。"树枝"的生长方向相当随机，并以任意角度相互交叠。整体上，我们看到上图中的"宇宙"是随机的。可如果有批迷你物理学家或数学家生活在某根"树枝"上，他们会看到很不一样的"宇宙"，一个充满了秩序的"宇宙"。

在他们看来，"树枝"代表着宇宙中一个特殊的方向。世界仿佛以它为轴，环绕其四周。进一步来说，鉴于霜的晶格结构，沿着树枝方向的电场力和垂直树枝方向的电场力会显得很不一样：二者好像是两个完全不同的力。

于是，迷你物理学家和数学家会认为那根树枝是个特殊的方向，那个方向上的物理和其他方向上的物理不同。可如果他们足够聪明，或者有人强迫他们离开了树枝（就像有人强迫囚徒中的幸运儿离开洞穴），他们就将看破这个幻象。他们会发现，霜的树枝其实沿着许许多多不同的方向生长。如果他们走得再远一点，走到距离窗户很远的地方，就会发现"宇宙"其实是旋转对称的。这一对称性具体表现为霜的树枝会沿着所有可能的方向生长。

对于隐藏着的真实世界来说，我们所体验的其实只是它的特定局部，而并非它的全部。这一观念贯穿于现代物理学。我们给这个观念起了个特别的名字："自发对称性破缺"。[①]

之前，我们讨论过宇称（左右对称），当时我举了一个自发对称性破缺的例子。在构建诸如人体这样的生物结构的过程中，电磁力掌管着一切。尽管电磁力并不区分左右，人的左手看上去却完全不同于右手。

让我再举两个从大物理学家那里听来的例子。这两个例子会从不同的角度阐明自发对称性破缺的概念。阿卜杜勒·萨拉姆（Abdus Salam）是1979年的诺贝尔物理学奖得主。他的工作和对称性有着莫大的关系。他举了这样一个我们熟悉的例子：你和7个人就餐，餐桌是圆形的，每两人之间放有一个酒杯。这时，你搞不清楚，到底左手边的酒杯是你的，还是右手边的杯子

---

① "自发"强调的是物理系统所遵循的定律依然保持对称性，但物理系统本身不再具有此种对称性。——译者注

是你的。可不管餐桌礼仪到底如何，假设有一个人挑选了一侧的杯子，那么所有人都会挑选该侧的杯子。尽管此前的餐桌有着明显的左右对称性，可当有人挑选特定的一侧后，这个对称性就破缺了。

第二个例子来自南部阳一郎（Yoichiro Nambu）。南部阳一郎是在粒子物理学领域论述自发对称性破缺的第一人，同样是一位诺贝尔物理学奖得主。让我们将一根小棍（或者吸管）立在桌子上，然后往下压。在压力作用下，小棍会发生弯曲。弯曲的方向是随机的，如果你重复多次实验，便会看到小棍会沿着许多不同方向弯曲。在你往下压小棍之前，小棍有着完美的圆柱对称性。可在压弯之后，小棍弯曲的那个方向就变得和其他方向不一样了。小棍的弯曲方向取决于你的施力方向，而和小棍本身无关。在以上过程中，对称性自发破缺了。

让我们再回到窗户上的霜花世界。我们知道，当系统的温度降低后，材料的属性也会发生改变，比如水蒸气会变成水，水会变成冰。物理学将以上属性的改变称作"相变"。当系统发生相变时，原有的对称性就可能会消失不见。窗户上的霜就是这样的例子。结成冰之前的水滴，不可能具有霜那样的规律性。

发现超导

1911 年 4 月 8 日，荷兰物理学家卡末林·昂内斯（Kamerlingh Onnes）发现了一种令人震惊的全新相变。昂内斯能够将材料冷却到人们从未达到过的低温。这着实了不起。他第一个在 -270℃的条件下液化了氦气，这项工作为他赢得了诺贝尔物理学奖。4 月 8 日这天，昂内斯将一段汞线浸入液氦，将其冷却至 -270℃，再测量其电阻。他惊奇地发现，汞线的电阻竟然是零。零电阻意味着在我们通过电池给导线引入电流之后，再移除电池，导线内的电流永远不会消失。昂内斯既是实验上的天才，也是公关大师。为了描述这个出人意料的重要现象，他专门发明了一个新的物理学术语——"超导"。

超导非常奇怪，长期无法被人理解。这种情况直到1957年才发生了改变。那一年，约翰·巴丁（John Bardeen）、利昂·库珀（Leon Cooper）和罗伯特·施里弗（Robert Schrieffer）提出了一个令人着迷的超导解释。（同一年，人们发现了宇称破缺，施温格提出了电弱统一的猜想。）当时距离该理论的关键要素——量子力学的发现，已经差不多过去了50年。巴丁－库珀－施里弗理论是一项大师级的工作。它的基础是数十年来人们累积的一系列观点。说到底，巴丁－库珀－施里弗理论依赖于一个只在某些特殊材料中才存在的意外现象。

在自由状态下，电子和电子之间相互排斥。然而，当某些特殊材料被冷却后，我们看到其中的电子会相互结合。结合的原因如下：材料中的自由电子，常常会被带正电荷离子吸引。在超低温环境中，当一个电子被离子吸引后，所形成的正电场可以吸引另一个电子。你也可以说，两个电子被"粘"在了一起。第一个电子和材料原子相互作用所产生的正电场，起到了黏合剂的作用。

材料中的原子会以晶格的形式存在，这些原子很重，相互间的原子力也很强。因此，电子只能轻微地扰动它周边的原子。因为这些扰动，晶格上的原子会稍稍靠近电子一点，从而引发晶格畸变。一般来说，晶格畸变会造成晶格振动，即形成"声波"。从量子力学的角度来看，声波应该被量子化。声波的量子叫作"声子"。利昂·库珀发现，这些声子能将两个电子结合在一起，结合后的电子对即所谓的"库珀对"。

现在，到了运用量子魔法的时候了。当我们把汞（或其他金属）冷却到足够低的温度后，汞会发生一种特殊的相变，即所有的库珀对都会被浓缩到一个单一的量子态。这一现象被称作"玻色－爱因斯坦凝聚"。这是因为具有整数自旋的粒子（例如自旋为 1 的光子），喜欢全体占据同一个量子态。半整数自旋的费米子不具备这样的性质。为了和费米子相互区别，我们将整数自旋的粒子统称为"玻色子"。玻色子最早由印度物理学家萨蒂延德拉·纳特·玻色（Satyendra Nath Bose）提出。后来，爱因斯坦又对此做了进一步阐发。光在玻色子的研究过程中同样发挥了关键性的作用：玻色研究的正是光子的统计性质；玻色－爱因斯坦凝聚和激光有着紧密的联系——激光就是由许多光子凝聚到同一个量子态后形成的。

对于室温状态下的气体或固体来说，其内部粒子可能会经历许许多多的碰撞。因为这些碰撞，单个粒子所处的量子态会发生快速的改变。多个粒子之间，不可能产生任何"集体行为"。然而，在超低温情况下，玻色子可以聚到一起，形成玻色－爱因斯坦凝聚。在这种状态下，单个玻色子的性质消失不见了。相对地，整个玻色子系统仿佛就是一个单一的、宏观的粒子。这个宏观粒子的行为不能被经典物理学描述，只能被量子力学描述。

玻色－爱因斯坦凝聚表现出种种奇异的物理性质。由此产生的激光，完全不同于手电筒产生的普通光线。玻色－爱因斯坦凝聚是个将大量独立原子捆绑到同一量子态的过程，想要在实验室里制造出玻色－爱因斯坦凝聚，就需要极为特殊的实验条件，人们一直没能成功。直到 1995 年，美国物理学家卡尔·威曼（Carl Wieman）和埃里克·康奈尔（Eric Cornell）才取得突破，他们首次制造出玻色－爱因斯坦凝聚。这是一项注定能拿到诺贝尔物理学奖的壮举。[1]

对于汞这样的材料来说，玻色－爱因斯坦凝聚是相当特殊的。汞金属内原本的基本粒子是电子。电子会相互排斥，除此之外，电子的自旋是 1/2，属于费米子。而费米子的统计性质正好

---

[1] 克特勒、威曼和康奈尔获得了 2001 年诺贝尔物理学奖。——译者注

和玻色子相反。

但两个自旋 1/2 的电子可以通过相互作用形成库珀对。把两个 1/2 自旋叠加，库珀对的自旋就是整数。啊哈！低温金属中产生了一种全新的玻色子。此时，系统的基态就是库珀对的玻色 – 爱因斯坦凝聚态，即所有的库珀对都凝聚到同一个量子态。以上状态一旦产生，材料的性质就会发生彻底的改变。

在玻色 – 爱因斯坦凝聚发生之前，我们给导线加上电压，导线中的电子就会开始移动，形成电流。这些电子会相互碰撞，因此而损耗能量，使导线发热。这就是我们熟知的"电阻"的由来。在玻色 – 爱因斯坦凝聚发生之后，导线中不再有单独的电子，甚至也没有单独的库珀对。就像《星际迷航》里的博格人 ① 一样，它们组成了一个集合体。在我们给导线加上电流之后，整团凝聚体将以一个统一的形式移动。

如果凝聚体和某个原子发生碰撞，凝聚体的轨迹将会发生改变，这就意味着凝聚体中所有玻色子的轨迹都要发生改变。这样的碰撞会消耗巨大的能量，远比改变单个电子所消耗的能量要大。我们可以想象以下经典物理图像：低温情况下，我们无法从随机运动的原子身上收获足够的能量，以改变凝聚体的运动状态。这很像我之前举的拿爆米花扔卡车的例子。当然我们的背景现在是量子力学，但二者还是很像。具体来说，想要改变凝聚体的位型，我们就得改变凝聚体中所有粒子的状态，从而使得所有粒子一同进入一个新的量子态。实现这一过程需要消耗很大的能量。另外，当整个系统处于低温环境时，我们就不能从热库中汲取足够多的能量。所以说，这样的改变是不可能的。让我们再换一个角度。你或许会想，碰撞可能会打破库珀对，使其分裂为两个电子，脱离凝聚体。这就好像一辆卡车撞上柱子后，后视镜会

---

① 博格人没有个体意识，以"博格集合体"的社会形态活动。——译者注

飞出来。可是，在低温状态下，包括凝聚体在内的所有物体移动得都很慢，以上情况并不会发生。于是，电流的流动不会受到任何阻碍。针对这种情形，博格人大概会说："抵抗是徒劳的。"事实上，对电流的抵抗压根儿就不存在。在我们通过电池向导线内引入电流之后，再移除电池，导线内的电流永远不会消失。

以上便是巴丁－库珀－施里弗的超导理论（BCS 理论）。这是一篇杰作，解释了诸如汞这样的材料超导的原因。超导过程中，系统的基态发生了改变，从而引出了新的性质。这有点儿像窗户上的霜。这些新的性质反映了自发对称性破缺。对超导体来说，这种对称性不如霜那样明显。可它是真实存在的，就在表象世界之下。

在库珀对形成之后，改变材料位型所需的最小能量发生了跃变。从数学上看，这就是对称性破缺的信号。凝聚体就像一个质量很大的宏观物体。而"质量间隙"（即破坏超导态所需要的最小能量）的产生正是超导体发生对称性破缺的标志。

你或许会想，这里说了一大堆，听着有点儿意思，但和我们的主线故事——理解宇宙中的相互作用，没有什么关系。可是，从今天的角度来看，二者之间的联系相当清晰。当然，对于生活于 20 世纪五六十年代的物理学家来说，想在混乱纠结的粒子世界中找到通往真理的道路，远远没有那么简单。

1956 年，南部阳一郎刚刚入职芝加哥大学。当时施里弗做了一个关于巴丁－库珀－施里弗超导理论的报告。南部阳一郎去听了。施里弗的报告给他留下了深刻的印象。和当时的许多粒子物理学家一样，南部阳一郎也试图梳理核子（质子和中子）在粒子大家族中的位置，以及与之相关的各种相互作用。

和别的物理学家一样，南部阳一郎也对核子质量的相似性感到困惑。他的观点和杨振宁、米尔斯的观点很像。在他看来，这一定来自某些基础性的物理原则。但和杨振宁、米尔斯不同，南部阳一郎从超导体中看出了一条重要的线索——他发现超导过程中产生出了一个有着全新特征的能量，即破坏库珀对凝聚所需要的激发能。

为此，南部阳一郎花了三年时间来研究怎么把对称性破缺运用于物理学。他认为，宇宙中或许也存在着类似超导体这样的凝聚态，想要让其中的粒子脱离这个凝聚态，我们就需要一定的激发能。这个激发能应该很大，而核子的能量／质量也很大，二者或许有关。

南部阳一郎和物理学家杰弗里·戈德斯通（Jeffrey Goldstone）独立发现了一条与自发对称性破缺相关的重要定理：自发对称性破缺会产生零质量的粒子，现在我们称这些粒子为南部－戈德斯通玻色子。它们的出现，是对称性破缺的标志。这些粒子也能通过同其他粒子的相互作用，反映出对称性破缺的本质。让我用霜花来类比一下，对此做进一步的说明。在霜花世界中，一个方向上的运动和另一个方向上的运动很不一样，这就意味着空间对称性发生了自发性破缺。另外，对组成霜花的原子来说，它们能在晶格上做微小的振动。这些振动模式（上文提到的声子）可以携带任意小的能量。在粒子物理中，这些振动模式对应于南部－戈德斯通玻色子。因为能量即为质量，激发能为零就意味着粒子质量为零。

让人意外的是，鲍威尔发现的 π 介子非常像南部－戈德斯通玻色子。当然，π 介子的质量不是零，可它和其他参与强相互作用的粒子相比，质量要轻得多。π 介子同其他粒子的相互作用也符合人们对南部－戈德斯通玻色子的预期。或许，世界上的某个对称性发生了破缺，从而产生出 π 介子，而与之相应的激发能的尺度正好是核子的质量／能量尺度。

南部阳一郎从超导体的自发对称性破缺出发，做出了重要的工作。可是，超导体的自发对称性破缺还有一条性质，南部阳一郎和他的粒子物理学家同事并没有加以重视。这条性质影响更加深远，将为我们提供解密强相互作用和弱相互作用的钥匙。南部阳一郎关于对称性破缺的研究很有启发性，但是，他和其他人对超导体进行的类比并不彻底。

似乎，我们就是那些生活在霜花树枝上的迷你物理学家。他们要等很久才会发现自己其实是井底之蛙。对于生活在那个时代的物理学家来说，情况也是这样。

15
活在超导世界

今天，我们总是看到前辈们在犯一些显而易见的错误。然而正所谓，后之视今，亦如今之视昔。我们在厚今薄古的同时也应该意识到，那些今天困扰我们的问题，在我们的后人看来，答案可能极为浅显。毕竟，人类对知识前沿的探索，犹如漫步于大雾之下的小径。

南部阳一郎将超导体背后的物理学原理应用于粒子物理学领域。今天我们知道，这是一项非常有意义的工作。而在当年，南部阳一郎和其他物理学家并没有预见这个理论到底有什么用。有些问题，事后看来总有着显而易见的答案。这就好比读阿加莎·克里斯蒂（Agatha Christie）的小说，当谜底揭开以后，我们才发现那些揭示凶手身份的蛛丝马迹环环相扣。可在此之前，我们常常被各种各样的错误信息误导，走入一个又一个死胡同。然而，正是这些曲折反复使得谜底更加出人意料。侦探小说如此，物理学史亦然。

夸克，一个美妙的粒子

我们可以切实地感受那个年代粒子物理学发生的混乱。新的加速器一个接着一个地上线。每当碰撞能量达到新高，人们就会发现新的强子（质子和中子的兄弟）。这一过程似乎永远不会终结。这是一种幸福的烦恼。在这种复杂局面的驱使下，强相互作用成了摆在人们面前的最大挑战。理论物理学家和实验物理学家将全部的研究精力聚焦于神秘的强相互作用。

在当时的人们看来，微观世界似乎就该是由无穷无尽的基本粒子组成的。它们的质量不断递增。然而，这一观点和量子场论的基本原理相互矛盾——量子场论是个成功的粒子物理学框架，它优雅地解释了电子和光子的相对论量子行为。

为了解决上述问题，加州大学伯克利分校的理论物理学家杰弗里·丘（Geoffrey Chew）发展了一套风靡一时、影响深远的粒子物理学模型。丘认为，所有的"基本粒子"其实并不基本，我们应该抛弃任何基于"点粒子"的量子理论及量子场论。他认为，所有参与强相互作用的粒子都不是点粒子。它们其实是由其他粒子构成的束缚态。从这个意义上说，量子世界不存在基本单元。丘的理论和20世纪60年代伯克利的思潮有着某种契合。在这套充满禅意的理论中，所有粒子都是由其他粒子构成的。丘的理论被人们称作"自举模型"。由于理论中没有任何一个粒子拥有特殊的地位，这套理论也被称作"核民主模型"。

当时，许多粒子物理学家已经放弃了量子场论。对他们来说，自举模型颇具吸引力，它能有效地描述光电作用以外的基本相互作用。然而，还是有少数物理学家不愿意改弦更张。量子电动力学的成功给他们留下了深刻的印象。他们打算沿着杨振宁和米尔斯的思路继续走下去，在强相互作用理论中"重现量子电动力学"。

樱井纯（J. J. Sakurai）便是这样一位少数派。1960年，他发表了一篇名为"强相互作用理论"的论文。论文的标题足见樱井纯的雄心壮志。他认真研究了杨振宁和米尔斯的观点，即核子间的核力可能通过某个类似光子的粒子实现传递。这个传递子到底是什么呢？樱井纯对此进行了探索。强相互作用的作用距离很短，小于核子尺度，所以这个传递子一定很重，它的质量不可能为零。一旦粒子的质量非零，它便会破坏规范对称性。另一方面，核力传递子拥有很多类似光子的性质。它的自旋为 1，即拥有"矢量"自旋。综合以上两点，这个新粒子应该是"带质量的矢量介子"。前文提到，光子能同带电粒子流发生耦合。与之类似，这个新粒子能和各种强相互作用粒子流发生耦合。

不出两年，人们便发现了樱井纯预言的矢量介子。人们觉得这类粒子将为我们揭示神秘的强相互作用。于是，他们以矢量介子为基础，进而研究核子间复杂的强相互作用。

如果强相互作用背后真的存在某种非阿贝尔对称性，那么这个理论到底长什么样呢？针对这一问题，默里·盖尔曼给出了一个优雅的回答：他参考禅宗，将其称为"八重道"。八重道理论不仅对当时发现的八种矢量介子进行了分类，它还预言了许多当时尚未发现的矢量介子。盖尔曼的工作表明，人们可以通过新的对称性，从纷繁的粒子世界中整理出秩序。这让人们兴奋不已。在发现盖尔曼预言的矢量介子之后，他就因为这一工作获得了诺贝尔物理学奖。

然而，当人们提到盖尔曼这个名字时，马上想到的其实是另一个更加基础的物理学概念。盖尔曼和乔治·茨威格（George Zweig）各自在粒子物理学中引入了"夸克"。这个奇怪的名字取自詹姆斯·乔伊斯（James Joyce）的小说《芬尼根守灵夜》（*Finnegan's Wake*）。夸克为八重道理论的对称性提供了物理依据。和法拉第对场的看法类似，盖尔曼觉得夸克不过是一个美妙的数学技巧。然而，如果我们假设包括质子和中子在内的所有核子均由夸克组成，我们就能依此预测出核子的量子数及对称性。又一次，某种直觉告诉我们，截然不同的粒子和相互作用能够被统一到一幅和谐的物理学图景之中。

在我看来，夸克理论极为重要，尽管盖尔曼本人并不觉得夸克真实存在。夸克理论说明，对称性将会决定强相互作用的性质，也会决定宇宙中一切基本粒子的性质。

然而，尽管我们可以通过某类非阿贝尔对称性来描述核子的结构，我们无法将这个对称性推广成规范对称性，进而描述粒子间的相互作用。我们面对的还是那个老问题，实验发现的矢量介子带质量。可一旦强相互作用传递子带质量，就会破坏非阿贝尔规范对称性。对强相互作用来说，非阿贝尔规范对称性是必不可少的，它唯一确定了强相互作用的形式。后来我们还会看到，它还使其摆脱了量子场论计算中的无穷大。如果想把量子电动力学的规范对称性扩展为非阿贝尔规范对称性，那么这个类似光子的新传播子，就必须是零质量的！

　　这是一个恼人的僵局。然而，超导体为我们带来了一个可能的解决方案。这个方案更加微妙，更加出人意料，最终给粒子物理学带来了更加深远的影响。

磁悬浮，超导体最为惊人的特质之一

　　点燃这团星星之火的是菲利普·安德森（Philip Anderson），他是普林斯顿大学的凝聚态物理学家，诺贝尔物理学奖得主，超导体是他的研究领域。安德森认为，有这么一个超导体的根本特质，或许在粒子物理学中有所对应。

　　磁悬浮是超导体最为惊人的特质之一（特别是现在新的高温超导体能在液氮温度实现超导，展示磁悬浮变得更加容易）。下图所示即为磁铁悬浮于超导体上方：

图片由 Mai-Linh Doan 提供

磁悬浮最早于 1933 年由瓦尔特·迈斯纳（Walther Meissner）及其同事在实验过程中发现。两年之后，弗里茨·伦敦、海因茨·伦敦（Fritz and Heinz London）两兄弟为磁悬浮提供了理论解释。这个解释被称作"迈斯纳效应"。

就像法拉第和麦克斯韦在 60 年前发现的那样，电荷对磁场和电场的响应并不相同。特别值得注意的是，法拉第发现改变某处的磁场能够在远处的导线中感应出电流。此外法拉第还有一个同样重要的发现（我在上文中没有强调），即感应出的电流会沿着一个特殊的方向流动。由这个电流感应出的磁场，总是试图抵消原磁场发生的变化。如果原磁场减小，那么感应电流产生的磁场就会阻止原磁场的减小。如果原磁场增大，那么感应电流也会反向，由此产生的磁场就会抵消原磁场的增大。

当你边打手机边进电梯，特别是那些外部包着金属的电梯时，你会发现在电梯门关闭之后你的电话通信也中断了。这个金属电梯就是一个"法拉第笼"。手机信号其实是一种电磁波信号。当手机接收外界信号时，金属笼会产生相应的感应电流，它会抵消信号带来的磁场变化和电场变化，从而减弱电梯内的手机通信。

如果你有一个零电阻的完美导体，那么不管外部电磁场如何变化，金属表面都能产生相应的电荷变化，以抵消外部电磁场。如果我们用完美导体制作电梯，其内部不可能发现外部信号（比如手机信号）所带来的磁场变化或电场变化。此外，完美导体还能屏蔽外部的静电场。这是因为在外部电场的作用下，完美导体的表面会产生相应的电荷，已彻底抵消外部电场的效应。

相较于以上完美导体的性质，迈斯纳效应还要更进一步。迈斯纳效应指出，任何磁场（包括磁铁产生的静磁场）都无法穿透超导体。在将磁铁推向超导体的过程中，超导体内会产生一股电流，来抵消外部磁场带来的变化。由于超导体的超导特性，电流一旦产生就不会消失，哪怕磁铁不再向超导体推进。当我们将磁铁推到离超导体更近的地方时，这股电流也会相应地不断增加。于是，正因为超导体不会耗散电流，它在彻底屏蔽电场之外还能彻底屏蔽磁场。这就是磁悬浮的原理。超导体将磁铁产生的磁场彻底排除在外，从而产生斥力，仿佛在超导体表面存在着一个南北极颠倒的磁铁。

伦敦兄弟是首批试图解释迈斯纳效应的物理学家，他们给出了描述超导体内部现象的方程。这一成果非常具有启发性。不同类型的超导体会有互不相同的"特征长度"。在从金属表面到特征长度的深度范围内，外部磁场总是会被超导体电流抵消。特征长度又称作"伦敦穿透深度"。穿透深度的取值取决于超导体的微观性质。由于当时伦敦兄弟并没有掌握超导体的微观理论，他们无法从第一性原理出发计算这个深度。

可不管怎么说，穿透深度是一个惊人的发现。它的出现意味着超导体内部的电磁场有着完全不同的性质——电磁力不再是长程力了。电磁场作用范围的改变，意味着电磁场的传递子——光子的性质也必然发生改变。总体效应就是，超导体中的光子仿佛带上了一个质量。

在超导体中，虚光子只能穿透表面以下伦敦穿透深度左右的距离。这就好像超导体内部传播电磁相互作用的，是带质量的光子，而不是零质量的光子。

让我们想象一下超导体中的生活。光子带有质量，电磁力成了一种短程力，所有和电磁力长程特性相关的物理现象都会消失。

我想强调一下这个想法的重要性。如果你一直生活在超导体中，你就无法通过实验发现超导体外的光子是不带质量的。如果你是"超导洞穴"里的哲学家，那么除非你有无与伦比的物理直觉，否则你无法悟出外部世界的情况，更不可能悟出某个神秘隐蔽的现象造成了你所看到的幻象。你和你的后代可能要经历几千年的实验和苦思冥想，才能猜出日常世界底下真实世界的情况，才能打造出一台超级机器，产生出足以破坏库珀对的能量，进而脱离超导状态，让电磁力恢复原本的模样，进而发现光子其实并没有质量。

回过头来看，物理学家完全可以从基态的对称性出发，不直接借助迈斯纳效应，推出超导体中的光子带质量这个结论。凝聚了的库珀对带有净电荷，这破坏了电磁相互作用的规范不变性。原因在于这种情况下，加入额外正电荷后的材料行为不同于加入额外负电荷后的材料行为。于是，正电荷和负电荷有了真正的区别。回想一下，光子质量为零意味着电磁场是种长程场。长程场意味着电磁场允许局域的电荷定义变化。这些局域的变化不会影响材料整体的物理性质。如果规范对称性遭到破坏，那么局域的电荷定义变化就会产生真实的物理效应，不可能存在一个长程场来抵消这些变化。想要让电磁场不再是一个长程场，其中一种方式就是让光子带上质量。

现在，让我们看一个价值 6400 万美元的问题：以上过程是否同样发生于我们的"真实"世界？之所以我们看到某些类似光子的粒子带有质量，是否是因为我们生活在某种宇宙尺度的超导体中？这些问题令人着迷。它们最早由安德森提出，或许源于他对普通超导体的思考。

在回答这个问题之前，我们需要理解一个让超导体中的光子产生出质量的技巧。

让我们回想一下如下图所示的电磁波图像，在同波的传播方向垂直的两个平面上，电场（E）和磁场（B）上下振荡：

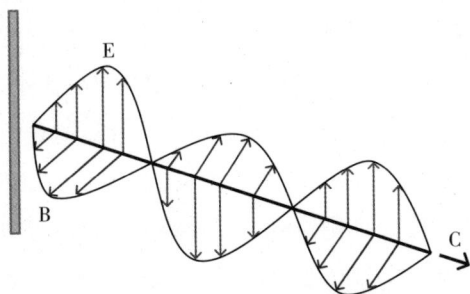

由于电磁波的振荡平面有两个，我们可以通过两种方式来描绘电磁波的传播。上图所示的就是其中的一种，如果让电场和磁场的振荡平面互换，我们就能得到另一种。以上两种传播方式的存在意味着电磁波拥有两个自由度。我们将这两个自由度称作电磁波的两种偏振。

偏振起源于电磁学的规范不变性。换种说法，它的由来正是因为光子质量为零。假设光子的质量不是零，电磁学的规范不变性就会发生破缺，一种新的可能性也会因此诞生：电场和磁场不仅能在和传播方向垂直的平面上振荡，也能沿着传播方向振荡。（当光子质量不是零时，光子的传播速度也不再是光速。在这种条件下，才可能发生沿着传播方向的振荡。）

这也意味着带有质量的光子，不再只有两个自由度，而是具有三个自由度。超导体中的光子又是如何获得这个额外的自由度的呢？

安德森仔细研究了这个问题。问题的答案和我上文中给过的一个事实密切相关。假设超导体中没有电磁相互作用，那么库珀对之间也就没有相互作用，通过微小的空间形变，凝聚了的库珀对可以耗散任意小的能量。让我们在超导体中加入电磁场。带电荷的凝聚体会和电磁场相互作用。这些相互作用消除了这些低能耗散（低能耗散会破坏超导性），进而使得超导体中的光子似乎有了质量。当电磁波通过的时候，超导凝聚体会发生振荡。而这正是超导体中的光子的新的偏振模式。

从粒子物理的角度来看，凝聚体中能量任意小的振动模式对应着零质量的南部－戈德斯通玻色子。超导体中的电磁场"吃掉"了这些粒子，从而拥有了质量，获得了新的自由度，从长程力变成了短程力。

在超导体中，既没有质量本该为零的光子，也没有质量本该为零的南部－戈德斯通玻色子。相反，二者结合成了带质量的光子。在安德森看来，这一现象或许能够解释杨－米尔斯理论中一直存在的老问题：那个类似光子，质量非零，和强相互作用或有关联的粒子究竟从何而来？

安德森认为这套脱胎于超导体的机制可能适用于粒子物理学理论。可他的研究到此为止，人们并不知道具体该如何应用。在这一点上，他和南部阳一郎很像。南部阳一郎认为粒子物理学中的自发对称性破缺和超导机制非常类似，可惜他点到为止。他并没有进一步研究超导体中赋予光子质量的迈斯纳效应，而这恰恰是安德森的研究重点。

于是，物理学家们没有马上意识到这套源自超导体的机制对粒子物理学来说是多么重要。他们将之雪藏了。

转过头来看，觉得我们生活在某种宇宙级别的超导体中的想法，其实是一种信仰的延续。毕竟，面对无法理解的事物时，人们总能编出一些天方夜谭，发明各种怪力乱神。为了理解难以捉摸的强相互作用，我们声称宇宙中充满了某种看不见的凝聚体，这算不算是另一种异想天开呢？

16
物理学所能承受之重：
对称性破缺

世界无处不充满诗意，宛若幻境。我最爱的古希腊史诗，成文于柏拉图写下"洞穴寓言"的时代。这些诗篇总在述说这样一个故事：一小群无比幸运的旅人发现了美丽的宝藏，他们的人生也随之彻底改变。

他们是多么幸运啊！对宝藏的渴望促使我开始学习物理学。对我而言，发现那些新奇、隐秘而又美丽的世界角落，会带给人无法抗拒的浪漫诱惑。故事中的每一个时刻，宇宙的诗歌和人类的存在相互交融。

本章中的每一个小故事都充满了诗意。当然，领悟诗意需要有正确的视角。对生活在 21 世纪的我们来说，评选 20 世纪最美丽的物理学理论并不困难。可这掩盖了物理学前进道路中的曲折。我们需要理解，伟大的理论就像一坛好酒，又如远方的爱情——人们刚刚提出它们的时候，它们并不像若干年后那么甜美诱人。

杨振宁、米尔斯、施温格等人的想法正是这样一个大器晚成的理论。他们的想法基于规范对称性的美丽数学结构，试图复制成功的量子电动力学。然而，他们的想法失败了。当时的人们认为，量子场论并不是描述两大基本相互作用——强相互作用和弱相互作用的有效方法。强弱相互作用发生于原子核尺度。想要理解这个尺度上的物理学，很多人觉得就该摒弃错误的旧技术，转而拥抱一套全新的物理规则。

南部阳一郎和安德森的想法也是一个大器晚成的理论。他们借用了凝聚态物理（也被称作固体物理或多体物理）中的一些想法，将其应用于亚原子尺度。很多粒子物理学家对此表示怀疑。他们坚信，这些衍生出来的场，无法加深我们对"基础"物理的理解。幽默的物理学家维克托·魏斯科普夫在康奈尔大学做报告时打趣说："现在的粒子物理学家真是绝望至极，他们不得不借鉴凝聚态物理中出现的新东西……也许某天他们真的能得出些什么。"这集中体现了当时物理学界的怀疑态度。

自发对称性破缺的破绽

人们的怀疑是有一定理由的。毕竟，南部阳一郎认为，自发对称性破缺能够解释为什么质子和中子的质量如此之大且又相互接近，与之相比，为什么 π 介子的质量如此之小。可是，他的理论存在破绽：自发对称性破缺只可能产生零质量的粒子，不可能产生带质量的粒子，无论粒子的质量是多么轻。

安德森的工作当然也相当有趣。可是，凝聚态物理是非相对论的。在非相对论条件下，安德森讨论了到底该如何打破粒子物理学中的南部-戈德斯通定理（南部-戈德斯通定理指出，自发对称性破缺将会产生零质量的粒子）。尽管安德森指出了超导体中的零质量的光子是如何消失的，很多粒子物理学家并没有把他的研究当回事。

另一方面，朱利安·施温格并没有放弃通过杨-米尔斯理论来解释核力的想法。他笃信杨-米尔斯理论中类似光子的传递子可以带质量。但施温格并不知道到底该如何做到这一点。

施温格的工作引起了一位温文尔雅的年轻英国物理学家的注意。他就是彼得·希格斯（Peter Higgs），当时正在爱丁堡大学讲授数理物理学。没人料到言语轻柔的希格斯将引发物理学革命。但他是位消极的革命者。由于某位物理学期刊编辑的短视行为，希格斯差点错失这次革命的机会。

1960 年，刚刚履新的希格斯收到一项任务，组织筹办第一届苏格兰地区大学物理暑期学校（Scottish Universities Summer School in Physics）。这个暑期学校非常出名，其间教授的物理领域相当广泛。苏格兰暑期学校每 4 年举办一次，每次大约 3 周，学生多为高年级的研究生和刚开始工作的博士后，讲师则是资深的粒子物理学家。课后大家一起吃饭，餐桌上有高档的葡萄酒，还有猛烈的威士忌。参与第一届暑期学校的学生中，有未来的诺贝尔物理学奖获得者谢尔登·格拉肖和马丁纽斯·韦尔特曼（Martinus Veltman），以及和诺贝尔奖擦肩而过的尼古拉·卡比博（Nicola Cabibbo，我个人觉得他也应该获诺贝尔奖）。当时，希格斯负责管理学校的葡萄酒。他发现，格拉肖、韦尔特曼和卡比博从来不去上上午的课。这三个学生会在晚饭后悄悄把酒带出食堂，然后整晚一边喝酒一边讨论物理学。希格斯当时并没有参与三人的讨论。在他把自己的论文投出去之前，他并不知道格拉肖已经有了一个统一电弱相互作用的全新理论。

苏格兰暑期学校由苏格兰本地的大学轮流举办。它在美丽的海滨城市圣安德鲁斯拥有一处固定的房产。房子紧挨着高尔夫球的起源地——圣安德鲁斯老球场。每隔几年，暑期学校就会回到这里举办。1980 年的暑期学校就在圣安德鲁斯。讲师包括刚刚荣获诺贝尔奖的格拉肖，以及韦尔特曼的高足——赫拉尔杜斯·特·霍夫特（Gerardus't Hooft）。而我，则有幸成为学生中的一员。

我抵达暑期学校的时间比较晚，被分配到了最狭小的房间。房间在阁楼上，可以俯瞰整座老球场。暑期学校期间，我不仅享受了物理学，还享受了酒精，还在绰号"喜马拉雅"的迷你高尔夫球场被一位讲师——牛津大学的物理学家格雷厄姆·罗斯（Graham Ross）——敲诈了很多瓶酒（原因我就不讲了）。特·霍夫特不仅是位能力超群的物理学家，还是位出色的艺术家。他设计的 T 恤衫赢得了暑期学校的 T 恤衫设计大赛。我还保留着一件有他亲笔签名的 T 恤衫。我知道这件衣服能在 eBay 上拍出好价钱，但我还是舍不得卖。（20 年后的 2000 年，我又一次回到了苏格兰暑期学校，只不过这次我成了一名讲师。和格拉肖、特·霍夫特、希格斯不同，重返学校的我并没有诺贝尔奖的光环。但这次，我终于穿上了苏格兰短裙，了了我的一桩心愿。）

在主持完 1960 年的苏格兰暑期学校后，希格斯开始阅读论述对称性及对称性破缺的相关文献。他细致检验了南部阳一郎、戈德斯通、萨拉姆、温伯格以及安德森的工作。一方面我们有南部 – 戈德斯通定理，另一方面我们有带质量的、传递着强核力的杨 – 米尔斯矢量粒子。如何让二者变得自洽似乎是一项不可能完成的任务。希格斯也因此垂头丧气。时间到了神奇的 1964 年。这一年，盖尔曼提出了夸克模型。同一年，希格斯读到了两篇论文，它们重燃了希格斯的希望。

第一篇论文来自亚伯拉罕·克莱因（Abraham Klein）和李辉昭（Ben Lee，李辉昭是当时粒子物理学界最为闪耀的明星，在一次开车去物理学会议的途中，他不幸遭遇车祸去世）。他们提出了一种可以打破南部 – 戈德斯通定理，进而去除零质量粒子的方法。

第二篇论文来自哈佛大学的年轻物理学家沃特·吉尔伯特（Walter Gilbert）。在写完这篇论文之后，吉尔伯特就离开了混乱的粒子物理学界，进入了蒸蒸日上的分子生物学领域。后来，他因为发展了 DNA 测序技术而获得诺贝尔化学奖。吉尔伯特在论文中指出，克莱因和李辉昭的方案违反了相对性原理，因而其正确性值得怀疑。

我们在上文中看到，规范理论有个有趣的性质，即你可以在每一个局部空间任意颠倒正负电荷的定义，整个系统的可观测物理量不会因此发生丝毫改变。当然，做到这一点有一个前提：你必须保证电磁场可以随着局域电荷定义的变化而发生适当的改变。到最后，你可以在任意规范下进行场论计算——换句话说，你可以使用任何满足对称性要求的局域电荷及电磁场定义。我们可以通过对称性变换，在不同规范间自由转换。

在不同的规范下，理论的表达式看上去会很不一样。但是，理论的对称性向我们保证了这样一点，可观测物理量的大小和规范的选取无关——也就是说，不同规范下，理论表达式的不同不过是种幻觉，它们无法反映真实的物理过程。只有物理过程，才会最终决定物理学中的可观测量。因此，我们可以选择那些能够简化计算的规范。通过这些特别规范计算出来的可观测物理量，和其他规范下算得的可观测物理量是一样的。

希格斯粒子，一个"漂亮的模型"

在读完施温格的论文后，希格斯认识到，某些规范和相对论相互矛盾——这也是吉尔伯特否定克莱因和李辉昭的理论的原因。然而，这个矛盾是由特定规范造成的，而规范的选择是人为的。在别的规范下，这个矛盾可能就不存在。当我们预言可观测物理量时，理论其实和相对论并没有什么矛盾。也许换个规范，克莱因和李辉昭的理论就行得通了。进而，我们可以摆脱自发对称性破缺过程中产生的零质量粒子。

希格斯得出了如下结论：规范场下的自发对称性破缺，可以躲过南部－戈德斯通定律，去除零质量粒子的同时产生出一个带质量的矢量玻色子。这个带质量的矢量玻色子可能就是强相互作用的传递子。希格斯的工作和安德森的工作很像，只不过安德森研究的是非相对论系统。超导体中的电磁场起了同样的作用。换句话说，长程的强相互作用可以通过自发对称性破缺变成短程相互作用。

希格斯花了一两周的时间，在戈德斯通用来描述自发对称性破缺的模型中加入了电磁场。不出他所料，南部－戈德斯通定理预言的那些零质量模消失了，它们成了光子在获得质量的过程中多出来的偏振自由度。换句话说，安德森基于超导体的理论，尽管是非相对论的，却可以套用到相对论的量子场论中。宇宙真的可能是块超导体。

希格斯将自己的研究成果投往欧洲物理学杂志《物理快报》(*Physics Letters*)，可他的论文很快就被退回来了。评审人认为论文和粒子物理学没有什么关联。于是，希格斯在论文后又加了几段，对自己理论的观测结果进行了讨论。写完后，希格斯将论文投往美国物理学杂志《物理评论快报》（*Physical Review Letters*）。值得注意的是，希格斯在补充后的论文中这样写道："请注意，这类理论有一个特征：它会预言包含标量玻色子和矢量玻色子的不完全多重态。"

让我用更通俗的话复述一遍。希格斯演示了如何在他的模型中移除无质量的标量粒子（即南部－戈德斯通玻色子），同时获得带质量的矢量粒子（即带质量的光子）。除此之外，希格斯的模型中还会残留一个新的带质量的标量粒子。这个新粒子和破缺对称性的场有关。它，就是希格斯粒子。

《物理评论快报》很快就同意发表希格斯的论文，但审稿人要求希格斯评论一下自己的论文和一个月前杂志收到的另一篇论文的关系。这篇论文的作者是弗朗索瓦·恩格勒（François Englert）及罗伯特·布绕特（Robert Brout）。希格斯惊讶地发现，两篇论文的结论本质上完全一样。事实上，看看两篇论文的标题，我们就能知道二者的相似之处。希格斯取的标题是"对称性破缺与规范玻色子的质量"。恩格勒和布绕特取的标题是"对称性破缺与规范矢量介子的质量"。单就这两个题目的相似程度而言，很难让人相信作者之间没有互相打过招呼。

然而，让人惊讶的事情不止于此。20 年后，在某次会议上，南部阳一郎遇见了希格斯，告诉他自己正是两篇论文的审稿人。南部阳一郎第一个将超导体中的自发对称性破缺运用到粒子物理学中。而三人的论文，正说明了这个想法是多么具有前瞻性。由南部阳一郎来审核三人的论文，实在是再合适不过了。和南部阳一郎一样，希格斯等三人关心的还是强相互作用，他们讨论的是如何让质子、中子和介子获得大的质量。

在希格斯等三人发表论文后不到一个月，另一组物理学家——杰拉德·古拉尼（Gerald Guralnik）、卡尔·哈庚（C. R. Hagen）和汤姆·基博尔（Tom Kibble）也独立发表了论文。这篇论文的很多观点和前两篇完全一样。大发现的时机已经成熟。

你或许会觉得奇怪，为什么我们不把"希格斯玻色子"叫成"恩格勒－布绕特－希格斯－古拉尼－哈庚－基博尔玻色子"？显然，后者相当绕口。

可除此以外，所有这些论文中，只有希格斯明确写道，在自发对称性破缺后，除带质量的规范子之外，还存在着带质量的标量子。有趣的是，如果不是先前的编辑拒绝了他最初的论文，他不会做出这个额外的预言。

这段戏剧化的故事是这样结束的。发表第一篇论文的若干年后，希格斯完成了一篇更完整的论文。在1966年学术休假期间，他应邀前往哈佛大学及其他一些美国科研院所演讲。在哈佛大学的报告结束之后，格拉肖（当时，格拉肖已经是哈佛大学的一名教授）特地来到台前，称赞希格斯发明了一个"漂亮的模型"。可当时的格拉肖潜心强相互作用，他没有认识到希格斯模型能够解决他5年之前发表的论文的问题。那篇论文谈的可是弱相互作用。

THE GREATEST STORY EVER TOLD— SO FAR

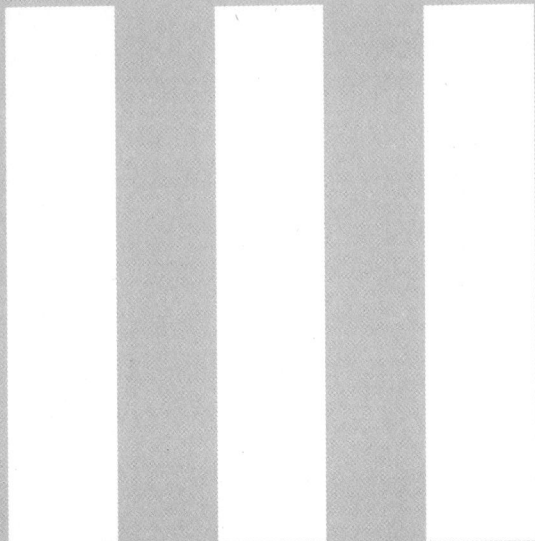

THE GREATEST
STORY EVER
TOLD——SO FAR

第三部分
荣耀与启示

17
希格斯场：错误的地方，
正确的时间

上文讲到，6位作者提出了"希格斯机制"（2013年的诺贝尔物理学奖颁给了希格斯和恩格勒。在此之后，有些人把"希格斯机制"改称为"布绕特－恩格勒－希格斯"机制）。他们猜测并希望自己的工作能够帮助人们理解原子核中的强相互作用。他们的文章讨论了验证理论所需要的实验。所有讨论毫无例外地指向了强相互作用——更准确地说，指向了樱井纯的观点，即强核力的传递子是带质量的矢量介子。在他们看来，一个能够解释核子质量和强相互作用的完整理论已经近在咫尺了。

人们之所以迷恋强相互作用，部分原因在于核物理学本身颇具吸引力。但除此之外，我怀疑当时的物理学家还有别的动机。他们通过强相互作用的范围和强度，推测出强相互作用传递子的质量。这个质量和质子、中子以及其他一些加速器中发现的新粒子差不多。对理论物理学家而言，自己的理论能得到实验的验证代表着真正的至高荣誉。而物理实验受制于实验能够达到的能标。如果某个理论、某个粒子的能量和现有加速器的能标差不多，那么这些理论就能很快地被实验验证，这些粒子就真的近在咫尺。于是，这样的理论和粒子也就自然而然地成为理论物理学家的研究重点。与此相反，施温格告诉我们，如果某个粒子同弱相互作用有关，那么这个粒子的质量就会相当大，比当时加速器的能标要高很多个数量级。当时的许多物理学家会这样想：让我们先把弱相互作用放一放吧。

我们生活的世界，真的就是一个"超导体"

许许多多的理论物理学家都对强相互作用分外着迷，其中之一便是史蒂文·温伯格（Steven Weinberg）。他的经历相当传奇。温伯格出生于纽约，1950 年毕业于布朗克斯理科中学（Bronx High School of Science）。他和谢尔登·格拉肖是中学同学。毕业后，两人都进入康奈尔大学学习，并在第一个学期住进了同一个临时寝室。大学毕业后，格拉肖去了哈佛大学读研究生。温伯格则先去了哥本哈根（同时也是格拉肖做博士后的地方），再回到普林斯顿大学，完成了博士学位。20 世纪 60 年代初，格拉肖和温伯格先后成为加州大学伯克利分校的教师。两人又在 1966 年同时离开了伯克利，前往哈佛大学。格拉肖成为哈佛大学的教授，温伯格则是访问学者。1967 年，温伯格成为麻省理工学院的教授。1973 年，他又回到哈佛任教。回到哈佛时，温伯格接手的办公室和椅子，正是格拉肖的导师——朱利安·施温格留下来的。（刚搬进去的时候，温伯格发现施温格在柜子里面留了双鞋子。这是在问，新来的年轻人能不能继承老一辈的衣钵。在这一点上，温伯格问心无愧。）终于到了 1982 年，温伯格离开了哈佛，继承他的办公室和椅子的，正是格拉肖。可这一次，格拉肖发现柜子里面并没有留下鞋子。

与其他科学家相比，温伯格和格拉肖的命运相互纠缠，紧密联系。但有意思的是，二人又是如此不同。格拉肖聪明、俏皮、喜欢热闹，在科学面前永远保持着赤子之心。他的计算能力不是很强，但很有创造力，擅长把理论和实验联系在一起。与之相对，温伯格一身学究气。他是我认识的对待物理学最为严肃的物理学家。尽管温伯格的身上不乏幽默感，可他的研究风格相当持重，一旦开始新的研究项目，他就要彻底掌握所有的相关领域。他的教科书本本都是精品，行文利落，充满智慧。温伯格通晓古今历史，不仅能从历史的角度出发来阐述自己的研究工作，还能以历史的观点纵观物理学的整体发展。

温伯格做起研究来就像一台"压路机"。我在哈佛工作时，我们这些博士后都尊称他为"大温"。当温伯格研究某个问题时，你最好不要碰那个问题。不然的话，你会被他的无穷智慧和精力无情地碾压。劳伦斯·霍尔（Lawrence Hall）是我的好友。我在麻省理工学院读研究生时，他在哈佛大学读研究生。劳伦斯做事总是快我一步，毕业也快我一步。一次，劳伦斯对我说，他之所以能够完成博士论文的相关工作，当年的诺贝尔奖功不可没。1979年的诺贝尔物理学奖授予了温伯格。随之而来的喧嚣迫使他放慢了研究进度。乘着这个空当儿，劳伦斯得以在温伯格将其彻底击倒之前完成相关计算。

在我学术生涯的开端，格拉肖和温伯格都同我有过密切的合作，这是我人生的一大幸事。在把我从数学物理的"黑洞"中解救出来之后，格拉肖成为我在哈佛大学的合作者。而我对粒子物理的全部知识，几乎都是从温伯格那里学来的。麻省理工学院的学生可以通过直接考试免去一些课程。所以，在读博士的时候，我常常只上一两门课。在麻省理工学院的一大好处，就是可以去上哈佛的课。研究生期间，我上了温伯格开的所有课，其中包括量子场论。格拉肖和温伯格为我树立了两个"互补"的榜样。我试图模仿两人身上的优点，当然距离榜样我尚有不少差距。

对于量子场论，温伯格有着一以贯之的兴趣。和当时很多物理学家一样，在20世纪60年代，温伯格也试图通过对称性来理解强相互作用的本质。在很大程度上，这一想法起源于盖尔曼的工作。盖尔曼引领了当时物理学的潮流。

温伯格也想在南部阳一郎工作的基础上，通过对称性破缺来理解原子核的质量。和希格斯一样，温伯格也对戈德斯通的结论——对称性自发破缺后必然产生零质量粒子——大失所望。于是，温伯格决定做一件他从事研究时经常做的事——自己证明一遍南部－戈德斯通定理。他和戈德斯通、萨拉姆一同写了若干篇论文，证明该定理在强相互作用中也成立。温伯格发现，对称性自发破缺解释不了强相互作用，对此他备感沮丧。在一篇论文的草稿中，他加了一句李尔王对三女儿考狄利娅说的话："没有只能换到没有；重新说过。"（《无中生有的宇宙》一书的读者一定知道我本人不喜欢这句话。在量子力学中，"有"和"没有"的界限相当模糊。）

从希格斯等人的工作中，温伯格得知，如果破缺的对称性是规范对称性的话，零质量的南部－戈德斯通玻色子就不存在。可和当时的许多物理学家一样，温伯格认为他们的工作是个有趣的技术细节，没有特别大的物理意义。

此外，自 20 世纪 60 年代起，很多人将 π 介子视作戈德斯通玻色子，并由此推出了一些强相互作用反应速率的近似公式。因为这些工作的存在，除去戈德斯通粒子的想法就变得愈发无人问津了。可温伯格还是花了数年时间钻研这个想法。他想出了一个理论。温伯格理论包含两个不同的对称性。这些对称性和强相互作用有关，可以自发破缺，产生不同质量的矢量玻色子。然而，温伯格遇到了一个问题：想要保留理论原有的规范对称性，他就必须让一些矢量玻色子带质量，另一些矢量玻色子零质量。然而，这和实验观测结果相悖。

1967 年的一天，在开车去麻省理工学院的途中，温伯格看到了希望之"光"。（一次，我在波士顿搭温伯格开的车。我发现他开始思考物理问题时，就会对旁边的汽车和行人视而不见。当然，我有幸活了下来。）温伯格忽然意识到，或许他自己以及其他所有人，都把对称性破缺这个正确的观点用在了错误的地方！在另一个地方，可能真的有两种质量不同的矢量玻色子。一种零质量，一种带质量。零质量的矢量玻色子可能就是光子。带质量的或许就是 10 年前施温格预言的弱相互作用传递子。

如果上述假设是对的，那么弱相互作用和电磁相互作用就可以用一套统一的规范理论来解释。那个没有破缺的规范对称性对应于电磁相互作用。那个破缺的规范对称性对应于弱相互作用。对称性破缺之后，会产生数个带质量的玻色子。它们便是弱相互作用的传递子。

在这种情况下，我们生活的世界，真的就是一个"超导体"。

希格斯场如何凝聚，决定了你我的存在

弱相互作用之所以弱的原因在于一个巧合，即今日宇宙中，弱相互作用原有的规范对称性发生了破缺。规范子从中获得了施温格预期的"很大质量"。弱相互作用也因此成了一个短程力。一旦距离超过了质子或中子的尺度，弱相互作用就会消耗殆尽。这也解释了为何中子衰变如此之慢。

我们看到的弱相互作用传递子，就像超导体中的"物理学家"看到的光子。可以说，电磁相互作用和弱相互作用之间的区别其实是个假象。这就好像对那些生活在霜花树枝上的物理学家来说，平行树枝方向上的力和垂直树枝方向上的力看似不同，但其实没有区别。在我们的日常生活中，之所以某些规范对称性发生了破缺，某些没有破缺，可能不过是一个简单的巧合。

由于人们对强相互作用依然没有头绪，温伯格不想考虑和强相互作用有关的粒子。他把自己的思考限定于仅参与电磁相互作用以及弱相互作用的粒子。更具体地说，他考虑的只是电子和中微子。弱相互作用过程中，电子转变成了中微子。温伯格假设这一转变是通过一组矢量玻色子来完成的。而这正是施温格假想的带电矢量玻色子。现在我们将它们称作正 W 玻色子和负 W 玻色子。

在弱相互作用过程中，上述转变仅发生于左旋的电子和左旋的中微子之间。这些左旋粒子和 W 玻色子的相互作用需要一个规范对称性来加以限制。另一方面，左旋的电子和右旋的电子可以通过光子相互作用。这就要求我们在电弱统一理论中小心对待电磁规范对称性：一方面，我们要确保左旋的电子既可以和光子相互作用，也可以和 W 玻色子相互作用；另一方面，我们要求右旋的电子仅和光子相互作用，不和 W 玻色子相互作用。

想在数学上实现以上要求，仅有一种可能的模型。它在 6 年之前由格拉肖首次发现。这个模型包含了一个全新的玻色子，它不带电，参与弱相互作

用。右旋的电子在同光子作用之外，还能和这个电中性的玻色子相互作用。由于所带电荷为零（zero），温伯格就将这个全新的玻色子命名为 Z 玻色子。

我们的宇宙中还需要一个全新的场。这个场会在真空中发生凝聚，从而使弱相互作用原有的规范对称性自发破缺。它便是"希格斯场"。而希格斯粒子正是同这个场相关的基本粒子。自发对称性破缺的过程中，希格斯场产生的南部－戈德斯通玻色子，会被 W 玻色子和 Z 玻色子吃掉。这一过程即为希格斯机制。因为吃掉了南部－戈德斯通玻色子，原本零质量的 W 玻色子和 Z 玻色子获得了质量。所有规范玻色子中，仅剩下光子一直保持着零质量。

可这还不是故事的全部。温伯格引入的这个新的规范对称性，还允许希格斯粒子同电子相互作用。在希格斯场凝聚之后，电子通过和希格斯粒子的相互作用获得质量。所以说，温伯格的模型不仅解释了参与弱相互作用的玻色子如何获得质量（也因此预言了弱相互作用的强度），它还通过希格斯场赋予了电子质量。

温伯格的模型包含了统一电磁相互作用和弱相互作用的全部要素。此外，它还为解决一个老难题增添了希望。在量子电动力学中，我们看到，由于规范对称性的保护，我们总能得到有限的、合理的结果。在杨－米尔斯理论中，人们也希望对称性发挥同样的功效。当然，如果理论中包含着带质量的规范玻色子，这个希望注定实现不了。可是，如果规范玻色子只是在对称性破缺之后才带上质量，在破缺之前不带质量，在理论中扫除无穷大似乎还有希望。当然，在温伯格提出电弱统一模型的时候，以上猜想并没有获得证明。

当然，在现实的模型中，希格斯粒子不但能够和电子相互作用，还能同其他参与弱相互作用的粒子发生作用。如果没有希格斯场，质子、上夸克、μ 子都会变成零质量的粒子。这些带质量的粒子构成了你我，它们的存在，你我的存在，完全是宇宙中的一次偶然事件——希格斯场发生了凝聚。如果希格斯场没有凝聚，或者以其他方式凝聚，那么世界在许多层面上——星系、恒星、行星、人类以及世间万物的相互作用——都会变得大为不同。

对于生活在霜花上的物理学家来说，如果霜的生长方向发生了改变，那么他们所看到的世界就会大为不同。对于我们来说也是如此。希格斯场如何凝聚，决定了这个世界的特征，决定了你我的存在。我们会觉得组成这个世界的粒子和场有许多特殊的性质。可事实上，这些性质并不特别，没有经过精心设计，也无法看出有多么重要。这些性质就像霜的生长方向，是随机的，尽管对生活在霜花上的小人来说，这个方向特别重要。

　　这段故事还有个戏剧性的结尾。在温伯格提出电弱统一模型的一年之后，阿卜杜勒·萨拉姆也提出了相同的模型。而在 6 年之前，温伯格的中学老友谢尔顿·格拉肖就已经提出了自己的电弱统一模型。当时施温格正试图找到统一电弱相互作用的对称性。格拉肖的工作正是对这一问题的回应。任何一种其他的模型构造，都无法重现今天我们所见的世界。可是，格拉肖的工作当时并没有引发人们的关注。原因在于，当时人们还没有发现希格斯机制，也就无法赋予弱相互作用玻色子质量。

　　温伯格和格拉肖的命运，自幼开始就相互纠缠。后来，他们同萨拉姆一道因为独立发现电弱统一理论而获得了诺贝尔物理学奖。在麦克斯韦统一电与磁、爱因斯坦统一时间和空间之后，物理学终于又迎来了一次大统一。

18
大雾散去，量子力学的
黄金时代

你或许认为温伯格的论文一出，必定洛阳纸贵。可在论文出版后的三年内，没有任何一个物理学家，包括温伯格自己，引用过这篇论文——当然，如今它已成为粒子物理学界引用率最高的论文之一。可在当时，没有一个人注意到这个关于世界的伟大发现。

这样的反应是可以理解的。麦克斯韦的电磁统一理论预测了电磁波以光速传播，而实测的光速正是麦克斯韦通过第一性原理计算所得的值。爱因斯坦的时空统一理论，预测时钟在移动的观测者看来会变慢，而随后的实验也证实了爱因斯坦的预言。格拉肖－温伯格－萨拉姆的电弱统一理论，预言了三种全新的矢量玻色子，但这三种粒子比当时已发现的粒子要重100倍。电弱统一理论预言了 Z 玻色子同电子、中微子、物质粒子之间的相互作用，但没人看到过这种全新的相互作用。事实上，还有一大批实验暗示此类相互作用根本就不存在。电弱统一理论还预言了一个带质量的基本标量玻色子——希格斯粒子，但人们从未发现过基本标量玻色子。最后，电弱统一理论用的是量子场论，但人们怀疑量子场论本身就是一套行不通的理论。

综合以上几点，也难怪电弱统一理论不受人待见了。然而，在电弱统一理论提出后的 10 年内，粒子物理界发生了翻天覆地的变化。这 10 年内产生的理论成果之多，堪比发现量子力学的黄金年代，其牵涉面之广，远远超出了开启这个年代的弱相互作用规范理论。

电弱统一理论的两面

1971 年，一个荷兰的理论物理学研究生凿开了阻碍粒子物理学前进的障碍。他就是赫拉尔杜斯·特·霍夫特。他的名字让我过目不忘。我在哈佛的同事西德尼·科尔曼（Sidney Coleman）曾经这样说："如果想在定制的袖扣上刻上'特·霍夫特'（'t Hooft）这个名字，那你肯定躲不掉那一撇。"1971 年之前，许多大物理学家都试图弄清楚这样一个问题：如果一个理论中的规范自发对称性破缺，那么我们到底还能不能去除理论中的无穷大？人们知道，如果规范对称性不破缺的话，这一点是可以做到的。然而，物理学大家们都没有找到答案。可在导师马丁纽斯·韦尔特曼的指导下，年轻的理论物理学研究生特·霍夫特发现了最终的证明，这着实让人印象深刻。作为物理学家，当我们看到某些新的结果时，我们总能从头开始自己推一遍，想象一下从零开始，自己怎么发现这个结果。然而，在读到特·霍夫特的论文时，这样的感觉消失了。他的很多推导似乎来自一座秘密的物理直觉宝库，20 世纪 70 年代的粒子物理学工作都或多或少和特·霍夫特的理论发现相关。

特·霍夫特身上还有一点令人印象深刻：他非常儒雅、腼腆、谦逊。特·霍夫特年少成名，你或许会觉得他多少会有点恃才傲物。然而，当我第一次遇见他时（当时我也只是个腼腆的研究生），他就把我当成了朋友。我很高兴，我们之间的友谊一直持续至今。现在，当我遇到内向的青年学生时，我试图模仿特·霍夫特，像他那样友善大度。

特·霍夫特的导师马丁纽斯·韦尔特曼就完全是另一类人了。有些人说，和韦尔特曼交谈总是令人不快。事实上，和他交流是件有趣的事。不过，不论交谈的话题如何，没过多久韦尔特曼就会让我明白这样一件事：我对自己的工作还知之甚少。对我而言，挑战式的对话令我愉悦。

当时，很多人都放弃了自发对称性破缺理论是否可重整的研究。然而，韦尔特曼却对这一课题抱有一以贯之的兴趣。没了他，特·霍夫特也不会着手去证明这个问题。在很多人看来，把量子电动力学中的重整技术推广到自发对称性破缺的杨－米尔斯理论中，有些太过天真了。然而，韦尔特曼不这么看。他独具慧眼，找到了一位天才研究生，完成了这个题目。

在特·霍夫特和韦尔特曼发表杨－米尔斯理论可重整证明之后，物理学家们花了很长一段时间消化两人的证明。可后来，几乎所有的物理学家都开始使用特·霍夫特在证明过程中开发的数学工具。在证明提出后的一年之内，物理学界就认同了电弱统一理论的合理性。温伯格论文的引用量也开始了指数级的飙升。可是，合理的理论并不等同于正确的理论。大自然是否真的采用了格拉肖、温伯格和萨拉姆提出的模型呢？

这个问题在当时悬而未决。事实上，在很长一段时间内，答案似乎是否定的。

> 电弱统一理论的重要推论之一，便是预言了电中性的 Z 玻色子的存在。而在施温格等人早年提出的弱相互作用理论中，只存在带电的玻色子，并没有电中性的 Z 玻色子。Z 玻色子的存在，意味着弱相互作用不仅发生在电子、中微子身上，它也会发生在质子、中子身上。作用的机制，就是通过交换这种全新的电中性粒子。和电磁相互作用类似，在交换 Z 玻色子的过程中，粒子的类型不会发生改变。此类相互作用被称作"中性流"。显然，测试电弱统一理论的步骤之一，便是看看中性流是否真的存在。鉴于中微子只参与弱相互作用而不参与其他相互作用，它成了寻找中性流的最佳选择。

你或许还记得，格拉肖早在 1961 年就提出了中性流。这也是格拉肖的工作遭人忽视的原因。可是，格拉肖的模型并不完整。模型中粒子的质量是手动添加的。理论也是不可重整的，它对粒子质量的量子修正毫无办法。然而，温伯格和萨拉姆提出的电弱统一模型，预测了所有的细节要素，包括了Z玻色子的质量。特·霍夫特随后证明了这个模型和量子电动力学一样，是可重整的。模型计算中的量子修正是完全可控的。

以上特点确实是电弱统一理论的优点。可凡事皆有两面。既然预测得这么精确，如果实验观测与之不符，那么理论就没有任何模糊区间了。1967年，电弱统一理论遭遇过这样一次"危机"。在用高能中微子轰击质子的过程中，人们只观察到了有带电粒子参与的弱相互作用，并没有发现中性流。后者的反应概率，不可能超过前者的1/10。对于电弱统一理论来说，这是个坏消息。据此，大部分物理学家认定，中性流并不存在。

对于这一结果，温伯格并不死心。1971年他还在据理力争，认为实验和理论之间还有一定的模糊空间。然而，这并不是大多数人的想法。

"飞机"是隐形的

20世纪70年代早期，位于日内瓦的欧洲核子研究中心进行了一系列的高能物理实验。他们把质子加速到很高的能量，再用来轰击长距离靶材。因为靶材的距离很长，绝大部分碰撞产生的粒子会被靶材吸收。然而，中微子和靶材的作用非常弱，它们能够穿透靶材。随后，穿透靶材的高能中微子束会进入探测器中。这些中微子可能会和探测器材料发生少许的作用。探测器会将这些事件一一记录。

为了进行这个实验，人们建造了一个巨型的探测器。它叫作"加尔加梅勒"（Gargamelle），取自法国作家拉伯雷（Rabelais）笔下巨人之母的名字。加尔加梅勒是座圆柱形的"气泡室"，长约5米，直径2米，里面充满处于过热状态中的液体。当高能带电粒子穿过其中时，粒子所经过的径迹上会产生一连串的气泡。这就好像喷气式飞机在天空中拉出的白线。只不过在这里，"飞机"是隐形的。

有意思的是，在 1968 年，当实验物理学家开始策划加尔加梅勒时，没有一个人把搜索中性流当作实验目标——这印证了当时物理学界的普遍观点，即中性流并不存在。让这些人感兴趣的，是不久之前斯坦福直线加速器（Stanford Linear Accelerator）上进行的一个实验。通过加速产生的高能电子，斯坦福直线加速器探索了质子的结构。实验的结果激动人心。欧洲核子研究中心的科学家也试图跟进这个实验。他们的想法是让中微子取代电子来探索质子结构。因为中微子不带电，实验结果可能也会因此而更为清晰。

然而，到了 1972 年，因为特·霍夫特和韦尔特曼的证明，实验物理学家开始认真对待弱相互作用的规范理论了，特别是格拉肖 – 温伯格 – 萨拉姆的电弱统一理论。这就意味着实验物理学家们开始认真搜索中性流了。尽管设计报告上没有提，但从原则上讲，加尔加梅勒也可以用来搜索中性流。

当高能中微子束和靶材中的质子相互作用时，绝大部分都会转化为 μ 子。这些 μ 子可以穿透靶材，并在探测器边缘留下特有的长距离径迹。参与反应的质子会转化为中子。中子本身不产生径迹，但在和核子碰撞后，它会在很短的距离内发生簇射，产生许多可以在探测器中留下径迹的带电粒子。一次弱相互作用可以产生以上两个独立的信号。于是，实验的目标就是搜索 μ 子的径迹，以及中子产生的簇射。

有时候中微子会和探测器外的材料反应，反应产生的中子可能会落回探测器内，进而产生簇射。然而，在这种情况下，我们看不到和簇射相伴而生的 μ 子径迹。

可如果搜索的是中性流，以上没有 μ 子相伴的簇射就成了科学家们的关注焦点。在中性流过程中，中微子在和探测器中的核子反应后，只是简单地转变方向，逸出探测器，并不会转变为 μ 子。人们只会看到反冲的核子所产生的簇射信号——这个信号和上一段提到的背景信号一模一样。

于是，如果想用加尔加梅勒搜索中性流，人们就必须区分两类事件：前一种簇射是通过中子反应而产生的，后一种簇射是通过中微子反应而产生的。（类似的挑战在所有有弱相互作用参与的实验中都存在，其中就包括现在世界各地在进行的暗物质直接探测实验。）

1973 年年初，人们在探测器中发现了一个仅含反冲电子没有伴随其他带电粒子径迹的事件。这样的事件可能产生于中微子和电子的中性流反应过程中。当然，与中微子和核子的中性流反应相比，它的概率要小得多。在粒子物理学中，只观测到一个事件不足以表明这真的是个发现。可是，这个事件给了人们希望。同年 3 月，人们对实验的中子背景进行了更加细致的分析，并由此发现，实验所观测到的粒子簇射事件，足以表明中性流确实存在。欧洲核子研究中心的研究人员并没有马上宣布这一结果，他们对此又进行了大量的核实。直到同年 8 月，在检查工作完成的一个月后，研究人员们才在德国波恩举办的一次会议上宣布他们探测到了中性流。

这似乎是故事的完美结束。然而不幸的是，就在消息发布的不久之后，另一个致力于寻找中性流的实验组检查了自己的实验架构，发现原来探测到的信号事件其实并不存在。这给物理学界造成了极大的混乱，人们又一次怀疑中性流其实并不存在。最终，加尔加梅勒实验组从零开始，直接用质子束进行实验，并收集了比此前实验要多得多的数据。1974 年 6 月，大约在波恩会议结束的一年之后，加尔加梅勒实验组发表了实验结果，压倒性地确认了中性流确实存在。与此同时，那个竞争小组也发现了自己实验中的错误，并确认了加尔加梅勒的结果。格拉肖－温伯格－萨拉姆模型获得了证实。

人们发现了中性流，也获得了弱相互作用和电磁相互作用的大统一。然而，另外两件事情还有待解决。

首先，中微子散射过程中的中性流证实了 Z 玻色子确实存在。然而，这并不意味着弱相互作用就该依照格拉肖－温伯格－萨拉姆的电弱统一理论进行。为了验证这一点，我们需要一个既参与弱相互作用又参与电磁相互作用的粒子。电子，就是这样一个仅参与上述两个过程的粒子，也就成了理想的实验对象。

当电子和其他带电粒子进行电磁相互作用时，左旋的电子和右旋的电子没有什么区别。而依据电弱统一理论，左旋电子和右旋电子在弱相互作用过程中的行为会有所不同。这意味着在我们用极化的电子（我们通过磁场将电子调整为左旋或右旋状态）轰击靶材的过程中，我们会发现某种程度的宇称破缺。当然和中微子散射相比，这个宇称破缺要小得多（因为我们只有左旋的中微子，没有右旋的中微子）。通过对电子散射过程中宇称破缺程度的观测，我们能发现电磁相互作用和弱相互作用的混合比例，进而和电弱统一理论的预言进行比较。

事实上，早在 1958 年，杰出的苏联物理学家雅可夫·B. 泽尔多维奇（Yakov B. Zel'dovich）就提出过以上电子散射实验。然而，直到 20 年后，我们才有足够的精度进行这样的实验。和中性流实验一样，电子散射实验的发展并非一条坦途。

实验的一大困难在于弱相互作用真的相当弱。对电子而言，电磁相互作用远比弱相互作用要大得多，交换 Z 玻色子所造成的宇称破缺极小，其概率小于万分之一。想要测试如此小的对称性破缺，实验所需的粒子束不仅强度要高，初始时的极化状态还要相当好。

斯坦福直线加速器是进行以上实验的绝佳场所。斯坦福直线加速器始建于 1962 年，长约 3.2 千米，是当时世界上最长最直的建筑结构。早在 1970 年，人们就在加速器上测试了极化电子束。可直到 1978 年，人们才达到了测试电弱统一理论所需的实验精度，开始设计并运行电子散射实验。

1974 年中性流的发现，使得理论物理学家们普遍接受了电弱统一理论。然而在 1977 年，两个原子物理实验却宣称彻底排除了这一理论。这也使得 1978 年的斯坦福直线加速器实验成为人们关注的焦点。

我在本书中多次提到，光在物理学史上起着关键性的作用。它帮助我们理解了电和磁、时间和空间以及量子世界的本质。在这里，光又一次帮助我们探索了电弱统一理论。

量子电动力学的第一个伟大胜利在于成功地预测了氢原子光谱。此后人们还预测了其他原子的光谱。可是，如果电子还参与弱相互作用，电子和原子核的相互作用就会发生轻微改变，原子的轨道会变得略微不同。对很多过程来说，由于电磁相互作用比弱相互作用要大得多，我们无从观测以上变化。然而，如果弱相互作用真的破坏了对称性，那么它就能够在某些原子之中产生一类全新的效应。

这类效应在重子上表现得尤为明显。温伯格和萨拉姆的电弱统一理论预言，在偏振光通过原子气时，光会和原子发生中性流作用，随之而来的宇称破缺效应会使得光的偏振方向扭转百万分之一度。

1977 年，两篇独立的原子物理学实验论文同时出现在《物理学评论快报》上，作者分别来自华盛顿大学西雅图分校和牛津大学。两篇论文的结论令人沮丧。在实验中，人们并没有观测到偏振光的旋转，所得上限仅为电弱统一理论的 1/10。如果只有一个实验组发布结果，人们会许还会觉得理论和实验之间还有那么一些模糊地带。可现在，两个独立的实验小组，运用不同的实验技术，发现了相同的实验结果。结论似乎是板上钉钉——我们可以将电弱统一理论彻底排除了。

可不管怎样，斯坦福直线加速器实验早在三年前就开始了，现在已经万事俱备，就等 1978 年年初开始收集实验数据了。受到以上这些原子物理实验结果的影响，斯坦福直线加速器合作组给自己的实验加了一些其他的探测目标，借此来保证如果发现不了电弱统一理论预言的现象，他们还能探索一些其他的弱相互作用理论。

实验开始后的两个月内，人们就看到了宇称破缺的清晰信号。1978 年 6 月，斯坦福直线加速器合作组宣布实验发现了宇称破缺确实存在。观测结果和格拉肖 – 温伯格 – 萨拉姆的电弱统一模型的预测相吻合（这个预测需要知道 Z 玻色子的作用强度，具体数值由中微子散射实验给出）。

然而，斯坦福直线加速器的结果和西雅图 – 牛津实验的结果相矛盾。所以问题还没有解决。理查德·费曼在加州理工学院就这一主题做了报告，报告聚焦于一个特别的实验物理问题。他问斯坦福直线加速器的实验物理学家，探测器对左旋电子和右旋电子的响应是否一样。实验物理学家没有对此加以确认，因为没有一个理论预言探测器会对不同的极化电子产生不同的响应。（8 年之后，费曼在针对"挑战者"号爆炸的调查过程中大放异彩。在一次电视直播的听证会上，他通过简单的实验向人们展示了 O 形环如何在低温下丧失密封性。）

入秋之后，斯坦福直线加速器合作组改进了实验，排除了费曼以及其他一些物理学家的质疑。改进后的实验显示，其结果完全吻合格拉肖－温伯格－萨拉姆理论的预言，实验误差低于10%。电弱统一理论终于被证实了。

迄今为止，我还是不知道为什么当初那两个原子物理实验会给出错误的结果（随后的原子物理实验和电弱统一理论的预言相吻合）。没有人给出过合理的解释。我只知道，实验物理学相当难，对实验结果的理论解释也相当难。

斯坦福直线加速器实验完成一年之后的1979年9月，谢尔登·格拉肖、史蒂文·温伯格和阿卜杜勒·萨拉姆因提出电弱统一理论荣获诺贝尔物理学奖。电弱统一理论通过了实验的检验。它基于规范对称性将世界上的两大基本作用统一到了一起。如果规范对称性没有发生破缺，那么弱相互作用就会和电磁相互作用一模一样。可如果真的这样，许多粒子就会不带质量，也就不会有此时此地的你我……

当然，我们的故事还没有结束。我们只统一了四大基本相互作用中的两个。许多人梦寐以求的强相互作用，此刻尚没有一个合理的解释。任何关于强相互作用的自发对称性破缺理论，都没有通过实验的检验。

所以，当生活在20世纪的哲学家们走过漫长曲折的道路，从洞穴中走出来，一窥隐秘的真实世界时，他会惊讶地发现，在这幅美丽的世界图景之中，少了一个关于物质基础结构的重要的相互作用。

19
我们存活于一个
自由世界

　　电弱统一理论的发展过程体现了人类的才智和毅力，同时也展现了无心插柳的力量。杨振宁、米尔斯、汤川秀树、希格斯等人为了理解强相互作用，发明了诸多看似并不成功的理论。可这些理论却成为电弱统一理论的基石。让我们回头再看一下强相互作用和参与其中的粒子。它们使得 20 世纪 60 年代的粒子物理学陷入困境，使得许多物理学家认定量子场论无法解释强相互作用。可现在，量子场论既成功地描述了电磁相互作用，又成功地描述了弱相互作用。

　　在研究强相互作用的过程中，人们取得了一个重要成果。盖尔曼和茨威格认为，包括质子和中子在内的所有已发现的强相互作用粒子都由一种更基本的单元构成——它们被盖尔曼命名为"夸克"。夸克理论可以对所有当时已发现和未发现的强相互作用粒子进行分类。更为关键的是，盖尔曼在提出夸克模型的过程中使用了对称性的概念。通过对称性，人们可以从强相互作用产生的混乱数据中总结出一些规律。

　　可是，盖尔曼觉得夸克模型不过是一个数学技巧。夸克可以帮助人们对强相互作用粒子进行分类，可它本身并不是真实的粒子。毕竟，人们尚未在加速器或宇宙射线中发现任何自由状态下的夸克。当时物理学界对量子场论持批判态度，认为在核子尺度上，所有粒子都不是基本的。盖尔曼本人也受到这种思潮的影响。直到 1972 年，盖尔曼还如此认为："让我们总结一下我们的主要观点：借助夸克和某种胶子，我们或许能构造出一种具体的强子理论……鉴于我们的理论构筑于虚构的粒子，所以它和'自举模型'之间并不存在冲突。"

是时候彻底"杀死"量子场论了

当时有人试图通过杨－米尔斯理论来理解强相互作用，认为强相互作用的传递子是真实的规范玻色子。可在盖尔曼看来，这些努力是徒劳的，也是不可能的。强相互作用似乎只发生于核子尺度。如果它的传递子真的是规范玻色子，那么这个粒子就一定带质量。我们可以通过希格斯机制给强相互作用传递子以质量，可随之而来的"希格斯粒子"会发生强相互作用。这样的作用可以通过实验轻易地发现。可我们并没有在实验中看到这些现象。这也否定了强相互作用中希格斯机制的存在。更为重要的是，强相互作用相当强。此前，我们用规范理论对电弱相互作用进行了成功的描述。可如果我们把同样的量子场论技术应用于强相互作用，这些技术本身会失效。这也是为什么盖尔曼会提及"自举模型"的原因。在自举模型中，任何粒子都不是真正的基本粒子。它们的相互关系和埃舍尔（Escher）的名作《手画手》（*Drawing Hands*）如出一辙。自举模型充满了禅意。

在物理学理论的发展过程中，每当这样的僵局出现时，人们就会寻求实验的指导。粒子物理学在 1968 年所经历的过程也正是如此。这一年，亨利·肯德尔（Henry Kendall）、杰里·弗里德曼（Jerry Friedman）和理查德·泰勒（Richard Taylor）进行了一系列关键性的实验。他们使用新建的斯坦福直线加速器用高能电子轰击质子和中子。通过实验，人们发现核子内部存在着结构，而且这些结构相当奇怪，超出了所有人的预期。这是否是夸克造成的呢？

很快，理论物理学家们就找到了可能的解释。詹姆斯·比约肯（James Bjorken）证明，如果核子由完全不相互作用的点粒子组成，那么我们就可以解释实验中发现的"标度律"现象。费曼则更进一步，他称这些点粒子为"部分子"，认为它们是真实的，或许就是盖尔曼的夸克。

可惜，上述物理图景存在一个很大的问题，如果强相互作用粒子真的是由夸克组成的，那么夸克之间的作用就一定很强。那为什么核子中的夸克几乎不相互作用呢？

此外，1965 年，南部阳一郎、韩武荣（Moo-Young Han）和奥斯卡·格林伯格（Oscar Greenberg）证明，如果强相互作用粒子真的是由夸克组成的，而夸克真的是一种类似电子的费米子的话，那么仅当夸克带有某种全新的内部电荷时，我们才可以用夸克对已知的强相互作用粒子进行分类。这些内部电荷来自一个全新的非阿贝尔规范对称性。新的规范对称性的出现，意味着夸克之间的强相互作用通过与之对应的规范玻色子传递。我们称这些传递子为"胶子"。可胶子到底在哪里？夸克又到底在何方呢？如果它们真的组成了费曼所称的"部分子"，那为什么在核子内部，夸克之间的相互作用不是那么强呢？

另外，还有一个问题。质子和中子都参与弱相互作用。如果它们真的由夸克组成，那么夸克肯定要在强相互作用之外参与弱相互作用。盖尔曼模型中包含了三类夸克，它们排列组合成了当时已知的所有强相互作用粒子：介子由夸克－反夸克对组成；质子、中子由三个带分数电荷的夸克组成，它们被盖尔曼称作"上夸克"和"下夸克"：质子由两个上夸克和一个下夸克组成。中子由两个下夸克和一个上夸克组成。除了上夸克和下夸克以外，还有一种"重版"的下夸克，盖尔曼称之为"奇夸克"。它出现于一些并不常见的基本粒子之中，而那些带有奇夸克的粒子则被我们称作具有"奇异性"。

在中性流刚刚被提出来的时候，夸克模型就出现了一个问题。如果夸克也和 Z 玻色子相互作用，那么上夸克、下夸克和奇夸克就必须在中性流反应前后保持类型不变。然而，下夸克和奇夸克带有同样的电荷和同位旋，在和 Z 玻色子作用的过程中，奇夸克就有可能转换为下夸克。上述过程会使含有奇夸克的粒子衰变为含有下夸克的粒子，从而改变粒子的奇异性。可是，高强度实验并没有发现以上"改变粒子奇异性"的衰变。肯定有什么环节出了问题。

1970 年，谢尔登·格拉肖、约翰·伊利奥普洛斯（John Iliopoulos）、卢西亚诺·马亚尼（Luciano Maiani）合作解决了这一问题。它们认真研究了夸克模型，提出除上述三种夸克以外，还存在着第四种夸克，即"粲夸克"。粲夸克的电荷属性同上夸克一样。如果它确实存在，那么在计算奇夸克到下夸克的转换率时，几个量子过程会奇迹般地相互抵消，结果使得转换率相当低，同实验数据完全相符。

此外，在格拉肖－伊利奥普洛斯－马亚尼模型中，夸克、电子、μ 子等粒子之间存在着一种美妙的对称性。这些粒子都可以通过弱相互作用产生关联。电子可以和自身中微子配对，就像 μ 子一样。上夸克可以和下夸克配对，粲夸克可以和奇夸克配对。如果 W 玻色子和上述配对中的某个粒子作用，这个粒子就会转化为同一配对中的另一个粒子。

可格拉肖－伊利奥普洛斯－马亚尼模型还是没有解释强相互作用的关键问题。为什么没有人看到过夸克？此外，如果强相互作用真的是通过胶子传递的，那为什么没有人看到过胶子？如果胶子是零质量的，那为什么强相互作用是种短程力？

这些问题持续存在，使得人们觉得量子场论不是强相互作用的正确描述。量子电动力学的先驱弗里曼·戴森曾经感慨道："未来 100 年内，我们发现不了正确的强相互作用理论。"

在这批坚信量子场论注定失败的理论物理学家中，有一位杰出的年轻人，名叫戴维·格罗斯（David Gross）。格罗斯师承杰弗里·丘。丘是自举模型及核民主概念的发明人。在自举模型中，对称性是真实的，而粒子不是。所谓基本粒子不过是种幻象。格罗斯认定，是时候彻底"杀死"量子场论了。

正反夸克的相互作用

回想一下，直至 1965 年，也就是理查德·费曼荣获诺贝尔物理学奖的那一年，人们还觉得量子场论的重整不过是某种躲避无穷大的数学技巧——量子场论在小尺度上肯定是错误的。

20 世纪 50 年代，苏联物理学家列夫·朗道（Lev Landau）发现，电子的电荷大小取决于其测量尺度。真空中不断有虚粒子产生。电子以及其他基本粒子总被一团虚粒子 – 反虚粒子云所笼罩。这些虚粒子会对电荷产生类似介电材料的屏蔽效应。带正电的虚粒子会紧密缠绕在负电荷周围。从远处看来，就好像最初的负电荷减少了一样。

据此，朗道认为，在朝电子靠近的过程中，你会发现实际电荷变得越来越大。如果我们在某个很远的地方测得电荷的大小是个有限值（事实上这就是我们测到的），那么，这就意味着电子的裸电荷（指去除虚粒子屏蔽效应后的粒子电荷）是无穷大。上述物理图景显然存在问题。

除了其导师以外，还有一派流行的学说造成了格罗斯的成见。盖尔曼是20 世纪五六十年代粒子物理学界的巨人。他认为我们应该先从场论中得出些代数方程，再摈弃场论本身。他曾这样非常"盖尔曼式"地说道："我们或许可以把这个过程和法式料理进行类比：在烹制野鸡肉的过程中，要先用两片小牛肉将其包裹，烹饪完了以后再把它们扔掉。"

所以说，我们应该从夸克模型中抽象出那些有用的数学性质，然后再将夸克到底存不存在这个问题抛弃。然而，在格罗斯看来，上述借助全局对称性和代数方程来研究强相互作用的方法并没有什么吸引力。在詹姆斯·比约肯工作的基础上，格罗斯与合作者柯蒂斯·卡兰（Curtis Callan）发现，核子内部的带电粒子必须带有同电子一样的 1/2 自旋。此后，格罗斯与合作者分析了欧洲核子研究中心的中微子 – 质子散射实验。它们发现，在中微子散射质子的过程中，质子内部出现了类似夸克的内部结构。

如果某个东西看起来像鸭子，走起路来也像鸭子，那么它很可能就是鸭子。于是，格罗斯等人相信，夸克是真实存在的。

然而，除了相信夸克存在以外，格罗斯等人还相信量子场论不是强相互作用的正确描述。实验要求夸克几乎不相互作用，而不是强相互作用。

　　1969 年，格罗斯在普林斯顿大学的同事柯蒂斯·卡兰和库尔特·斯曼塞克（Kurt Symanzik）重新发现了一套曾被朗道、盖尔曼、弗朗西斯·洛（Francis Low）提出过的方程。这套方程描述了量子场论中的计算量如何随着能量尺度的改变而发生演化。如果斯坦福直线加速器发现的部分子确实有相互作用（如果它们由夸克组成，那就一定有相互作用），那么实际测量的结果就会和比约肯预言的"标度律"有所差别。格罗斯等人的研究结论也应进行相应的修改。

　　过了两年，特·霍夫特和维尔特曼发表了他们的证明，对电弱理论做出了一系列成功的预言。随后，越来越多的物理学家重新将关注焦点放在量子场论上。格罗斯打算做一个一般性的证明，即任何量子场论都无法解释斯坦福直线加速器发现的核子内部性质。借此，他想终结通过量子场论来研究强相互作用的尝试。首先他要证明，想要解释实验结果，粒子在小尺度上的相互作用强度就必须趋于零，即粒子之间几乎不存在相互作用。此后他要证明，没有任何量子场论具有以上性质。

　　上文提到，朗道发现，作为自洽量子场论的代表，量子电动力学有着同夸克完全相反的行为。由于虚粒子云的存在，随着尺度的减小，电荷的强度变得越来越大。

　　1973 年年初，格罗斯与合作者乔治·帕里西（Giorgio Parisi）完成了第一部分的证明。他们证明了在量子场论的框架下，斯坦福直线加速器发现的标度律确实意味着在小尺度下组成核子的粒子之间的强相互作用必须趋于零。

　　接下来，格罗斯想证明没有一个量子场论具有以上性质——随着尺度的缩小，作用强度趋于零。他称此为"渐近自由"。当时，哈佛大学的物理学家西德尼·科尔曼正在普林斯顿访问。在他的帮助下，格罗斯证明了几乎所有合理的量子场论都不是"渐近自由"的理论。唯一没证明的，只剩下杨 – 米尔斯型的规范理论了。

格罗斯当时带了一个 21 岁的研究生，弗朗克·韦尔切克（Frank Wilczek）。维尔切克本科就读于芝加哥大学，毕业后来到普林斯顿大学，打算学数学；在上了格罗斯教的场论课以后，他转学物理学。

不知是好运还是独具慧眼，格罗斯带出了我们这代人中最为出色的两位物理学家——弗朗克·韦尔切克和爱德华·威滕（Edward Witten）。后者引领了 20 世纪 80 年代和 90 年代的两次弦论革命，并成为唯一一名荣获数学最高奖——菲尔兹奖的物理学家。韦尔切克是名物理通才。80 年代初我和他就成了朋友，进行过频繁的合作。他是我的合作者中最具创意的物理学家之一。他还是一本活的百科全书。他阅读了几乎所有成文的物理学理论，将所有的信息全部吸收。这些年来，他对粒子物理学、宇宙学、材料物理学做出了不胜枚举的重要贡献。

格罗斯想证明杨－米尔斯理论同样不是一个渐近自由的理论。为此他需要确定当距离尺度变短时，杨－米尔斯理论的相互作用强度如何改变。格罗斯要韦尔切克和他一起探索这一遗留问题。他们决定要清晰、直接地计算相互作用强度随距离的变化。

这在当时是一项艰巨的任务。当然，现在我们已经有了足够多的理论工具，就难度而言，这个计算不过是物理系研究生们的家庭作业。此外，我们已经知道了问题的答案。知道答案总会让计算变得简单。在经历几个月的另起炉灶、频繁试错之后，1973 年 2 月，格罗斯和韦尔切克完成了他们的计算。计算的结果出乎格罗斯的意料。杨－米尔斯理论是渐近自由的——当粒子相互靠近时，作用强度会趋于零。格罗斯后来在诺贝尔奖演说中这样说："渐近自由的发现完全出乎我的预料。就像无神论者在燃烧的荆棘中听到神启之后会做的那样，我立马变成了虔诚的信徒。"

西德尼·科尔曼也给自己的学生戴维·波利策（David Politzer）布置了类似的作业。几乎在同一个时间，波利策完成了独立的计算。他的结果和格罗斯及韦尔切克的结果吻合。这也增强了两组人的自信。

他们发现杨－米尔斯理论不但是一类渐近自由的理论，而且是唯一一类具有渐近自由性质的理论。这使得格罗斯和韦尔切克在他们那篇划时代的论文开头提出，由于这个唯一性，又由于渐近自由是解释 1968 年斯坦福直线加速器实验的必要条件，或许杨－米尔斯理论可以解释强相互作用。

具体哪一种杨－米尔斯理论才是强相互作用的正确描述呢？为什么我们没有看到杨－米尔斯理论预言的胶子呢？与此相关或许也是最为重要的历史遗留问题是：夸克究竟在哪里？

在回答这些问题之前，你或许还有这样一个问题：为什么杨－米尔斯理论和它的兄弟量子电动力学，会有如此不同的性质？后者的相互作用强度会随距离的缩短而变大，正如朗道预言的那样。

其中的奥妙在于杨－米尔斯理论中胶子的属性。在量子电动力学中，光子不带电荷；可在杨－米尔斯理论中，胶子带非阿贝尔荷，而这允许胶子之间相互作用。较之量子电动力学，杨－米尔斯理论更为复杂。胶子的非阿贝尔荷也比电子的电荷要复杂得多。单个胶子的行为有点像带电粒子，又有点像微型磁铁。

将一小块磁铁靠近铁块，铁块会被磁化，最终你会得到一块强力大磁铁。类似过程也在杨－米尔斯理论中发生。假设我有一个带非阿贝尔荷的粒子，例如夸克。夸克－反夸克对可以从真空中产生，它们缠绕在最初的夸克周围，产生屏蔽效应。以上过程和量子电动力学一样。可在此外，胶子同样可以在真空中产生。它们的行为有点像微型磁铁，会沿着最初那个夸克所产生的杨－米尔斯场方向排列。而这一行为增加了杨－米尔斯场的强度，也会让更多的胶子从真空中产生，这又进一步增加了场的强度，如此循环往复。

结果，当你深入夸克周围的胶子云内部时，你会发现场的强度在不断降低。最终，当你把两个夸克靠得很近后，强相互作用会变得相当弱，就好像这个作用根本就不存在那样。此即为渐近自由。

上述论述中，我用了胶子、夸克这样的名称。事实上，渐近自由在杨－米尔斯理论中是相当普遍的。它并没有为我们指明哪种杨－米尔斯理论是强相互作用的正确描述。此时，格罗斯和韦尔切克认识到，正确的杨－米尔斯理论或许就是格林伯格等人提出的理论。只有在格林伯格理论的框架下，我们才能通过夸克对已观测到的基本粒子进行分类。在格林伯格理论中，一个夸克可以带有三种不同"颜色"（实在是没有更好的名字了）荷中的一种，即红、绿、蓝。盖尔曼为这种杨－米尔斯理论造了一个名字："量子色动力学"。就像量子电动力学是关于电荷的量子理论，量子色动力学是关于色荷的量子理论。

由于实验观测支持这样一个带有特定对称性的夸克模型，格罗斯和韦尔切克指出，量子色动力学是正确描述夸克之间强相互作用的规范理论。

在渐近自由提出后不到一年的时间内，这个重要的理论获得了有力的实验支持，同时也有了更多的理论发展。在斯坦福直线加速器和纽约长岛布鲁克海文国家实验室的加速器有了出人意料的发现。他们观测到了一种全新的带质量的基本粒子。这种全新的粒子似乎是由一类全新的夸克组成的——它们就是格拉肖及其合作者们在 4 年之前提出的粲夸克。

这个发现的特别之处在于，新粒子的寿命大大超出其他强相互作用粒子的寿命。一个参与实验的物理学家这样评价：发现这个粒子就像进入一片深山老林，然后发现一群全新的人类，他们生活在那里的历史远远不止 100 年，而是 1 万年。

如果把发现的时间前移 5 年，那么这个粒子的出现一定是莫名其妙的。在真实的历史中，好运垂青了有准备的人。哈佛大学的汤姆·阿佩尔奎斯特（Tom Appelquist）和戴维·波利策很快就意识到，如果渐近自由真的是强相互作用的属性，那么大质量夸克间的相互作用就一定比小质量的同类夸克间的相互作用要弱。更弱的相互作用意味着更长的衰变时间，也就是粒子寿命。就这样，一个原本的谜题现在成了支持渐近自由的证据。一切似乎都已经就绪。

可还有一件大事尚未完成。如果量子色动力学真的是一个关于夸克、胶子及其相互作用的理论，那么夸克和胶子到底在哪里？为什么没有任何一个实验发现过它们？

渐近自由为我们提供了解决这一难题的关键线索。当夸克相互靠近，强相互作用就会变弱；而当夸克相互远离时，强相互作用就会变强。让我们想象一下这样一个场景：我的手上有一对正反夸克，它们因强相互作用相互结合。现在我试图分离它们。在这一过程中，由于强相互作用的强度会随着夸克间距的增加而变强，我就要用愈来愈多的能量。最终，这对夸克之间的杨—米尔斯场贮存了足够多的能量，以至于可以从真空中产生一对实的正反夸克。这两个新产生的夸克各自和原来的夸克结合。下图展示了上述过程：

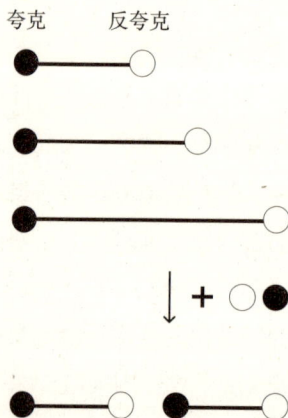

夸克　　　反夸克

正反夸克对的行为就和橡皮筋一样，它不能被无限地拉伸下去。拉过头了，就会变成两段。每一段就代表了一对新的正反夸克。

对粒子物理学实验来说，这又意味着什么呢？如果我们加速一个电子，再让它和质子内部的夸克对撞，高能电子能把夸克敲出质子。可在夸克逃离质子的过程中，它和留在质子内部的夸克相互作用，这一作用逐步变强。最终，作用强到足以在真空中产生出新的正反夸克对。它们中的一个和逃逸夸克结合，另一个和留在质子内部的夸克结合。这就意味着，对撞将会产生包括质子、中子、π介子在内的强相互作用粒子簇射。一组簇射发生于逃逸夸克的运动方向，另一组簇射发生于剩余夸克的运动方向。人们永远也看不到夸克的真身。

同样，如果某个粒子和夸克对撞，在碰撞之后，与反夸克结合之前，这个夸克可能会释放出胶子。胶子在和夸克作用之外，还会自相互作用。胶子会产生更多的胶子。这些胶子会被从真空中产生的夸克所包围，从而在胶子运动方向形成新的强相互作用粒子。在这种情况下，人们预期会看到多组簇射。其中一组沿着原来夸克的方向运动，另外几组沿着夸克沿途所释放的胶子的方向运动。

量子色动力学是一个具体的、有完整定义的理论。人们可以预言夸克释放胶子的速率。根据入射电子的情况，有时人们能看到一组簇射（又称喷注），有时人们能看到两组簇射。后来，当加速器的能量足够高的时候，我们看到了以上这些过程，人们观测到的速率和理论预期相当一致。

我们有充分的理由相信，一旦有自由的夸克和胶子，它们就会快速地被新产生的正反夸克对束缚。这就解释了为什么没有人看到过自由的夸克和胶子。由于夸克和胶子总是被束缚在诸如质子和中子这样的强相互作用粒子中，这一现象就称作"禁闭"。在试图重获自由的过程中，夸克和胶子总会被新产生的强相互作用粒子重新禁闭。

在禁闭过程中，随着夸克间距的增加，它们之间的强相互作用也会变得越来越强。而标准的量子场论计算只适用于相互作用较弱的情况，不适用于相互作用很强的情况。所以说，对于上述物理图景，目前我们还只有实验上的验证，没有从理论上加以确认。

我们能不能发展出必要的数学工具，然后从第一性原理出发证明禁闭确实是量子色动力学的基本属性？这是个价值百万美元的问题。克雷数学研究所宣布了一项百万美元大奖，赢取的条件是要从数学上严格证明量子色动力学不会允许自由夸克或胶子的产生。尽管还没有人拿出这样的证明，我们还是可以基于实验观测和数值仿真间接地支持这个想法。这些支持不是百分之百的证明，却足以令人振奋。当然，我们还要证明禁闭不仅仅是数值仿真的属性，还是真实的量子色动力学的属性。可我是一名物理学家，不是数学家，我觉得禁闭确实会发生。

支持量子色动力学的最后一点证据来自一个特别的能量区间。在那个能量区间，我们能够进行精确的强相互作用计算。在小尺度上，夸克不是完全不相互作用的，这就会导致实际观测的高能电子、核子间的散射结果（最早在斯坦福直线加速器中心进行）和标度律产生偏差。零偏差，意味着粒子之间完全没有相互作用。然而，在这个可以进行计算的能量区间，计算预期的偏差值相当小。这就要求加速器的灵敏度数倍于最初的斯坦福直线加速器。为此，我们设计了全新的高能加速器以一探究竟。在量子色动力学提出的 30 年后，我们已经累积了足够的证据，发现理论和实验的偏差程度在 1% 以下。通过细致精确的比较，我们验证了量子色动力学确实是正确的强相互作用理论。

格罗斯、韦尔切克和波利策因为发现渐近自由而荣获 2004 年的诺贝尔物理学奖。更早的时候，那些在斯坦福直线加速器中心发现标度律的实验物理学家们，因为这个正确指导理论发展的关键性实验而荣获 1990 年的诺贝尔物理学奖。而 1974 年发现粲夸克的实验物理学家们则在两年之后的 1976 年获得了诺贝尔物理学奖。

然而，诚如理查德·费曼所言，对物理学家来说，最大的奖赏并不是哪块奖牌或一大堆钞票，也不是同事和大众们的溢美之词，最大的奖赏是悟到了宇宙的新奥秘。

那些和我们存在有关的“基本量”并不是基本的

从某种意义上说，20 世纪 70 年代或许是 20 世纪最为光辉的 10 年，甚至可以说是整段物理学史上最为光辉的 10 年。1970 年，尚且只有一种基本相互作用有着完整的量子描述——量子电动力学；可到了 1979 年，我们已经发展并验证了人类思想史上的巅峰——粒子物理标准模型。它准确描述了四大已知基本相互作用中的三种。从伽利略对运动本质的研究，到牛顿发现运动三定律，从对电磁现象的理论及实验分析，到爱因斯坦统一时空，从发现原子核、量子力学、质子、中子，到发现弱相互作用和强相互作用，这些贯穿于整段现代科学史的种种努力，结出了粒子物理学的标准模型。

可在这条通向光明的漫长征途之中，最为引人瞩目的，还是真实世界和我们每天生活的影子世界间的区别。最为重要的是，那些和我们存在有关的"基本量"似乎并不是基本的。

我们知道物质是由夸克、胶子这样的粒子构成的。我们过去从未直接看到过它们，将来也永远不可能直接看到它们。这些粒子（这里还要包括电子，它是过去百年实验物理学的基础）之间的相互作用，和我们日常所见的事物性质极为不同。质子、中子间的强相互作用，是更加微观层面上的夸克相互作用造成的。这一复杂的相互作用总被隐藏在核子之内。弱相互作用和电磁相互作用从表面上看完全不同，前者是短程力，后者是长程力，前者比后者弱一千倍；可事实上，它们是同一相互作用的两个不同侧面。

一个意外的发生使得我们对以上真相一无所知。这就是自发对称性破缺，它让电磁相互作用和弱相互作用隐藏它们的真实属性，在我们的世界中成为两种完全不同的相互作用。更为重要的是，构成你我的粒子之所以有质量，光子之所以无质量，全在于自发对称性破缺这个意外。如果这个对称性不发生破缺，我们的宇宙就会变得完全不同，星系、恒星、行星、人类、鸟儿、蜜蜂，都不会存在。

此外，我们还知道有些构成你我的粒子，只是粒子家族的一部分。我们观测到的粒子构成了若干"世代"。比如说，构成核子的上下夸克，再加上电子和电子中微子，形成了第一世代。可是，我们并不明白，为什么还有一代更重的粒子，这代粒子包括粲夸克、奇夸克、μ 子和 μ 子中微子。最后，过去一二十年的物理实验还发现，除了以上两代粒子之外，我们还有一代更重的粒子，这代粒子包括顶夸克、底夸克、τ 子和 τ 子中微子。

除了以上粒子以外，正如我下文要说的那样，我们有充分的理由相信还有一些存在却从没被我们观测到的粒子。这些粒子构成了神秘的暗物质，它们占据了星系的大部分质量，可我们却无法从望远镜中看到它们。可是，我们的观测和理论表明，如果没有暗物质，星系和恒星根本就不会存在。

在这些掌握万事万物的相互作用核心，是一种名为"规范对称性"的数学结构。所有的相互作用，包括强、弱、电磁甚至引力，都包含有这样的数学结构。对强、弱、电磁相互作用来说，规范对称性消除了理论计算中的无穷大，使得理论在数学上合理，可以和实验相互比较。

除了电磁相互作用以外，我们完全看不到其他的对称性。我们看不到强相互作用背后的规范对称性，这是因为禁闭隐藏了可以挑明这一对称性的基本粒子；我们看不到弱相互作用背后的规范对称性，这是因为这个对称性发生了破缺，产生出质量很大的 W 玻色子及 Z 玻色子。

W 玻色子和 Z 玻色子，我们房间里的两头大象

日常生活里看到的影子真的只是影子。从这个意义上讲，自柏拉图提出洞穴寓言以来的两千多年来，人类历史上最伟大的故事以他所想象的形式徐徐展开。

然而，尽管我们的故事如此引人注目，我们房间里还是有两头大象。它们是我们故事的两大主角。没有了它们，我们故事的一些关键层面或许不过是理论物理学家们的异想天开。

首先是 W 玻色子和 Z 玻色子。20 世纪 60 年代，它们就被人们提出来解释弱相互作用。人们预期它们的质量是质子、中子质量的 100 倍。可它们的存在依然不过是理论假设，尽管它们存在的间接证据已经具有压倒性的说服力。此外，人类若要存在，电弱相互作用的对称性就必须发生破缺，这需要一个无形却充满整个宇宙空间的场，它就是人们预言中的希格斯场。

一方面我们在庆祝我们有了一个能够理解我们如何存在的理论，另一方面我们要假设有一个充满所有空间的无形的场，这听起来有些像宗教庆典，而不是科学理论。为了确保我们的信仰来自真正的现实，而不是我们希望的现实，为了给科学正名，我们必须发现希格斯场。只有在确实发现希格斯场之后，我们才知道我们对于这个世界来说真的无足轻重，就像霜花上的那些小人。或许，更准确的表达是，我们的特殊性，就像实验室中的超导体之于

普通带电阻的导线。

完成这项任务的实验努力，和理论发展比起来丝毫不见得轻松。从很多层面上看，实验更加艰巨。它经历了五十余年。其间，实验物理学家们发展了人类有史以来最困难的制造技术。

20
让粒子对撞，发现
新粒子

20 世纪 70 年代末，物理世界是理论物理学家们的天下。他们高奏凯歌，得意扬扬。标准模型已经日臻完善，接下来该征服什么呢？人们重新点燃了对万物至理的追求。这个人们渴望已久的理论又一次进入理论物理学家们的视野。

然而，W 玻色子和 Z 玻色子依旧不知所踪。直接观测它们是项艰巨的挑战。标准模型精确地预测了二者的质量约为质子质量的 90 倍。通过一些简单的物理推理，我们便能了解为什么产生这些大质量粒子如此困难。

爱因斯坦的质能方程 $E = mc^2$ 告诉我们，通过加速，我们能把粒子的能量转换成粒子的质量。转换后的质量可以数倍于粒子的静质量。接下来，我们让加速后的粒子轰击靶材，看看碰撞过程中有没有产生新的粒子。

在以上过程中，新粒子能否产生取决于"质心能量"。问题就在于此。具体来说（如果你还没被公式弄晕），质心能量等于根号下两倍的加速粒子能量乘以靶粒子静质量。如果我们把一个粒子加速到 100 倍质子质量（质子质量为 1 京电子伏，即 1GeV。100 倍质子质量即 100GeV），再让它和静止的质子对撞，所产生的质心能量大约为 14GeV。1972 年，世界上能量最高的固定靶加速器的质心能量略低于这个值。

建造高能加速器，让两束粒子对撞

为了产生像 W 玻色子和 Z 玻色子这样的大质量粒子，我们需要另起炉灶，让两束粒子对撞。对撞粒子的质心能量等于两束粒子的能量之和。如果我们有两束 100GeV 的粒子对撞，我们就能得到 200GeV 的质心能量。这部分能量可以转成新粒子的质量。

既然对撞这么好，那为什么加速器还是采用固定靶方案呢？答案很简单。如果我朝谷堆射击，不管我的准星如何，子弹或多或少总能打到些东西。可如果我朝一发向我射来的子弹射击，想要百分之百地击中这枚子弹，我的枪械和枪法必须前无古人。

这便是实验物理学家们在 1976 年所面临的挑战。人们对待标准模型的态度相当认真，认为值得为之付出时间、精力和金钱。

然而，没人知道到底该怎样建这样一台高能加速器。当时，物理学家们已经可以把单束的粒子或反粒子加速到很高的能量。1976 年，人们已经可以把质子加速到 500GeV，把电子加速到 50GeV。在更低的能量上，人们已经成功地实现了正负电子对撞。正是通过正负电子对撞，人们于 1974 年发现了粲夸克及其反夸克。

相比于电子，质子的质量更大。相应地，我们更容易把质子加速到很高的能量。1976 年，欧洲核子研究中心位于日内瓦的超级质子同步加速器（Super Proton Synchrotron, SPS）把质子加速到了 400GeV。然而，就在这个加速器开机前，美国费米国家实验室的加速器把质子加速到了 500GeV。在 1976 年 6 月的一次中微子会议上，物理学家卡洛·鲁比亚（Carlo Rubbia）、彼得·麦克泰尔（Peter McIntyre）和戴维·克莱宁（David Cline）提议，把超级质子同步加速器改装成一台质子－反质子对撞机。这样欧洲核子研究中心就有可能产生 W 玻色子和 Z 玻色子了。

他们的设想如下：让质子和反质子朝相反的方向沿同一个圆形隧道加速。由于二者的电荷相反，加速器正好可以在相反方向上对二者同时加速。单从理论上看，以上设想可以实现。

尽管方案的逻辑很清晰，但要具体实现还有很多问题尚待解决。首先，鉴于弱相互作用非常弱，我们需要对撞几千亿对质子－反质子，才有可能产生若干个 W 玻色子或 Z 玻色子。可产生和富集反质子是件很难的事。

其次，想象一下，在同一圆形管道中，有两束粒子朝相反方向前进。这两束粒子可以在管道的任何地方对撞。而对撞发生的地点不一定有探测器。似乎我们会为碰撞过多而烦恼，而实际情况恰恰相反。尽管管道的截面看上去很小，可和质子－反质子的散射截面一比，则非常大。只有把两束粒子压得很近之后，我们才有可能让它们在强磁场的驱动下加速、转向、对撞。想要做到这一点，我们必须产生非常多的反质子。而这又是一项几乎不可能完成的任务。

想要实现以上计划，就要说服欧洲核子研究中心改造世界上能量最高的加速器，再在法国和瑞士的边界修建一条 8000 米长的圆形隧道。对于大多数人来说，这是项困难的工作。担下这个任务的是大嗓门的卡洛·鲁比亚。如果你敢挡鲁比亚的路，他一定会让你后悔。18 年内，鲁比亚每周都会在欧洲核子研究中心和他执教的哈佛大学之间往返。尽管他在哈佛的办公室比我的高两层，但我总能轻松地知道他什么时候回来，因为他的嗓门太大了。此外，鲁比亚有个不错的观点。他向欧洲核子研究中心建议，与其运行这台"多一台不多，少一台不少"的加速器，不如把它升级成全世界最激动人心的加速器。为了推进这一改建，谢尔登·格拉肖也对欧洲核子研究中心的总干事说过："你是想走呢，还是想飞？"

当然，想飞还得有翅膀。我们需要产生、储存、加速、聚焦反粒子束。这项艰巨的工作落到了一位欧洲核子研究中心的加速器专家——西蒙·范德梅尔（Simon van der Meer）身上。范德梅尔处理方法非常聪明。很多物理学家第一次听到他的方案时，都以为它违背了某个热力学基础定律：首先，我们会在圆形管道的一处测量束流粒子的性质，再把测得的信号发给下游的磁铁。这些磁铁可以让粒子的能量和运动方向发生轻微的改变。在重复多次之后，人们可以把粒子束聚焦得特别窄。以上方法称为"随即冷却"，它能让那些逸出束流中心区域的粒子重新回到束流之中。

在范德梅尔和鲁比亚的推动之下，1981年加速器按计划投入运行。在加速器建设过程中，鲁比亚组建了全世界最大的物理合作组，为加速器建设了配套的探测器。这台探测器可以从十亿次质子–反质子对撞中找出那屈指可数的W玻色子或Z玻色子。当然，鲁比亚所在的合作组并不唯一。当时，另一个欧洲核子研究中心的合作组也在找W玻色子和Z玻色子。面对重要的发现，我们就该保持一定的冗余。

对这些实验来说，从巨大的背景中发现难得的信号并不轻松。还记得吗？质子是由众多夸克组成的。单就一次质子–反质子对撞来说，很多事情都可能发生。此外，我们无法直接观测W玻色子和Z玻色子。我们只能观测这些粒子衰变后的产物——就W玻色子而言，它会衰变成电子和电子中微子。我们无法直接观测中微子。为此，实验物理学家会把一次事件中所有出射粒子的动量和能量加起来，看看是否存在大量的"缺失能量"。缺失能量的存在意味着对撞过程中可能产生了中微子。

1982年12月，鲁比亚及其合作者观测到了一个可能的W玻色子事件。鲁比亚急于将这个结果公之于世，但他的合作者们更加谨慎。他们的谨慎事出有因。鲁比亚有一段糟糕的历史，他所发现的一些东西后来证明并不存在。这段时间，鲁比亚还是忍不住向世界各地的物理学家透露了一些W玻色子事件的细节。

过了几周，鲁比亚所在的UA1合作组又发现了5个可能的W玻色子事件。为确保这些可能事件的真实性，UA1合作组的物理学家对它们进行了更为严格的核查。1983年1月20日，鲁比亚在欧洲核子研究中心做了一场令人难忘的精彩报告，公布了以上结果。全体听众起立鼓掌，整个物理学界为之折服。几天后，鲁比亚把以上发现写成论文，投给《物理快报》。实测的 W 玻色子质量和标准模型的预期相符。

当然，搜索工作并没有结束。人们还是没有看到 Z 玻色子。Z 玻色子的理论预期质量比 W 玻色子要高，这也意味着观测 Z 玻色子要更加困难一点。在公布发现 W 玻色子后的一个月内，欧洲核子研究中心的两个合作组都看到了一个清晰的 Z 玻色子候选事件。同年 5 月 27 日，鲁比亚宣布欧洲核子研究中心发现了 Z 玻色子。

就这样，人们发现了电弱模型所预期的规范玻色子。这些发现意义重大，它们巩固了标准模型的实验基础。差不多一年之后，鲁比亚和范德梅尔就荣获了诺贝尔物理学奖。实际上，加速器的制造团队和运行团队都相当庞大。尽管如此，没有人敢否定鲁比亚和范德梅尔的贡献举足轻重。没有鲁比亚持之以恒的推进，没有范德梅尔精妙的发明创新，W 玻色子和 Z 玻色子就不可能被人们发现。

希格斯粒子，粒子物理的大圣杯

现在，希格斯粒子成了唯一剩下的粒子物理大圣杯。和 W 玻色子及 Z 玻色子的情况不同，标准模型并没有给出希格斯粒子的具体质量。理论只给了希格斯粒子与 W 玻色子、Z 玻色子、费米子的耦合强度。这些耦合强度的存在，告诉我们规范对称性确实发生了破缺，希格斯场确实存在。它把质量赋予了 W 玻色子、Z 玻色子、电子、μ 子、夸克——事实上，它把质量赋予了标准模型中除光子和中微子以外的所有粒子。然而，没有实验测出希格斯粒子的质量，也没有实验测出希格斯粒子的自相互作用强度。可标准模型还是告诉我们，通过测量已知粒子的弱相互作用强度，我们可以确定出希格斯粒子质量及其自相互作用强度之间的比值。

在此基础上，我们对希格斯粒子的自相互作用强度做了一些数量级上的估计，从而确定出其质量应该在 2GeV 到 2000GeV 之间。2000GeV 的质量上限由自相互作用的强度上限而来。超过了这个强度上限，希格斯粒子的作用过程会变得相当剧烈，基于量子场论的计算就不再适用了。

除了破缺电弱对称性和赋予基本粒子质量之外，当时的实验无法定量给出希格斯粒子的许多细节。为此，在 20 世纪 80 年代，格拉肖把希格斯粒子称作现代物理的"厕所"。每个人都知道它一定存在，可没人想在公开场合谈论它的细节。

尽管标准模型没有给出希格斯粒子的细节，许多理论物理学家还是提出了自己的模型，"预测"了希格斯粒子的质量。20 世纪 80 年代初，加速器的能量不断升高。每有一台新的机器上线，就会有一批论文出来预言这台机器一定能发现希格斯粒子。可当新机器运行到能量阈值之后，人们往往什么都没能发现。为了搞清楚希格斯粒子是否存在，我们必须探索全部的参数空间，这就需要建造一台革命性的加速器。

那段时期，我一度坚信希格斯粒子并不存在。当然，电弱规范对称性破缺确实已经发生，不然 W 玻色子和 Z 玻色子就不带质量了。然而，对我而言，为了完成这一任务而专门设计一种基础标量场，显得并不自然。首先，人们并没有发现存在其他基础标量场。此外，我以为大自然会用一种更加出人意料、不可思议的方式破坏电弱规范对称性。假设我们真的发现了希格斯粒子，一个很自然的问题就是："为什么会这样？"更具体地说："为什么希格斯场会在这个能量尺度上发生凝聚？希格斯粒子的质量又为什么是这个值？"我以为大自然并不会如此随意地破缺对称性。在哈佛做博士后期间，我强烈地表达了以上观点。

让我们回头看一看，希格斯粒子的存在究竟意味着什么。它不仅意味着世界上存在着一类全新的粒子，它也意味着宇宙中存在着一个弥漫于整个空间的无形的场，它还意味着所有的粒子——W 玻色子、Z 玻色子、电子、夸克——在基础理论中其实都是不带质量的。它们的质量来自其与希格斯场的相互作用。这种作用就像是一种阻力。因为阻力的存在，它们不再以光速向前运动——这就好像在蜜糖里游泳比在水里游泳要慢得多。

如果粒子的运动速度低于光速，它们就仿佛带上了一个质量。那些和希格斯场强烈作用的粒子会受到更大的阻力，也让它们看上去更重。这就好像在泥地里推车和在公路上推车相比，我们感觉泥地里的车更重。

这是一个值得注意的宇宙特性。上文提到，在超导体中，电子凝聚成非常复杂的库珀对。可在宇宙的真空中，事情却相当简单明了。对此我深表怀疑。

到底该怎样进一步探索呢？我们要用到一个量子场论的核心属性，这也是希格斯提出希格斯理论时所研究的性质。对每一个场来说，它一定会对应至少一种基本粒子。假设某个场确实存在，我们又该如何产生这个场所对应的粒子呢？

答案很简单：我们要敲击真空。

具体来说，我们要在空间的一点上聚集足够多的能量，这样我们才能激发出真实的希格斯粒子，并对其进行测量。让我们用费曼图来做一些具体理解。想象一下，一个希格斯场中的虚希格斯粒子赋予了其他粒子质量。左图展示的是虚希格斯粒子同夸克或电子的相互作用，夸克或电子的运动方向因此发生了曲折，这就是它们运动受阻的原因。右图展示了虚希格斯粒子同 W 玻色子及 Z 玻色子的相互作用，其效应同左图一样：

现在，让我们把两幅图反转过来：

反转过来后，我们看到当高能的 W 玻色子对、Z 玻色子对、夸克－反夸克、电子－正电子相互碰撞时，它们会释放虚希格斯粒子。请注意，如果入射粒子的能量足够高，它们释放的就是实希格斯粒子。如果能量不够，放出的就是虚粒子。

回想一下，希格斯粒子赋予其他粒子质量。一个粒子和希格斯粒子作用越强，它的质量也就越大。反过来看，这也意味着越重的粒子越有可能释放出希格斯粒子。这也意味着，正负电子对撞可能不是直接产生希格斯粒子的最佳方案。相反，我们需要一台能量足够高的加速器，它能产生非常重的虚粒子，再由这些大质量的虚粒子释放出希格斯粒子。

为了达到这个目的，我们要选择质子加速器。质子加速器先把质子加速到足够大能量，再让它们对撞，对撞过程中会产生大质量的虚粒子，这些虚粒子又会产生希格斯粒子。不管虚实如何，对撞产生的粒子会快速发生衰变。它们会快速衰变到那些和希格斯粒子强烈作用的粒子——顶夸克、底夸克、W玻色子、Z玻色子。此后，这些衰变产物会继续衰变成其他粒子。

其中有一个诀窍，我们希望出射的粒子数目尽可能少，这样我们就可以清楚地测量它们，确定它们的能量和动量，再看看它们能否重构出某个和希格斯粒子作用的中间粒子。这件任务可不轻松。

早在1977年，人们就明白了以上想法。当时，人们还不知道顶夸克的存在。（当然，人们已经发现了底夸克。由于所有夸克在弱相互作用中都成对出现——例如上夸克和下夸克，粲夸克和奇夸克——人们预期底夸克肯定也有对应的夸克。可直到1995年，人们才最终发现了顶夸克。它的质量是质子质量的175倍。）可是，明白以上想法，和真正制造一台机器实现以上想法，二者不可同日而语。

21

21世纪大教堂

不论是在确认电弱理论的 1978 年，还是在发现 W 玻色子和 Z 玻色子的 1983 年，探测希格斯粒子所需的质子加速能量远超世界上所有加速器的能量上限。想要探测希格斯粒子，我们必须把加速能量提高至少 10 倍。简单地说，我们需要一台超级对撞机。

第二次世界大战结束后，美国一直引领着世界科技的发展潮流，也理应是超级对撞机的诞生之地。可在 1984 年，欧洲核子研究中心成为世界粒子物理实验的领导者。美国人的自尊心大受打击。在欧洲核子研究中心宣布发现 W 玻色子和 Z 玻色子的 6 天之后，《纽约时报》发表社论："欧洲对美国，3∶0！"[1]

发现 Z 玻色子后的一周，美国取消了在纽约长岛建设一座中型加速器的计划。美国科学家们想要建设一座大型加速器。这座大型加速器的质心能量大约是欧洲核子研究中心的超级质子同步加速器的 100 倍。

---

[1] 3 指的是带正负电荷的两种 W 玻色子，以及电中性的 Z 玻色子。——译者注

这座大型加速器的一项必要组成，便是全新的超导磁铁。所以，这个大型加速器被命名为"超导超级对撞机"（Superconducting Super Collider，SSC）。

1983 年，美国粒子物理学界正式提出了这一计划。不出意外，各州开始对这个巨型项目你争我夺。每个州都想从超导超级对撞机的建设和运行中分到一杯羹。在漫长的政治交易和科学纷争之后，人们把加速器的建设地点选在得克萨斯州达拉斯市以南的沃克西哈奇（Waxahachies）。不管选址的原因究竟如何，鉴于和超导超级对撞机有关的一切东西都非常大，得克萨斯州是个挺合适的选择。1987 年，里根总统批准了这一选址。

建设超导超级对撞机需要挖一条 87 千米长的环形地下隧道。这也将是世界上最长的地下隧道。超导超级对撞机的占地比当时最大的物理实验项目还要大 20 倍。加速器会把两束质子加速到 20 000GeV，再让它们对撞。对撞能量比欧洲核子研究中心的超级质子同步加速器要大 100 倍。运行这样强大的加速器，需要 10 000 块超导磁铁。这些磁铁要能产生超强磁场。磁场的强度之高，超出了当时人们已有的技术水平。

然而，不断超出的建设成本，国际合作的缺乏，美国经济的不景气，以及各种各样的政治斗争，使得超导超级对撞机在 1993 年 10 月寿终正寝。我对这一时刻记忆犹新。当时，我从耶鲁大学转到了凯斯西储大学，担任物理系主任。我的任务之一就是要扩充物理系，在 5 年之内找到 12 位新教员。我们在 1993 年到 1994 年期间打出了第一波广告。在收到的申请中，有 200 余份来自超导超级对撞机的资深科学家。这些科学家既没了工作，也没了职业前途。他们中的许多人非常资深。他们为了超导超级对撞机，义无反顾地放弃了知名大学的教授职位。这确实令人悲哀。他们中的多数人最终选择了离开物理学界。

1987 年，超导超级对撞机的预算是 44 亿美元，至取消项目的 1993 年，预算涨到了 120 亿美元。这在当时是一大笔钱，放到现在还是一大笔钱。然而，取消这个项目并非毫无争议。为了超导超级对撞机，美国已经投入了 20 亿美元，地下隧道也已经挖了 24 千米。

取消超导超级对撞机并不是一项简单的决定。然而人们低估了其产生的负面影响。我们丧失了很多极具天赋的实验物理学家和加速器专家，我们也丧失了加速器项目可能会带来的科技进步以及经济发展。更为重要的是，如果我们真的按照原来的计划建成了超导超级对撞机，一些我们现在正在全力解决的物理学难题，可能早在10多年前就被我们解决了。知道这些问题的答案后会发生什么呢？我们永远都不会知道了。

超导超级对撞机的建设和启动需要120亿美元，时间跨度为10~15年。也就是说，每一年，我们要在超导超级对撞机上花10亿美元。可对联邦预算来说，10亿美元并不是一个很大的数目。很多知道我的人都了解我的既有观点，所以不要对我以下的建议感觉吃惊：如果美国可以削减一点点臃肿的国防预算（远远小于1%），我们就有足够的钱建超导超级对撞机了。此外，超导超级对撞机的整体花费和美军在2003年伊拉克战争时所花的空调及运输费用差不多。可那场战争却危害了美国人民的安全和福祉。再次，我情不自禁地回想起罗伯特·威尔逊在国会听证会上的发言："它（加速器）不能直接保卫我们的国家，但它让这个国家值得我们去保卫。"

以上都是政治问题，不是科学问题。在民主社会里，代表公众利益的国会有权利也有责任监督大型公共项目的开支，区分它们到底孰轻孰重。

粒子物理学界也有责任。他们或许习惯了冷战期间的资金铁饭碗，因而没向公众及国会就项目本身进行充分的阐释。在经济不景气的时候，人们自然会砍掉一些他们弄不懂的东西。我好奇的是为什么国会当时终止了这个项目，而不是暂停它，等到经济好转，或科技进步、造价削减后再继续进行。现在，一切都已经物是人非。超导超级对撞机的隧道灌满了水，它的实验室大楼变成了一家化学公司。

大型强子对撞机，人类有史以来最为复杂的机器

美国的粒子物理学经历了以上挫折，欧洲核子研究中心却在不断进步。在诺贝尔奖得主卡洛·鲁比亚的推动下，他们建设了大型正负电子对撞机（Large Electron-Positron Collider, LEP），用以进一步研究 W 玻色子和 Z 玻色

子的细节。1989年，大型正负电子对撞机开机上线，鲁比亚也成了欧洲核子研究中心的总干事。

人们在旧有的超级质子同步加速器旁边另挖了一条长约27千米的圆形隧道，隧道距地表约有100米。正负电子在被超级质子同步加速后，进入圆行隧道加速器，随后被加速到更高的能量。大型正负电子对撞机地处日内瓦郊区，它的占地如此大，以至于要穿越汝拉山脉，进入法国。对于隧道建设，欧洲比美国要娴熟得多。当隧道竣工的时候，圆环两端相遇，误差不超过一厘米。此外，欧洲核子研究中心是一个多国合作组织，对于各成员国来说，加速器建设占的国内生产总值比例并不是很大。

大型正负电子对撞机成功运行了十多年。在这期间，美国取消了超导超级对撞机的建设。于是，欧洲核子研究中心打算用大型正负电子对撞机隧道建设一座迷你的超导超级对撞机。迷你超导超级对撞机不如超导超级对撞机强大，却足以探测希格斯粒子可能存在的参数空间。之所以推出这个计划，部分是出于美国费米国家实验室的竞争压力。费米国家实验室有一台"兆电子伏特加速器"（Tevatron），它于1976年开始运行，1984年正式上线，是当时世界上能量最高的质子–反质子对撞机。正反质子在6500米长、布满超导磁铁的环形隧道中得到加速，对撞产生的质心能量约为2000GeV。

尽管这个数字看上去很大，却不足以探索希格斯粒子的全部参数空间。想要在兆电子伏特加速器上发现希格斯粒子，我们需要得到幸运女神的垂青。然而，兆电子伏特加速器取得了另外一项巨大的成功。1995年，它发现了人们期待已久的顶夸克。顶夸克质量是质子质量的175倍，是已经发现的基本粒子中质量最大的一个。

在美国国会取消超导超级对撞机项目的14个月后，欧洲核子研究中心理事会批准了在大型正负电子对撞机隧道中建设一座新型加速器的计划，此即"大型强子对撞机"（LHC）。由于加速器及探测器的研发还要等上一段时间才能完成，大型正负电子对撞机又继续运行了6年。随后，大型正负电子对撞机关闭，大型强子对撞机开始建设。这一过程花了10年时间。10年之后，人们才能用大型强子对撞机探索希格斯粒子及其他未知粒子。

当然，要做到这一点，我们必须保证加速器和探测器都能正常运行。可这本身却是一项史无前例的复杂工程。所有加速器及探测器的部件，包括超导磁铁、计算设备，在大型强子对撞机开建之时都尚未存在。

　　人们大约花了一年的时间进行了大型强子对撞机的概念设计。又等了一年，大型强子对撞机两大探测器的设计方案获得了通过。尽管美国没有直接参与加速器的建设，欧洲核子研究中心还是给了美国观察员身份。这允许美国科学家参与探测器的研发。1998 年，两大探测器之一——CMS 探测器的舱室挖掘工作被迫延后了 6 个月。这是因为在建设过程中，工人们在地下发现了一处 4 世纪的高卢 - 罗马庄园遗迹。

　　又过了 4 年半，承载探测器的地下舱室终于建设完成。此后的两年，人们开始装配 1232 块巨型磁铁。每块磁铁都有 15 米长，35 吨重。人们先用专用升降机将这些磁铁运到地下 50 米处，再通过专用车辆将他们运到隧道各处。又过了一年，人们终于将两大探测器所需的最后一个部件运送到了地下舱室。2008 年 9 月 10 日上午 10 点 28 分，大型强子对撞机正式启动。

　　可运行不到两周，灾难就降临了。一块超导磁铁的连接电路发生了短路，导致磁铁失效。这一过程释放了巨大的能量，造成了加速器的机械损坏以及液氦外泄。这是一次相当严重的事故。为此，人们花了一年时间，重新设计并检查了大型强子对撞机上的每一处焊点和连接。2009 年 11 月，大型强子对撞机重新上线。出于设计上的考虑，它的质心能量从原本的 14 000GeV 降到了 7000GeV。2010 年 3 月 19 日，大型强子对撞机开始在一个较低的能量上让两束质子对撞。两周之后，大型强子对撞机的两大探测器开始记录对撞事件。

　　欧洲核子研究中心在提议建造大型强子对撞机后的 15 年间，克服种种挑战，取得了大量的技术突破。以上这张简单的时间表并没有将此体现。在日内瓦机场着陆，向外望去，你会看到无垠的农田和绵延的远山。如果不加提醒，没人能猜得到这些农田之下 175 米处，存在着一台人类有史以来制作过的最为复杂的机器。就让我们来细数一下这台机器的特征吧：

1. 在 27 千米长、3.8 米宽的隧道中，部署了两条平行的粒子束环形管道。两条管道只在 4 个探测点交会。环形管道周围部署着 1600 多块超导磁铁。大多数磁铁的重量超过 27 吨。隧道相当长，乍看之下，让人感觉是直的：

2. 超导磁铁只能在低于 2 开尔文的温度下工作（比宇宙微波背景辐射的温度还要低）。为此，需要配备 96 吨超流氦－4。大型强子对撞机总计使用了 120 吨液氦。为了冷却这些液氦，又使用了 10 000 吨液氮。加速器上部署有 4 万个密封管道连接。如此巨量的液氦，让大型强子对撞机成为世界上最大的低温系统。

3. 大型强子对撞机对粒子束管道内的真空环境有着非常严格的要求。单位体积的粒子数量，要比国际空间站所在的外太空还低。管道内的气压，不超过月球大气压的 1/10。大型强子对撞机要在至多 9000 立方米的空间内保持这样的真空环境。9000 立方米相当于一座大教堂的体积。

4. 大型强子对撞机要把两束质子加速到光速的 0.999 999 991。换句话说，只比光速慢 3 米 / 秒。每个参与对撞的质子所携带的能量，只相当于蚊子飞行时的动能。可是，这些能量被压缩到了极短的尺度内，这个尺度是蚊子体长的 $1/10^{12}$。

5. 质子束又可被细分为 2808 个聚束，每个聚束包含 1150 亿个质子。在碰撞点附近，聚束被高度拉伸，截面宽度仅为头发丝宽度的 1/4。聚束沿管道循环。每秒钟，大型强子对撞机都会发生 250 亿次聚束碰撞、6 亿次质子碰撞。

6. 大型强子对撞机拥有世界上最大的计算机网格。这个网格专门用来处理其产生的数据。大型强子对撞机能产生巨量的原始数据，一秒钟的数据量就足以填满 1000 个 1 太字节（1TB）的硬盘。所以，想要有效地分析数据，我们需要进行取舍。运行中的大型强子对撞机每秒大约能产生 700 兆字节（MB）的可用数据。以 2012 年为例，大型强子对撞机总共分析了 $6×10^{15}$ 次质子—质子对撞，相应的数据量约为 25 000 太字节。这比过去现在所有书籍的数据量总和还要大。如果刻成 CD，那么这沓 CD 就足有 20 千米高。为了处理这些数据，大型强子对撞机建立了一个世界范围内的计算网格，这个网格包含 170 个计算中心，覆盖 36 个国家。

7. 为了让质子束对撞，我们要对 1600 块磁铁进行非常精细的调节。这就相当于让两枚相距 10 千米的针绕环形管道相向飞行，大型强子对撞机要保证这两枚针正好在半途撞到一起。

8. 两束粒子的校准程度非常高。科学家们甚至考虑了月球的潮汐效应。每天，日内瓦相对于月球的位置都会变，这使得大型强子对撞机的管道周长每天变动大约 1 毫米。

9. 为了引导质子束的运动，我们需要一个特别强的磁场。为此，每个超导磁铁都要通上 12 000 安培的电流，这差不多是一个普通家庭所接电流的 120 倍。

10. 缠绕磁铁的导线足有 270 000 千米长，是地球周长的 6 倍。如果解除这些导线的螺旋缠绕，那么这些导线就可以在地球和太阳之间来回 5 次。

11. 两束粒子束的总能量相当于一辆时速 150 千米、重约 400 吨的列车的动能。这个能量足以熔解 500 千克的铜。而储存在超导磁铁中的总能量是以上能量的 30 倍。

12. 超导磁铁的使用大大降低了大型强子对撞机的能耗。可即便如此，运行中的加速器所需要的电力，相当于日内瓦所有家庭的用电总和。

以上便是和大型强子对撞机加速器有关的信息。为了分析质子－质子对撞，科学家们还建造了一系列大型粒子探测器。每个探测器都有一座办公楼那么大，其内部的复杂程度，不亚于一个大型实验室。走到地下参观这些探测器，就好像进入了大人国，每个部件都相当大。下图是 CMS 探测器的照片，它是大型强子对撞机两大探测器中较小的一个：

如果你真的进入了探测器所在的舱室，你很难看到上图照片中所示的全貌。在更近的地方，你只能看到探测器的局部：

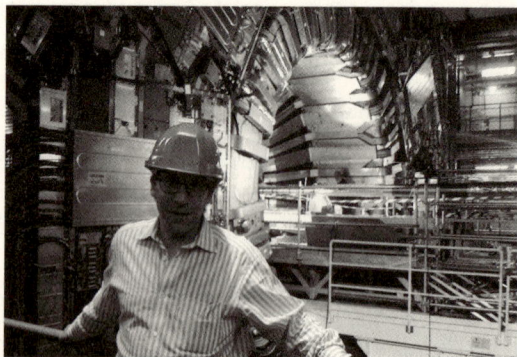

大型强子对撞机的复杂程度前无古人。对于像我这样的理论物理学家来说，很难想象实验物理学家们如何运行这样一台机器，更别说设计并建造它了。

大型强子对撞机包含两大探测器，即 ATLAS 和 CMS。每个探测器背后，都有一个合作组。每个合作组由两千余名科学家组成。来自上百个国家的上万名科学家和工程师参与了加速器和探测器的制造。以较小的 CMS 探测器为例，它长约 20 米，宽约 15 米，高约 15 米。打造它花费了 12 500 吨的铁，这比建造埃菲尔铁塔用的还要多。CMS 加速器由两大部件组成，工作时这两大部件之间有数米的空隙。如果我们解除这两大部件的束缚，那么其工作时所产生的强磁场足以把这两大部件吸在一起。

每个探测器都由成千上万个组件组成：路径探测器以 10 微米的精度测量粒子的轨迹，能量器高精度地测量粒子的能量，还有些仪器可以通过捕捉粒子运动过程中所产生的辐射来测量粒子的速度。每一次质子－质子对撞都会产生成百上千个出射粒子。想要重建对撞事件，探测器就必须追踪几乎每一个出射粒子。

大教堂和加速器都是人类文明最好的纪念

物理学家维克多·维斯科普夫于 1961 年至 1966 年间出任欧洲核子研究中心的第四任总干事。他把当时的大型加速器比作中世纪的哥特式大教堂。对于欧洲核子研究中心和大型强子对撞机而言，我发现这个比喻相当有趣。

哥特式大教堂的建设需要新的建筑科技和建筑工具，这推动了欧洲当时的科技发展。建造一座大教堂，常常需要数十个国家的成百上千名工匠耗费数十年的时间和精力。任何先前的建筑，在大教堂面前都显得矮小。而大教堂的建设，没有任何实用目的，仅仅是为了庆祝神的荣耀。

大型强子对撞机是人类制造的最为复杂的机器。它的建设也需要新的科技和工具。成千上万名科学家和工程师参与了大型强子对撞机加速器和探测器的建设。他们来自数百个国家，讲着数十门语言，信着数十种宗教。为了完成这个任务，他们足足花费了 20 年的时间和精力。任何先前的机器，在大型强子对撞机面前都显得渺小。而大型强子对撞机的建设，也没有什么实用目的，仅仅是为了庆祝并探索宇宙的美丽。

从这个意义上看，大教堂和加速器都是人类文明最好的纪念。它们展现了人类的想象力和创造力。它们如此巨大，如此复杂，需要来自世界各地的无数人的协同努力。它们将我们对宇宙的敬畏和好奇转换成一种实实在在的东西，一种能够改善人类的东西。大教堂和加速器都是无比宏伟的作品，象征着人类的胜利。尽管如此，我还是认为加速器更胜一筹。它的成功建设表明，21 世纪并不是一片文化和想象力的荒漠。

这把我的思绪带回了 2012 年 7 月 4 日。

截至 2011 年 10 月，大型强子对撞机记录的数据量已是 2010 年首次运行时的 400 万倍，亦是 2011 年初所获数据量的 30 倍。诚如一位欧洲核子研究中心的官员所言："大型强子对撞机航行正常。"

这个时刻，人们终于获得了苦等 40 年的数据，各种传闻也在粒子物理学界不胫而走。很多传言其实就来自大型强子对撞机的实验物理学家。当时，我在堪培拉的澳大利亚国立大学做兼职教授。而国际高能物理会议也将于 2012 年 7 月在墨尔本召开。墨尔本有一支庞大的大型强子对撞机团队。在我访问期间，我不断听说先前人们预想的希格斯粒子质量区间，被大型强子对撞机一个个地给排除了。

很多实验物理学家都喜欢证伪理论物理学家的理论，这次亦然。2012 年 1 月，一名实验物理学家兴冲冲地对我说，希格斯粒子可能存在的质量区间几乎全部被大型强子对撞机排除了。唯一剩下的，就只是 120GeV 到 130GeV 这个区间。她猜测，到 7 月这个区间也一定会被实验排除。对于怀疑希格斯粒子存在的我来说，这是个喜讯。事实上，我已经开始准备一篇论文，用来解释为什么希格斯粒子其实并不存在。

到了 4 月 5 日，事情变得更加有趣了。大型强子对撞机将质心能量做了些许提升，从 7000GeV 上升到 8000GeV。这会提升大型强子对撞机发现新粒子的潜力。到了 6 月中旬，大型强子对撞机两大实验组的领导人和欧洲核子研究中心的主干事宣布将不出席 7 月的墨尔本会议。取而代之的是，他们将于 7 月 4 日在欧洲核子研究中心的主报告厅做报告，全程电视直播。当年，在同一个报告厅，鲁比亚宣布欧洲核子研究中心发现了 W 玻色子。

7 月 4 日那天，我正在科罗拉多州的阿斯彭（Aspen）开会。与会者都知道即将发布的声明非常重要，为此他们特地架设了屏幕，这样大家就可以在凌晨 1 点坐下来收看会议直播。直播快开始的时候，大约有 15 个人聚集在黑漆漆的阿斯彭物理中心（Aspen Center for Physics）。其中大多数都是物理学家，此外还有几名记者。《纽约时报》的记者丹尼斯·奥弗比（Dennis Overbye）也在其中，他正打算连夜写篇文章。有趣的是，如果一切顺利进行，《时代周刊》让我为下周的"科学时代"专栏撰稿。于是，我也可能要连夜写文章。

接着，节目开始了。在接下来的 45 分钟内，两大探测器的发言人展示了各自探测器所取得的数据。这些数据令人信服地证明，存在一个全新的基本粒子，它的质量约为质子质量的 125 倍。在 2009 年的那次灾难之后，大型强子对撞机加速器的运行无可挑剔，两大探测器的运行也同样无可挑剔。早在几个月前，大型强子对撞机就展示过已知背景过程的探测结果。当时，我和我的同事对探测器信号的清晰程度惊叹不已。所以此刻，我们丝毫感觉不到吃惊。无论探测器的运行环境是多么复杂，只要有新的东西存在，大型强子对撞机就一定能够将其发现。

但更为重要的是，这个新粒子是在精确测量特定衰变模式时发现的。而这些衰变模式，正是标准模型所预言的希格斯粒子的衰变模式。新粒子到光子的衰变率与新粒子到电子的衰变率之间的比值，和标准模型对希格斯粒子的预期差不多（希格斯粒子通过 W 玻色子及顶夸克衰变成光子，通过 Z 玻色子衰变成电子）。新粒子在质子－质子碰撞过程中的产生率也和标准模型对希格斯粒子的预期差不多。两大探测器合作组已经对海量对撞事件进行了分析，从中发现了 50 个可能的希格斯粒子。想要获得更加令人信服的确认，我们当然还要对这个粒子进行更多更多的测试。然而，如果一个粒子走起来像希格斯粒子，叫起来像希格斯粒子，那它恐怕就是希格斯粒子。大型强子对撞机已经提供足够的证据证明希格斯粒子确实存在，这一发现随即在2013 年宣布。同年 10 月，弗朗索瓦·恩格勒和彼得·希格斯荣获了诺贝尔物理学奖。

2013 年 2 月，大型强子对撞机关闭了机器，为达到新的能量和强度而进行升级。在关闭前的数周，欧洲核子研究中心的大容量存储系统已经存放了 100 拍字节（PB）的数据，足够刻一亿张 CD。人们对第一次发布会时还没来得及分析的数据展开了分析，新的结果层出不穷。（其中包括可能存在一个比希格斯粒子重 6 倍的新粒子。可惜在本书成书时，人们发现这个"粒子"其实是背景涨落。）

对于追求新发现的物理学家来说，数据越多越好。随着数据的增多，反常的结果会逐渐消失。大型强子对撞机的数据所显示的结果相当好，好到让人觉得过分了。将新粒子的 5 个衰变模式（光子、Z 玻色子、W 玻色子、τ 子、底夸克）的观测值同标准模型对希格斯粒子的预期相比，无须加入额外条件，每一个都符合得相当好。

在有了更多新粒子的数据之后，人们还研究了其衰变产物的能量和角分布。根据这些数据，大型强子对撞机发现新粒子的自旋确实为零。它是人们在世界上找到的第一个自旋为零的基本粒子。2015 年 3 月 26 日，ATLAS 在欧洲核子研究中心发布结果，显示这个新粒子的自旋为零，可信度高于99%。新粒子的宇称也和标准模型对希格斯粒子的预期相吻合。宇宙不像我预期的那样讨厌标量场。这个基础标量场的存在改变了人们对世界的看法，使得人们开始想象一些以前从未考虑过的场景。这些人中当然也包括我。

2015 年 9 月，在本书初稿完成的一个月前，ATLAS 和 CMS 合作组将其在 2011 年和 2012 年所收集的数据进行了整合，联合发表了理论和实验的比较结果。这次整合相当不易。每个实验都有各自的系统误差，总共要调节4200 个参数，这需要进行大量的计算。联合比较的结果显示，新粒子的各项性质和标准模型对希格斯粒子的预言相比，出入不超过 10%。

这样一个结论简单得让人错愕。为了它，成千上万的人付出了半个世纪的努力——为数众多的理论物理学家们发展了标准模型，对信号和背景进行了繁复的计算，以便和实验结果进行准确的比较；成千上万的实验物理学家们设计、制造、测试、运行了人们有史以来建造过的最复杂的机器。他们的故事贯穿着勇气、困惑、不幸、偶然、竞争、激情，以及物理学界为同一目标而付出的不懈努力——在一个终极尺度上理解这个世界。和所有的人类故事一样，物理学家们的故事中也有妒忌、固执和虚荣；可更为重要的是，物理学家们不论种族、语言、宗教、性别，联合成了一个整体。我们的故事有着不亚于伟大史诗的跌宕起伏，反映出科学能为现代文明带来的最好的东西。

我们的世界如此善良，它总会响应少数人类，根据对称性和量子场论在纸上写下的想法和观点。在我看来，这件事本身绝非显而易见。在夜深人静之时，你在书房中枯坐冥想，突然意识到世界正在按照你所设想的方式运行，这一过程所带来的兴奋和惊悚感，很难用语言表达清楚。当柏拉图笔下的那个哲学家第一次被人从洞穴中拽到阳光里时，他可能会和我有相同的感受。

20 世纪和 21 世纪的"哲学家们"提出了一些简单而优雅的规则。事实证明，世界确实按照这些规则运行。这既让人震惊，也让人安心。它证明大胆假设、小心求证的路线是行得通的。它也让我们继续大胆假设，正如爱因斯坦所言："宇宙最惊人的地方在于它竟然是可被理解的。"

在见证了 2012 年 7 月 4 日的发现希格斯粒子发布会之后，我写下了这样一段文字：

> 发现希格斯粒子不会给我们带来更好的烤面包机，抑或更快的汽车。但它展示出人类探索自然奥秘的能力，以及控制这些奥秘所需要的科技。真空（真空和所有的事物都不同。随着时间的推移，它变得愈发有趣）之下，隐藏着允许我们存在的关键要素。
>
> 上周的发现证明了这一点，它将改变我们的观念，以全新的视角审视自我，审视我们在宇宙中心的位置。那些最伟大的音乐、文学和美术作品，都有这样的特点……而科学亦然。

大型强子对撞机对希格斯粒子的发现，能在多大程度上改变我们对现实的看法呢？大型强子对撞机后续的发现又能引发多少改变呢？对于这些问题，现在做出任何判断或预测还为时尚早。好运只会垂青有准备的头脑，而这正是我等理论物理学家所承担的责任及享受的喜悦。

　　这次，大自然回应了我们的夙愿，可她有点做过头了。前人的史诗即将成为当代物理学家和物理学界所面临的巨大挑战。这又一次提醒我们，大自然就是要使我们不舒服。我们期待大型强子对撞机会发现那些我们期待已久的东西，可没有人料到我们除此以外，什么都没看见……

22
问题多过答案

在某种意义上，我们的故事到这里就结束了。我们穷尽了人类对微观世界的认知极限。然而，梦想可以继续，尽管一些梦想未必让人愉快。2017 年 7 月之前，粒子物理学家会做两个噩梦。一是大型强子对撞机什么东西都没发现。如果此梦成真，那么大型强子对撞机就会成为人类建造的最后一台加速器。二是大型强子对撞机发现了希格斯粒子……可除此之外，什么东西都没发现。

下一层现实正在召唤我们

每当我们剥开一层现实后，我们就能发现下一层现实正在召唤。每一次重大的科学发现，总会给我们留下更多的问题，而不是答案。然而除了问题之外，科学发现还常给我们留下路线图，按图索骥我们就可以找到这些问题的答案。希格斯粒子的发现，证明了宇宙中确实存在着一个无形的希格斯场。它的发现，证实了人类在 20 世纪确实取得了科学大发展。

然而，谢尔登·格拉肖的话依旧回荡在我们耳畔：希格斯粒子就像个厕所。它掩盖了一切我们无意谈论的讨厌细节。尽管希格斯场非常优雅，可对标准模型来说，它是人们手动加上去的。加了希格斯场以后，标准模型就能准确地描述我们这个世界。然而，它不是理论必需的。即便弱相互作用变成长程相互作用，即便所有粒子的质量全部清零，宇宙都不会有太多的改变。然而，那样的宇宙不会有人类存在，更不会有人来问这样一堆关于宇宙的问题。此外，上文谈到，标准模型没有完全确定希格斯粒子的属性。希格斯粒子的质量完全可以比实际观测值大 20 倍，抑或小至观测值的百分之一。

既然如此，那为什么会有希格斯粒子呢？为什么希格斯粒子的质量就是这样一个特定的值呢？（我要提醒读者，当科学家问"为什么会这样"的时候，他其实是在问"怎么变成了这样"）如果希格斯粒子不复存在，我们的世界也就不可能存在。可这样的回答显然算不上问题的答案。等一下，我的判断对吗？这样的回答真的算不上问题的答案吗？说到底，希格斯粒子背后的物理学事关"人类为什么存在"。当我们提出"为什么人类会在这里存在"的时候，我们同时是在问："为什么希格斯粒子会在这里存在？"标准模型没有给出这个问题的答案。

然而，在把理论和实验结合之后，我们获得了些许线索。1974 年，就在标准模型确立之后不久（相关的实验验证还要再花 10 年时间），哈佛大学的两组科学家注意到了一件有趣的事。格拉肖和霍华德·乔吉（Howard Georgi）组成了一队。他们充分发挥了格拉肖的专长——通过群论，在已知粒子和相互作用中寻找隐藏的规律。

在标准模型中，弱相互作用和电磁相互作用会在某个高能尺度实现统一。统一的电弱对称性会因为希格斯场的凝聚而自发破缺。自发对称性破缺后，我们便观测到了两种截然不同的相互作用——短程的弱相互作用和长程的电磁相互作用。乔吉和格拉肖试图扩展这套理论。他们想用一个单一的规范对称群把强相互作用和电弱相互作用进行自然统一，把所有已知的粒子自然统一在一起。他们设想，在某个远超过任何现有实验的超高能量尺度上（即超小的空间尺度上），这个更加基本的统一对称性发生了破缺。破缺后的产物，是两个独立的规范对称群——其中一个产生了强相互作用，另一个产生了电弱相互作用。此后，在某个较低的能量尺度上（即较大的空间尺度上），电弱对称性又发生了一次破缺，进而产生出短程的弱相互作用以及长程的电磁相互作用。

他们谦逊地将这个理论称作"大统一理论"。

与此同时，温伯格、乔吉和海伦·奎因（Helen Quinn）在格罗斯、韦尔切克和波利策的工作中，发现了另一件有趣的事情。随着空间尺度的减小，强相互作用的耦合常数变得越来越小，电磁相互作用和弱相互作用的耦合常数却变得越来越大。

人们自然会问，是不是在某个极小的空间尺度上，三种相互作用的耦合常数会变得一样？在做了相关计算后，温伯格、乔吉和奎因发现在一定的误差程度内，这样的"统一"确实可能发生。发生统一的空间尺度极小，它比质子半径要小 15 个数量级。

对于乔吉-格拉肖的大统一理论来说，温伯格、乔吉和奎因的发现是个大利好——如果所有已知粒子真的可以被归入同一个规范群，那么这个规范群就会包含一类全新的规范玻色子。通过这些全新的规范玻色子，一个夸克能够衰变成其他的夸克、电子和中微子。又因为夸克组成了质子和中子，通过这些全新的规范玻色子，质子就能发生衰变。对此，格拉肖感叹道："钻石并非恒久远。"

然而，当时的人们知道，即使质子真的衰变，那它的寿命也一定相当长。如果质子的寿命很短，那么在大爆炸后 140 亿年的今天，你我就不可能存在。然而，支持质子超长寿命的证据不止于此。如果质子的寿命很短，人类都会在童年患上癌症，然后早早去世。具体来说，如果质子的平均寿命短于 10^{18} 年，那么构成我们身体的质子就会在几年之内发生衰变，衰变产生的辐射足以杀死我们。还记得吗，在量子力学中，所有过程都以一定概率发生。如果质子的平均寿命是 10^{18} 年，而人体由 10^{18} 个质子组成，那么平均来说，每年都会有一个质子发生衰变。当然，人体实际包含的质子数目远比 10^{18} 要大。

当然，大统一理论要求大统一对称性破缺的空间尺度极小，能量尺度极高。这也意味着新出现的规范玻色子的质量极大。极大的质量也意味着新相互作用的作用距离极短。如果新相互作用的距离大到核子尺度，它就会变得非常弱。在这种情况下，质子的寿命足有 10^{33} 年长。假设质子真的会发生衰变，那么衰变的时刻还在遥远的将来。问题解决了。

把大统一事业进行到底

格拉肖和乔吉的工作，加上乔吉、奎因和温伯格的工作，使得物理学界到处弥漫着大统一的味道。在电弱统一理论大功告成之后，粒子物理学家们变得雄心勃勃，要把大统一事业进行到底。

可人们怎么知道这些物理学家的理论是否正确呢？我们不可能建造一台能量高达 10^{15}GeV 的加速器。假设这样的对撞机真的存在，这台对撞机的管道周长等同于月球绕地轨道。即便理论上存在可能，也没有任何一个国家会为这样的项目埋单。

令人欣慰的是，我们还有一种方法来验证格拉肖和乔吉的大统一理论。它基于我在上文限定质子寿命时用过的概率论证。假设大统一理论预言了质子寿命是 10^{30} 年。那我们就可以在一台探测器中放入 10^{30} 个质子，看看是否平均来说，每年都有一个质子发生衰变。

到哪里找这么多的质子呢？答案很简单，我们大约要用 3000 吨的水。

所以，我们真正需要的，是一个足够存放 3000 吨水的巨大水箱。我们要把这个水箱放到足够暗的地方，以保证周围没有辐射背景的干扰。我们会在水箱周围密布光电管。它们非常敏感，足以探测质子辐射的余晖。接着，我们会等上一年，期待质子发生辐射。尽管这样一个实验令人生畏，两个实验组对此跃跃欲试。一个实验位于伊利湖附近的盐井中，另一个位于日本神冈附近的矿井中。之所以选择地下盐井矿井，是因为它们能够有效地屏蔽宇宙射线。不然的话，宇宙射线会把质子衰变的信号淹没。

1982 年到 1983 年期间，两个实验组开始采集数据。当时的物理学家相当自信。人们相信不久之后，实验组就会发现质子衰变的信号，大统一理论会成为粒子物理黄金十年的又一次高潮———更不用说，格拉肖会再获诺贝尔物理学奖。

不幸的是，这次大自然没有响应我们的愿望。第一年，人们没有观测到任何信号，第二年、第三年同样如此。很快，实验排除了格拉肖和乔吉提出的那版最简洁优雅的大统一模型。理论一旦沾上了污点，你就很难再将其抹掉。人们提出了其他一些大统一模型。这些新的模型进一步压低了质子的衰变，低到足以躲过以上实验验证。

然而，1987 年 2 月 23 日发生了另外一件大事。这件事证明了我的信念："每当我们打开一扇新的窗户观察宇宙的时候，宇宙一定会让我们大吃一惊。"这一天，一组天文学家在夜间拍摄的照片中，观察到了一次超新星爆发。这次爆发是 400 年来距离我们最近的一次。爆发的恒星位于大麦哲伦星系，距离我们大约有 16 万光年。大麦哲伦星系是银河系的卫星星系，我们只能从南半球对它进行观测。

超新星爆发会释放巨量的可见光，它是全宇宙最耀眼的烟花（每个星系每 100 年就会有一次超新星爆发）。然而，如果我们关于超新星爆发的理论正确，那么爆发所产生的绝大部分能量都会通过中微子释放。对此，人们做了粗略的估算，两大水基探测器大概能看到 20 个中微子事件。第二天，尔湾–密歇根–布鲁克海文实验组[①] 和神冈实验组的科学家查看了当晚的数据，前者在 10 秒内记录了 8 个可能的事件，后者记录了 11 个可能的事件。对于中微子物理学来说，这是一片数据的汪洋。这次观测也意味着中微子天体物理学骤然成熟。这 19 个事件带来了 1900 多篇论文（我也写了相关论文）。它们使得我们可以观测爆发恒星的内核。它们不仅是天体物理学的实验室，同时也是中微子物理学的实验室。

人们意识到，大型质子衰变探测器同时也是一台大型天体中微子探测器。这促使人们开始新建一批新一代的"双重"探测器。在这批双重探测

---

① 即伊利湖附近盐井中的实验。——译者注

器中，规模最大的那个建在了神冈的矿井中，这就是"超级神冈探测器"（Super-Kamiokande）。超级神冈探测器盛有 15 000 吨水，周围部署着 11 800 个光电管。尽管盛水的容器是一个废弃的矿井，实验用水的纯度却非常高，达到了洁净室的标准。把水的纯度维持在如此高的水平，对于实验来说是必要的。超级神冈探测器非常大，除了宇宙射线之外，水内部的放射性杂质也有可能会淹没实验想要搜索的信号。

与此同时，人们对天体物理过程中的中微子信号愈发感兴趣。太阳内部会发生一系列核反应，它们为太阳提供能量，这些核反应过程会产生中微子。20 年来，雷·戴维斯（Ray Davis）一直在用一台巨型地下探测器探测太阳中微子。他发现，实际观测到的太阳中微子数量总是理论预测的 1/3。为此，人们在加拿大萨德伯里（Sudbury）的深井中，建造了一座新型的太阳中微子探测器，这便是萨德伯里中微子观测站（Sudbury Neutrino Observatory）。

20 年来，超级神冈探测器一直在不断升级，持续运行。它没有发现任何质子衰变信号，也没有再次观测到超新星爆发。然而，这台探测器和萨德伯里中微子观测站一起对太阳中微子进行了精确的测量。它们确认了雷·戴维斯的发现。太阳中微子确实要比理论预期的要少。缺损的原因并非来自太阳的天体物理效应，而是由于中微子本身的属性——三种已知的中微子中，至少有一种中微子的质量不是零（当然中微子的质量很小。所有已知粒子中，质量倒数第二的是电子。电子质量是中微子的一亿倍）。粒子物理标准模型中，中微子的质量是零。以上观测，第一次明确地表明了这个世界中，存在着超越标准模型的全新物理。

此后不久，人们又对大气中微子进行了观测。大气中微子由高能宇宙射线在和大气分子发生作用后簇射产生。观测发现，至少还有一类中微子的质量也不是零。这个新的质量比太阳中微子实验的观测质量还要大一些，但还是远远小于电子质量。因为以上结果，在我写下这段文字的一周之前，萨德伯里中微子观测站的负责人和神冈实验的负责人获得了 2015 年的诺贝尔物理学奖。迄今为止，现有理论仍无法解释以上新物理迹象。

质子其实并不衰变。这让人失望，可也并非完全出乎意料。自大统一理论提出以来，物理世界发生了些许改变。人们精确测量了强相互作用、弱相互作用和电磁相互作用的强度，又计算了这些强度如何随距离尺度变化。人们发现，如果标准模型穷尽了世界上所有的粒子，那么这三个相互作用的耦合常数其实无法在同一尺度变得一样想要实现大统一，我们需要引入一些新的粒子。这些粒子存在的能量尺度高于现有的观测尺度。这些新的粒子不仅能让三大相互作用的耦合常数在同一尺度变得一样，它们也能通过升高大统一的能量尺度，进一步压低质子的衰变——这样一来，质子寿命就能超过 10^{33} 年了。

与此同时，理论物理学家们开始探索一种新型的对称性，即"超对称"。超对称不同于任何已知的对称性，它连接了世界上两类截然不同的粒子——带整数自旋的玻色子，和带半整数自旋的费米子。总而言之（很多其他书籍对超对称有着更为详细的介绍），如果世界上真的存在超对称，那么标准模型中的每一个粒子都会有一个与之对应的全新基本粒子。所有已知的玻色子都会有一个费米子对应。所有已知的费米子都会有一个玻色子对应。

我们尚未看到这些超对称粒子。这意味着，如果超对称真的存在，那它必然已经发生了破缺。这些未知粒子的质量一定相当大，超出了很多加速器的能量上限。

我们没有发现任何超对称粒子存在的证据，可我们还是愿意相信超对称存在，愿意把宇宙中的粒子数目翻一番。这样做到底有什么好处呢？超对称的吸引力和大统一有关。人们认为，大统一的能量尺度比质子质量大 $10^{15}\sim10^{16}$ 倍。这个能量尺度比电弱破缺的能量尺度高 10^{13} 倍。一些自然定律存在于电弱能量尺度，一些自然定律存在于大统一能量尺度，关键问题在于，为什么会有如此天差地别的两个尺度？这样的差距到底是怎么来的？更具体地说，如果希格斯粒子真的是标准模型的最后一块碎片，我们的问题就变成了——为什么电弱破缺的能量尺度远远小于大统一破缺的能量尺度？

这个问题其实非常重要。从量子力学上说，希格斯粒子是标量粒子，它和费米子不同，也和自旋为 1 的矢量粒子不同。在计算希格斯粒子质量和电弱破缺能量时，人们要考虑大统一理论所含超重规范玻色子对其造成的量子修正。这些量子修正会让希格斯粒子的质量（或对称性破缺尺度）变大，大到接近，甚至等同于大统一能量尺度。这就带来了所谓的"自然性问题"。如果电弱破缺尺度和大统一破缺尺度差别很大的话，那么我们的粒子物理理论就是个"不自然"的理论。

1981年，杰出的物理学家爱德华·威腾在一篇重要论文中提出了一个超对称的独特属性。就一对超对称粒子来说，如果它们的质量相同，那么虚费米子产生的量子修正就能严格抵消虚玻色子产生的量子修正。这样一来，我们就能完全移除高能尺度上的虚粒子对电弱能量尺度的影响，我们就能驯服量子修正。

当然，如果超对称自身发生了破缺，那么以上量子修正就不能完全抵消。剩余的量子修正，和超对称破缺的能量尺度相当。如果超对称破缺的能量尺度和电弱破缺的能量尺度相当，我们就能解释为什么希格斯粒子的质量会是这样一个特定值。

此外，超对称也意味着我们能在大型强子对撞机中观测到大量的全新粒子——它们是已知粒子的超对称对应。

超对称能够解决"自然性问题"，能消除大统一尺度上的量子修正对希格斯粒子质量的影响，能让电弱尺度和大统一尺度之间的巨大鸿沟显得"自然"。

鉴于超对称能解决"层级问题"，物理学家们对此趋之若鹜。一些理论物理学家为超对称破缺构建了具体的模型，进一步探索了由此带来的物理后果。这些研究使得超对称变得炙手可热。如果我们在计算三大相互作用的耦合常数如何随尺度变化时，在理论中加入超对称破缺后，那么在某个单一的能量尺度上这三个强度会变得一样。大统一理论再次复活了！

超对称破缺理论还有其他吸引人的地方。早在发现顶夸克之前，有人就预言，假设顶夸克质量很大，假设顶夸克会和其他超对称粒子发生作用，再假设大统一在一个特别特别高的能量尺度上发生，那么顶夸克对希格斯粒子所产生的量子修正就会使希格斯场在我们所观测的能量尺度上发生凝聚。换句话说，如果大统一发生在一个特别特别高的能量尺度，我们就能自然而然地得到电弱破缺的能量尺度。后来，人们确实发现顶夸克的质量很大。这也让以上方案变得更加诱人。

当然，超对称理论带来好处的同时，也要我们付出代价。超对称理论要求存在至少5个希格斯粒子[①]，而不是一个希格斯粒子。此外，我们预期，像大型强子对撞机这样的加速器会发现超对称粒子。最后，在超对称理论中，最轻的那个希格斯粒子质量不能太大，否则整套机制就会失效。

在大型强子对撞机运行之前，人们在加速器中对希格斯粒子做了很多搜索，却都不见其踪迹。这些搜索也推高了超对称粒子中最轻的那个希格斯粒子的质量，直逼超对称理论所预言的质量上限。这个质量上限约为135GeV。当然具体的值取决于具体的超对称模型。如果希格斯粒子的质量大于这个值，我们就能说超对称不过是一场美梦。

然而，现实并非如此。大型强子对撞机发现希格斯粒子的质量约为125GeV。或许，我们真的可以达成大统一。

可是，现实的情况让人迷茫。如果每个已知粒子真的都对应着一个超对称粒子，那么大型强子对撞机就该轻松地发现这些新粒子。事实上，很多人觉得，大型强子对撞机发现新粒子的概率要比发现希格斯粒子的概率大得多。可事实并非如此。大型强子对撞机已经运行了三年，我们没有看到任何新粒子的迹象。这种情形让人愈发感觉不舒服。人们为超对称粒子设下的质量下限正变得越来越高。如果质量下限变得太高，那么超对称破缺的尺度就会远大于电弱尺度，它就无法解释"层级问题"。

可我还是抱着一丝希望。现在，大型强子对撞机升级到了更高的能量，并再次开机。在我写下以上文字到本书第10版发售的这数年间，我们还有可能发现超对称粒子。

假设超对称粒子真的存在，它还会带来一些重要的推论。宇宙学中的

---

① 最简单的超对称理论要求存在两个希格斯双重态，在对称性破缺之后形成5个希格斯粒子。——译者注

一大未解之谜就是暗物质。暗物质是所有星系质量组成的主要成分。我在上文提到过，暗物质不可能由普通物质构成。假设它们真的由普通物质构成，那么大爆炸理论所预言的氦元素丰度就会和宇宙学观测不符。由此物理学家们坚信，暗物质由一种全新的基本粒子组成。可到底是哪一种全新粒子呢？

在大部分的超对称模型中，最轻的那个超对称粒子是绝对稳定的，它享有许多中微子的属性。它是电中性的，不发光也不吸收光，但它参与弱相互作用。此外，30年前我就和合作者们计算过这些稳定粒子现今的残留丰度。我们通过计算发现，它们可能就是暗物质。

如果真是这样，我们的星系处在一个暗物质晕内部。暗物质粒子呼啸其中，包括你阅读本书时所在的房间。若干年前，一批物理学家认识到，如果把一个足够灵敏的探测器深埋地下，我们就可能直接探测暗物质。毕竟，与之类似的中微子实验已在地下运行多年。现在，世界范围内大约有6个这样的暗物质直接探测实验。然而，迄今为止它们一无所获。

或许，这是我们最好的时代，也是最坏的时代。大型强子对撞机和地下暗物质直接探测实验正在进行一场赛跑，看看谁能率先发现暗物质的本质。任何一个实验发现都会打开一扇通往新世界的大门。借此，人们或许能对大统一进行更深入的理解。可如果若干年内没有任何发现，这或许意味着超对称粒子不是暗物质，也意味着超对称理论解决不了层级问题。如果真是那样，我们就不得不再次从零做起。我们所知的，仅仅是大型强子对撞机没有发现任何新的粒子这个事实。除此以外，世界没有给我们任何线索和指导，我们不知道该朝哪个方向建模，不知道这些模型到底对不对。

之前，大型强子对撞机实验室报道说，他们发现了一个比希格斯粒子重6倍的可能"信号"。当然，这个粒子并不具备超对称粒子的属性。一般来说，当物理实验积累更多的数据以后，那些令人白高兴一场的假信号会消失不见。在以上"信号"出现的6个月后，大型强子对撞机实验室累积了更多的数据，这个信号消失了。如果它没有消失，它或许能够改变我们对于大统一理论及电弱理论的思考，引出某种新的相互作用或者新的粒子。尽管很多理论物理学家满怀期望地对此大加评说，但大自然似乎另有选择。

当然，还有一群理论物理学家，完全不在乎实验是否发现了超对称性。1984年，超对称所蕴含的数学结构，激活了南部阳一郎及其合作者在20世纪60年代提出的一套理论。在他们的理论中，夸克之间通过"弦"一样的激发态相互连接。当人们把弦的量子理论和超对称结合之后，他们就创造了"超弦理论"。超弦理论引出了一些让人惊艳的美丽结果，其中包含了如何把已知四大相互作用统一成一个单一的自洽的量子场论。

然而，超弦理论需要大量新的时空维度。可我们尚未发现任何这样的维度。此外，超弦理论没有做出过任何能被眼下实验验证的预言。随着理论的发展，它变得越来越复杂，弦本身似乎已不可能是该理论中的核心动力变量。

可这丝毫没有削减超弦研究者们的热情。自20世纪80年代的弦论革命以来，一批极具天赋的物理学家专注于超弦理论的发展。现在，它被人们称作M理论。每过几年，就有人宣称M理论取得了重大的突破。然而，和取得巨大成功的标准模型相比，M理论有一个关键性的缺陷：它和我们能够观测的世界无关，无法解决那些让人困惑的难题，也无法解释我们这个世界到底是怎么来的。我并不是说M理论不对；我想指出的是，M理论是建立在臆测基础上的，尽管很多臆测都是相当合理的。

这里，我不想重温弦论的历史，也不想评论弦论的成败。和我的许多同事一样，我在别的地方对它做过评论。历史告诉我们，大多数物理学前沿理论都是错的。如果每个前沿理论都对，那么人人都是理论物理学家了。从古希腊到现代，人类花了几千年时间在不断试错之后才最终提出了标准模型。

这便是我们的现状。理论物理学家们有一堆宏大的猜想，即将到来的物理实验究竟能证明它们或是证伪它们呢？或者我们正处于一片荒漠的边缘，世界不再给我们任何提示，到底该如何更进一步探索宇宙的本质呢？不管未来如何，我们会发现，我们将面对全新的现实世界。

不管未来如何，希格斯粒子的发现，是粒子物理标准模型在理论上和实验上取得的伟大成就。两千年来，无数勇敢而坚定的哲学家、数学家和科学家为了发现现实世界底下的隐秘世界而不懈努力。希格斯粒子的发现，正是这些智慧努力的顶峰。

这也意味着，我们所处的美丽宇宙如同玻璃窗上的霜，不过是昙花一现。

23
漫无目的的宇宙

　　我的研究重点是一个新兴的宇宙学方向——粒子天文物理学。粒子物理学在 20 世纪 60 年代至 70 年代取得了重大的理论突破，可相应的地基实验却受制于我们制造复杂机器的能力，变得愈发困难。于是，一些粒子物理学家将目光转向了宇宙学。大爆炸理论认为，早期宇宙温度极高，密度极大。这样的条件难以在实验室中重复。可开动脑筋的话，我们可以在天空中搜寻早期宇宙的残余信号，用它们来检验基础物理学中那些最为天马行空的想法。

　　我的上一本书《无中生有的宇宙》，描述了人类如何革命性地理解了宇宙在大尺度、长时间上的演化。一方面，我们发现了暗物质的存在。正如我在上文中提到的那样，这些暗物质可能是由一些全新的粒子构成的。我们尚未在加速器中找到这些粒子——可或许，它们近在咫尺。更加出人意料的是，我们发现宇宙能量的绝大部分来自真空——目前我们尚不知道这些能量到底是怎么来的。

　　通过观测，我们回到了宇宙的婴儿时期。我们看到了名为"宇宙微波背景辐射"的辐射细节。它产生于大爆炸后30万年。通过望远镜，我们回到了宇宙诞生第一批星系的时刻。它们形成于大爆炸后10亿年。还是通过望远镜，我们绘制了宇宙大尺度结构的分布。这些大尺度结构横跨数亿光年，包含成千上万个星系，飘散于拥有千亿个星系的可见宇宙中。

以上宇宙特征，可以通过一个源于大统一理论的想法进行解释。1981年，阿兰·古思（Alan Guth）指出，宇宙早期所发生的大统一对称性破缺可能不同于电弱对称性破缺。大统一对称性破缺可能由某个类似希格斯场的标量场发生凝聚而引发。在这个标量场滚落到能量最低的稳定态的过程中，它可能被某个能量稍高的亚稳态卡住。当标量场处于这样一个"伪真空"时，它能储存能量。在最终滚落到稳定态后，它将释放这部分能量。

这有点像下面这个生活场景：你打算开场派对，但忘了提前将啤酒放进冰箱。为了省时间，你把啤酒放到冰箱的冷冻室里。可真的开派对了，你忘了这件事。第二天，你发现了这些啤酒，于是打开其中一瓶的瓶盖，"砰！"瓶子里的啤酒瞬间发生了凝固，开始膨胀，瓶子的玻璃发生了碎裂，场面相当混乱。在打开瓶盖之前，啤酒处于高压状态。在这个特定压强和特定温度下，啤酒维持着液态。可当你打开瓶盖，瓶内压强变弱，啤酒开始凝固。在这个啤酒从液态转化为固态的过程中，能量得到了释放——释放的能量胀破了啤酒瓶。

再让我们想象一下另一个生活场景。冬日的一天，天下着雨，寒风凛冽。气温快速降到了零摄氏度以下，雨变成了雪。由于过往汽车的不断搅动，路上水洼里的水并不会马上结冰。可在夜深人静之时，过往的车辆不再那么频繁，水洼里的水可能瞬间凝固，形成非常危险的"黑冰"。更早之前，因为气温的下降和汽车的搅动，这些水陷入了一个"亚稳态"——液态。可最后，它们发生相变，变成了冰。相变的原因在于，低温状况下亚稳态的水能量较高，而固态的水能量较低，水更倾向于变为能量较低的固态。当水凝固的时候，它会释放亚稳态时所储藏的能量盈余。

古思想知道，当大统一相变发生时，早期宇宙中是否也存在上述现象。

具体来说，假设大统一相变过程中，某个类似希格斯场的标量场在原有基态（大统一对称性尚未破缺的状态）停留了一段时间，可与此同时宇宙发生了冷却。冷却后的宇宙更倾向于让标量场处于凝聚态（大统一对称性发生了破缺的状态）。古思认识到，在标量场发生相变之前，其所储存的能量是反引力的。这部分能量会引发宇宙的膨胀，而且膨胀得相当剧烈——在极短的时间内，宇宙的尺度会胀到原来的 10^{25} 倍。

古思将这段极速膨胀时期称作"暴胀"。古思发现，暴胀能解决一系列大爆炸理论的未解之谜。其中包括：为什么在大尺度上，宇宙显得如此均匀？为什么在大尺度上，空间显得如此平坦？暴胀理论同时回答了以上两个问题。首先，暴胀能够消除宇宙原初的不均匀性。这就好像当我们给一个皱巴巴的气球吹气后，气球表面的褶皱就会消失。让我继续引申一下气球这个比喻。假设我们把气球吹到地球这么大以后，气球的表面看起来就会相当平坦。尽管气球是二维的，可同样的情况也适用于三维空间。暴胀使得空间变得平坦，让宇宙变成我们看到的宇宙——宇宙各处，平行线都不会相交，直角坐标系 x–y–z 轴的指向不变。

暴胀结束后，标量场会释放其在亚稳态所储存的能量。这部分能量会产生粒子，把宇宙加热到高温状态，为随后的标准宇宙学演化设下自然而真实的初始条件。

更妙的是，在古思提出暴胀理论的一年之后，许多研究团队计算了暴胀时期，宇宙中的粒子和场究竟会发生什么变化。它们发现，早期宇宙中量子效应会引发微小的不均匀性。这些不均匀性会在暴胀时期发生"冻结"。暴胀结束以后，这些不均匀性不断成长，最终产生出星系、恒星、行星。这些不均匀性同时也会在宇宙微波背景辐射中留下印记。而暴胀理论的预期和我们对宇宙微波背景辐射的精确测量相吻合。当然，目前来说，暴胀与其说是一个理论，不如说是一个模型。由于我们尚未从实验中断定唯一的大统一相变模式，这使得多种暴胀模型并存。如果我们换一个暴胀模型，我们就可能对宇宙微波背景辐射的各向异性做出不同的预期。

暴胀模型还做出了一个更加明确也更激动人心的预言。暴胀使得宇宙空间产生名为"引力波"的涟漪。引力波会在宇宙微波背景辐射中留下特有的印记。2014 年，宇宙泛星系偏振背景成像（BICEP）实验组宣布，他们在宇宙微波背景辐射中发现了暴胀理论所预期的引力波。这条消息同时引爆了理论物理界和天文观测界。我和弗朗克·韦尔切克就此写了一篇论文。我们的论文指出，从宇宙泛星系偏振背景成像的观测结果中推出的大统一对称性破缺尺度，正好是超对称大统一模型所预言的尺度。此外我们还指出，这次观测清楚地表明，引力在小尺度下一定有量子描述——如果真是这样，我们对量子引力的搜寻便是有理有据的。

然而，不幸的是，宇宙泛星系偏振背景成像实验组过早地言之凿凿了。银河系中存在着一些其他的背景，它们能在宇宙微波背景辐射中留下类似原初引力波的信号。在我写下这段文字时，我们无法断定宇宙泛星系偏振背景成像的观测结果到底来自何方，我们不能确认暴胀或量子引力模型的正确性。[1]

就在本书的初稿和终稿完成的期间，激光干涉仪引力波天文台（Laser Interferometer Gravitational-Wave Observatory, LIGO）宣布人类第一次直接观测到了引力波。它的两台干涉仪分别建在美国华盛顿州的汉福德与路易斯安那州的利文斯顿。它是一台雄心勃勃、令人叹为观止的巨型机器。为了探测黑洞合并所产生的引力波，研究人员要在 4000 米长的垂直干涉臂上发现数值为质子直径千分之一的长度变化。[2] 这就好比测量地球和距太阳最近的恒星南门二之间的距离，误差要求不超过一根头发丝的宽度！

激光干涉仪引力波天文台发现引力波，着实令人震惊。可它观测到的引力波来自天体的碰撞，而不是早期宇宙。当然，它的成功预示着人们将会新建更多的引力波探测器，这将使得引力波天文学成为 21 世纪的天文学。

如果激光干涉仪引力波天文台或宇宙泛星系偏振背景成像的后继者们能够在 21 世纪或下一个世纪观测到暴胀产生的引力波，它将为我们打开一扇

---

① 现已证实，"信号"来自星际尘埃。——译者注

② 利文斯顿天文台的两条干涉臂，长度均为 4000 米。汉福德天文台的两条干涉臂，一条长 4000 米，一条长 2000 米。——译者注

全新的窗口，把我们带回大爆炸后 10^{-42} 秒的宇宙。由此我们可以直接检验暴胀模型，甚至可以检验大统一理论。它还可能向我们揭示其他宇宙存在的可能性——从而把现在还是形而上学的多重宇宙说变成真正的物理学理论。

暴胀模型非常自然地解释了宇宙学中的主要难题，是唯一一个可以通过第一性原理的计算来解释宇宙主要特征的理论。可时至今日它也不过是一个有用的提案。暴胀模型有赖于一个全新的、手动加上去的标量场（至少在我写上一本书的时候如此）——在产生暴胀之外，这个标量场就没有什么其他作用了。为了产生暴胀，我们还要对标量场的初始状态进行精细调节。

在发现希格斯粒子之前，以上假设多少有点不太自然。当时，我们尚未发现任何基础标量场。而认为某个标量场通过类似希格斯机制的方法破缺了大统一对称性，则是假设之上的假设了。正如我在前文中提到的那样，W玻色子和 Z 玻色子的发现，清楚地表明电弱对称性发生了破缺。然而，破缺的原因可能不是简单的希格斯场，而是某种更加复杂、更加有趣的机制。

宇宙正处于一个新的"暴胀"阶段

当然，如今形势发生了变化。宇宙中存在着希格斯粒子，也存在着一个充满整个空间的背景标量场。希格斯场赋予粒子质量，产生出一个适合人类生存的环境。如果大统一理论真的存在，除引力外的三大基本相互作用在宇宙初期真的是一个统一的整体，那么宇宙必然会发生对称性破缺，这样我们才会有完全不同的三种力。希格斯粒子的发现表明，对称性破缺可以通过标量场的凝聚而得到实现。这样一来，暴胀理论也变得自然了不少，也更有可能发生。我的同事迈克尔·特纳（Michael Turner）套用美联储前主席艾伦·格林斯潘（Alan Greenspan）的话说："暴胀是不可避免的！"①

这句话其实极具先见之明。1998 年，人们观测发现宇宙正处于一个新的"暴胀"阶段。它证实了此前一小部分物理学家所做出的邪恶预言。上文

---

① 原文中"暴胀"和"通货膨胀"是同一个词（inflation）。——译者注

中说过，这一发现意味着大部分宇宙能量都源于真空——这是宇宙加速膨胀最为合理的解释。因为观测到了这个出人意料、意义重大的现象，布赖恩·施密特（Brian Schmidt），亚当·里斯（Adam Riess）和索尔·珀尔马特（Saul Perlmutter）因此荣获了诺贝尔物理学奖。这一发现让我们自然而然地提出这样一些问题：宇宙加速膨胀的原因是什么？暗能量究竟从何而来？

有两种可能性摆在我们面前。第一，暗能量是真空的基本属性。事实上，在发展出广义相对论不久之后，爱因斯坦就提出了这样一种可能性，用以解释所谓"宇宙常数"。现在，我们认识到，宇宙常数不过是宇宙在无限遥远的未来所具有的非零基态能量。

第二，暗能量可能来自一个全新的、隐藏着的背景标量场。如果真是这样，我们就有了下面这个问题：在遥远的未来，当宇宙温度进一步下降时，我们是否还会经历一个"暴胀时期"？

现在，问题的答案似乎近在咫尺了。尽管现今暗能量比宇宙中所有其他形式的能量都要大，可和已知基本粒子的质量一比，它就显得微不足道了。如果暗能量真是宇宙的真空能量（即爱因斯坦的宇宙常数），那为什么它是一个如此小的非零常数呢？没有人根据任何已知的物理机制和第一性原理计算对此加以回答。（事实上，温伯格提出过一个解释，在此基础上人们可以回答上述问题。这个解释蕴藏着大量的猜测，大大超出了我们已知的物理理论范围。具体来说，假设存在大量的宇宙，每个宇宙都有各自的宇宙常数，其数值随机分布。只有在那些真空能量不超出我们观测值太多的宇宙中，才有可能形成星系，进而形成恒星，进而形成行星，进而产生得出以上发现的天文学家……）

就第二个可能性来说，还没有人能够在粒子物理的框架下提出一个合理的理论，来解释为什么在这个新的相变过程中，这个新的标量场存贮的能量会如此小。我所谓的"合理"，指的是除了理论提出者以外的所有人都觉得这个理论是合理的。

不管怎么样，宇宙该是什么样子，就是什么样子。今天，我们还不能从某个基础理论出发，对暗能量之类的宇宙基本属性做出第一性原理的预言。

可这并不代表宇宙是神秘莫测的。我想说的是，缺乏对宇宙的理解并不是上帝存在的证据，它只是我们缺乏对宇宙理解的证据。

我们尚不知道暗能量的来源，能做的只是臆测。我希望宇宙常数是暗能量的正确解释，而不是某个尚未发现的、未来每天可能突然发生相变、释放能量的标量场。

还记得吗，希格斯场和宇宙中的大部分物质粒子都存在耦合。当希格斯场凝聚、电弱对称性破缺之后，物质的属性以及物质之间的相互作用会同时发生剧烈的变化。

现在，如果有一个新的标量场也发生了类似的相变，那么许多已知物质的稳定性质便会荡然无存。星系、恒星、行星、人类、政客、所有我们现在知道的东西都会彻底消失。唯一的好消息是（除了让政客消失以外），相变开始于宇宙的某一小块区域（就像窗户上的霜或者地上的雪花，或者可能起源于一小粒尘埃所引发的结晶），然后以光速向四周传播。而对我们来说，在相变袭击我们之前，我们并不知道正有相变向我们袭来；而在相变袭击我们之后，你我都会彻底消失，也就无所谓知不知道了。

好奇的读者可能已经注意到，我们不断地提及宇宙中存在着一个全新的标量场。可标准模型中的希格斯场不就是一个标量场吗？它在今天的宇宙中又扮演了什么样的角色呢？希格斯场是否可以存贮能量，从而引发早期宇宙的暴胀，抑或今日宇宙的加速膨胀？希格斯场是否处于它的终极基态，还是处于某个半稳定态？它是否还会发生一次颠覆电弱相互作用，以及所有标准模型粒子质量的相变？

这些都是很好的问题。它们有个统一的答案：我们不知道。

然而，这无法阻止大批理论物理学家想象这样的可能性。在发现希格斯粒子之后不久，我和同事詹姆斯·登特（James Dent）就提出，希格斯粒子可能在宇宙膨胀过程中发挥了一定作用。正如许多物理学家认识到的那样，背景场在凝聚之后会产生粒子，这些粒子为我们提供了一个特别的窗口，或者说"渡口"。透过它，我们可以观测世界上是否存在其他类似希格斯粒子的标量场，哪怕这些新的场和标准模型粒子之间只有极其微弱的相互作用。

如果除了希格斯粒子以外，还存在着别的类似希格斯粒子的新粒子，那么欧洲核子研究中心所发现的希格斯粒子就有可能是标准模型的希格斯粒子外加一小部分新粒子。（这和中微子有点像。中微子间的混合可以解释为什么地球上测得的太阳中微子通量，不同于由核反应模型中推出的通量。）这样一来，我们至少可以从理论上说，在标准模型的希格斯场发生凝聚之后，它会刺激另外一个类似希格斯场的标量场发生凝聚，而这个标量场所存贮的能量恰好能够解释今日宇宙的加速膨胀。当然，以上过程需要手动调节许多数学参数，最后的模型非常丑陋。可又有谁敢说它不会是正确的答案呢？或许，这个模型之所以丑陋，全在于我们尚未把它嵌入一个正确的理论框架。

然而，我之所以大言不惭地提及自己的模型，主要是因为它还有一个吸引人的地方。在我们的模型中，新的标量场携带能量，它驱动着今日宇宙的加速膨胀。而在未来某天，相变发生，标量场会进入它的终极基态，进而释放其贮存的能量。和别的相变模型不同，在我们的模型中，新标量场和所有的粒子都耦合。而在相变发生之后，所有已知粒子的性质都不会发生显著的改变。就结果而言，如果宇宙真的按照我们的模型运行，那么相变之后，我们的宇宙还是原来的宇宙。

当然，为此举杯庆祝还为时过早。把我们的模型按下不表，希格斯粒子的发现本身为我们的未来蒙上了一层阴影。如果宇宙在未来继续加速膨胀，那么生活在这样宇宙中的生命是悲哀的。我们会发现所有的星系都以超光速向四周散去，消失在我们的视界之外。最终，宇宙会变得冰冷、黑暗、空荡荡的。我们也再也无法对这样的宇宙进行探索。永远加速膨胀的宇宙相当糟糕，可和另一个宇宙相比，它的情况就要好得多了。而这个更糟的宇宙，恰恰就是一个拥有 125GeV 希格斯粒子的宇宙。

假设标准模型真的是粒子物理的终极描述，在更高的能量上我们不再有全新的粒子，那么根据实测的希格斯粒子质量，我们计算发现希格斯场正处于稳定和不稳定状态的边缘——它可能从现有的真空态相变到一个能量更低、性质完全不同的真空态。

如果这样的相变确实发生，那么已知物质的性质就会发生骤变。如同阳光下的霜，星系、恒星、行星、人类都有可能忽然消失不见。

如果你喜欢恐怖故事，我这里还有一个更加骇人的可能性。在某种条件下，希格斯场的不稳定性可能使得其大小开始无限制地增长。这种无限制的增长，使得希格斯场所存贮的能量由正变负。而这又会引发宇宙的坍缩，并最终进入大爆炸的镜像——"大崩坠"状态。幸运的是，现有的数据并不支持如此戏剧化的可能性。

宇宙根本就不在乎我们的喜好

如果未来某天，希格斯场确实发生新一轮的相变，那么我们所熟悉的一切事物都会荡然无存。这里，我想强调，现有对希格斯粒子质量的测量，其实更加支持希格斯场处于一个稳定状态。然而，这个测量含有误差，在误差范围内它有可能处于稳定态，也有可能处于不稳定态，我们的宇宙可能继续维持现有的状态，也有可能更倾向于发生新一轮的相变。可不论如何，以上计算的前提是标准模型。大型强子对撞机完全可能发现新物理学，而新物理学完全可能彻底改变以上图景，它们或许能使希格斯粒子处于终极稳定的状态。鉴于我们尚不知道到底我们会发现什么样的新物理学，现在我们不应对宇宙的未来持悲观态度。

如果你觉得以上说明还无法让你释怀，如果你觉得宇宙的未来比我上面的描述还要悲观，我还有一则好消息。相同的计算表明，我们的宇宙可以在亚稳态上存在很长的时间。这段时间不是从今日算起的几十亿年，而是从今日算起的 10^{27} 年。

尽管我们对宇宙的未来忧心忡忡，可是我还是想强调，宇宙根本就不在乎我们的喜好，抑或我们的存在。宇宙的运行机制和你我的存在无关。基于这一点，我更倾心于上文中的末日场景。在末日场景中，你我存在所依赖的关键性事件（能够产生稳定物质、原子和生命的希格斯场凝聚）都不过是巧合，都不过是昙花一现。

前文中，我们假想了在霜花的"树枝"上，生活着一批"科学家"。他们发现宇宙的某个方向不同于其他的方向（不难想象，生活在同样社会中的"神学家"会将此解释为神的爱）。在对此进行更加深入的研究之后，他们发现他们所处的特殊环境完全是一个巧合。在其他的树枝上，宇宙的特殊方向与此处完全不一样。

我们发现，我们的宇宙中包含了美妙的标准模型所描述的粒子和相互作用，它们产生出一个不断膨胀的宇宙，允许恒星、行星和智慧生物存在于宇宙之中。可是和霜类似，这也不过是一个巧合。如果希格斯场不按某个特定的方式凝聚，宇宙也就无法演化成现在这个样子。

霜花上的科学家会为他们的发现大肆庆祝，他们全然不知太阳即将升起，霜会融化，他们的存在也会灰飞烟灭。然而，纵使昙花一现，我们就可以由此否定他们存在的精彩程度吗？当然不能。人类的存在也有可能转瞬即逝，且让我们庆祝我们走过的漫长旅途，享受这个一世流芳的故事。

虚怀宇宙

"万事有泪，死生同悲。"

在古典时代的第一部伟大史诗中，维吉尔写下了这样的诗句。之所以选择这句话为本书点题，不但是因为我的故事包含了史诗的一切要素：跌宕的情节、人性的悲剧和升华，更是因为我写作的动机与先人创作史诗的动机相似。

为什么我们要从事科学研究？部分原因在于，它能加强我们对环境的控制。通过更好地理解宇宙，我们可以更加准确地预测未来，造出改善未来的仪器。

然而，我觉得人类从事科研的终极原因来源于一种紧迫感：我们需要更好地了解人类的起源、人类有限的生命以及你我自身。人类通过解决一个又一个的难题，得以生生不息。当人类在进化过程中建立优势之后，我们产生了解决更多难题的奢望——这些新的难题并非如何发现食物，如何逃避狮子的追捕，这些难题关乎我们所在的宇宙。恐怕没有什么问题比它们更加吸引人了。

在生物进化的过程中，人类缺乏选择。我们发现自己生活在一个形成于 45 亿年前的行星上，这颗行星位于一个形成于 120 亿年前的星系中，这个星系属于一个诞生于 138 亿年前的宇宙，这个宇宙拥有 1000 亿个星系，所有这些星系因为一些未知的原因，正离开我们，加速远去。

在以上这幅图景中，人类起了什么作用呢？对宇宙来说，人类的存在有特别的意义吗？这个宇宙经历过大起大落，我们的存在和这些起落有什么关联呢？

对大多数人来说，人类存在的核心问题总是可以归结为一系列先验的问题：为什么会有宇宙？我们为何活在此地？

当我们想回答"为什么会这样"的问题时，我们最好先回答"如何会变得这样"，后者会让前者变得更加精确。在我的上一本书《无中生有的宇宙》中，我描述了科学如何回答上述第一个问题。在本书中，我所讲的故事或许是第二个问题的最佳答案。

人类为何在这里存在？面对这样一个难题，我们拥有两个选项。我们可以假设人类的存在具有特殊的意义，宇宙是为了人类存在而存在的。对于大多数人来说，这是一个让人舒服的选项。它也是古人的选项。古人把大自然拟人化，对他们来说，世界遍布饥饿和死亡，充满对人类的敌意。只有在拟人化之后，古人才能获得理解这个世界的些许希望。它同时也是世界上几乎每一个宗教的选项。面对人类为何存在这个难题，每个宗教各有自己的主张。

可到底该接受哪一种主张呢？人们的不同选择孕育了各自的圣典。《新约》常常被人们称作"人类有史以来最伟大的故事"，它告诉我们一个文明如何发现自身的神性。然而，我发现人类会为了缔结怎么样的婚姻、背诵哪一段祷文、追随哪一位先知而展开杀戮和战争。这不禁又让我想起了《格列佛游记》里的故事：人们会因为信仰不同的敲蛋方式而相互厮杀。

想要解释人类为何存在这个难题，我们还有另外一个选项：我们不需要做任何假设。这个选项引出了另外一段故事。在这段故事中，人类扮演着谦卑的角色，宇宙定律独立于人类的存在，我们可以仔细检验定律的细节，并为每一个波折大为惊叹。

本书中，我讲述了一出关于人类的戏剧。和所有的戏剧一样，我们的故事描述了人类历史上最为大胆的智力追求。对于一些人来说，它甚至和圣经故事有着对应。自标准模型完成以来，我们在沙漠中徘徊了 40 年。最终我们发现了应许之地。真相，至少是我们目前所知的真相，已经摆在了我们面前。它便是规范对称性理论。尽管对多数人来说，它不过是一幅难以理解的涂鸦。这部分真相不是天使通过金片传给我们的，它们的来源更加贴近我们的实践：它们来自实验，来自一大群个体的辛勤劳作。这些人想要知道自己提出的模型是否正确描述了这个世界，这个可以被观测和实验的世界。我们的艰苦奋斗是伟大的，同样伟大的是我们通过艰苦奋斗所取得的成果。

这里，我想总结一下本书的结论，即：我们为何生活于此？这个问题的答案非常重要，它向我们揭示了，我们日常体验的宇宙不过是真实宇宙的投影。

博物学家 J. A. 贝克在《游隼》中这样写道："看透真相，最为困难。"在本书开头，我引用了这句话。之所以这么做，是因为我所讲的故事正是这句箴言最好的印证。

我以柏拉图的"洞穴寓言"作为本书的开头。我不知道还有什么寓言能够更加贴切、更加抒情地隐喻科学的发展。人类生存的伟大胜利，在于摆脱人类感官强加于你我认知的枷锁。真实的世界或许拥有人类无法理解的数学美感。对真实世界来说，人类的存在与否也是完全无所谓的。

现在你问我"我们为何生活于此"，我所能给出的最佳答案就是，这不过是一系列"巧合"的产物。真空中的希格斯场，恰好以某种特定的方式发生了凝聚，接着演化出了今日的世界。你或许会想，这次凝聚肯定有特别意义。可就意义而言，它其实和早晨在玻璃窗上结的霜差不了多少。探讨人类存在与否的物理定律，就其重要性而言，和霜花世界中的"上""下"之争差不多，和《格列佛游记》中究竟要从小端敲蛋还是从大端敲蛋的争论也差不多。

我们的祖先之所以能存活于世，是因为他们正确地认识到自然尽管如此神奇，可它对人类而言却是极不友善的。科学的发展证明，宇宙对生命而言也充满强烈的敌意。认识到这一点，削减不了宇宙的神奇。这样一个宇宙，充满着令人敬畏、惊叹、兴奋的奇迹。认识到这一点，也赋予我们更多的理由，去庆祝人类的起源与延续。

在一个没有目的的宇宙中，说人类存在这个事实本身没有任何的意义和价值，这是一种极端的唯我论观点。唯我论者相信，没有人类的宇宙是没有任何价值的。科学给予我们最大的礼物，就是让我们克服人类中心论，开始欣赏那些我们有幸见证的宇宙巧合。

在柏拉图的寓言中，在我们的故事中，光都起到了关键性的作用。它是现实世界的信使，也是人类存在的关键要素。随着我们对光的深入理解，我们改变了对时空本质的看法。最终，我们认识到，光本身也是一个宇宙巧合的产物。未来的某天，这个过去的巧合也有可能被新的巧合所修正。

本书开头维吉尔的那句话，其实是要我们"释放内心的恐惧"。未来人类可能迎来末日。然而，我们不应由此否定人类走过的伟大旅途。

我在本书中所讲的并非是故事的全部。我们不了解的东西，可能远远多过我们已经明白的东西。在搜寻存在意义的过程中，我们对于现实的理解，也会随着故事的深入而不断地改变。常常有人告诉我，科学无法解决某件事。可如果我们不去试试，我们又怎么知道科学能否解决呢？

仿佛冥冥中真的有命运存在，在我写下以上文字的时候，我的朋友和战友克里斯托弗·希钦斯（Christopher Hitchens）完成了他的大作《上帝并不伟大》（*God Is Not Great*）。我感觉希钦斯就在我身边低语。他会首先提醒我，这种感觉并非超自然，而是来自我的脑海。他的书名告诉我们，人类讲述的故事，和宇宙故事相比是多么苍白。神话故事和本书故事相比，也是如此。

我们的故事并没有赋予人类历史某种特别的意义。我们可以反思人类走过的道路，甚至进行庆祝。然而，科学为我们带来的最大解放、最大慰藉、最大教训恐怕在于：故事中最美好的部分尚未成文。

毫无疑问，这种可能性就是人类存在这出宇宙戏剧的价值所在。

未来，属于终身学习者

我这辈子遇到的聪明人（来自各行各业的聪明人）没有不每天阅读的——没有，一个都没有。巴菲特读书之多，我读书之多，可能会让你感到吃惊。孩子们都笑话我。他们觉得我是一本长了两条腿的书。

——查理·芒格

互联网改变了信息连接的方式；指数型技术在迅速颠覆着现有的商业世界；人工智能已经开始抢占人类的工作岗位……

未来，到底需要什么样的人才？

改变命运唯一的策略是你要变成终身学习者。未来世界将不再需要单一的技能型人才，而是需要具备完善的知识结构、极强逻辑思考力和高感知力的复合型人才。优秀的人往往通过阅读建立足够强大的抽象思维能力，获得异于众人的思考和整合能力。未来，将属于终身学习者！而阅读必定和终身学习形影不离。

很多人读书，追求的是干货，寻求的是立刻行之有效的解决方案。其实这是一种留在舒适区的阅读方法。在这个充满不确定性的年代，答案不会简单地出现在书里，因为生活根本就没有标准确切的答案，你也不能期望过去的经验能解决未来的问题。

湛庐阅读App：与最聪明的人共同进化

有人常常把成本支出的焦点放在书价上，把读完一本书当作阅读的终结。其实不然。

时间是读者付出的最大阅读成本
怎么读是读者面临的最大阅读障碍
"读书破万卷"不仅仅在"万"，更重要的是在"破"！

现在，我们构建了全新的 "湛庐阅读"App。它将成为你"破万卷"的新居所。在这里：

- 不用考虑读什么，你可以便捷找到纸书、有声书和各种声音产品；
- 你可以学会怎么读，你将发现集泛读、通读、精读于一体的阅读解决方案；
- 你会与作者、译者、专家、推荐人和阅读教练相遇，他们是优质思想的发源地；
- 你会与优秀的读者和终身学习者为伍，他们对阅读和学习有着持久的热情和源源不绝的内驱力。

从单一到复合，从知道到精通，从理解到创造，湛庐希望建立一个"与最聪明的人共同进化"的社区，成为人类先进思想交汇的聚集地，与你共同迎接未来。

与此同时，我们希望能够重新定义你的学习场景，让你随时随地收获有内容、有价值的思想，通过阅读实现终身学习。这是我们的使命和价值。

湛庐阅读App玩转指南

湛庐阅读App 结构图:

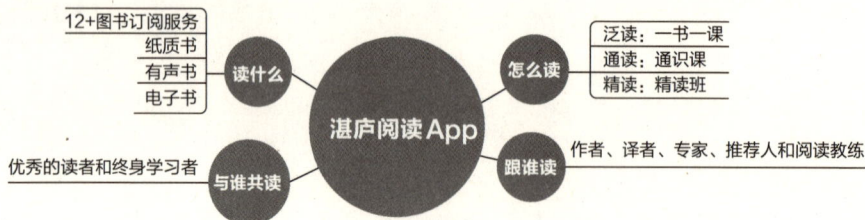

12+图书订阅服务
纸质书
有声书
电子书

优秀的读者和终身学习者

读什么

与谁共读

湛庐阅读App

怎么读

跟谁读

泛读：一书一课
通读：通识课
精读：精读班

作者、译者、专家、推荐人和阅读教练

三步玩转湛庐阅读App:

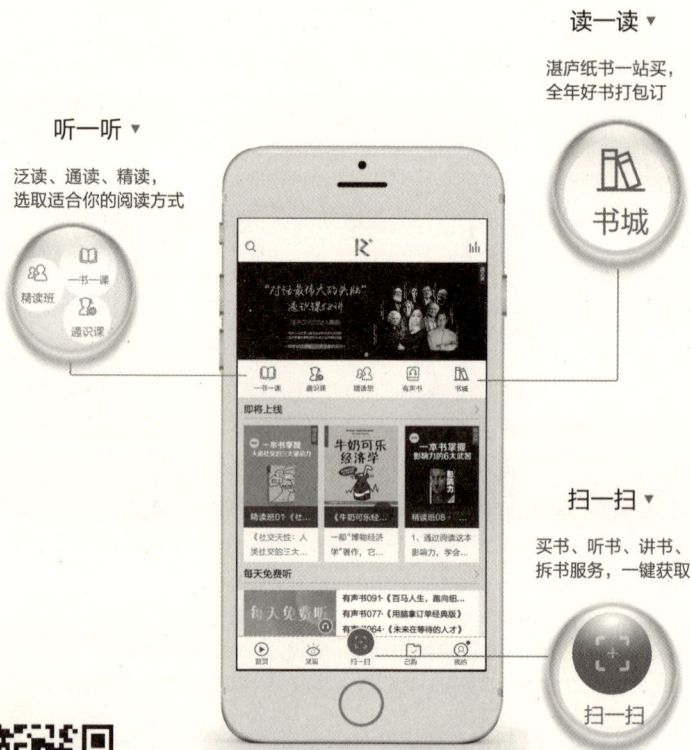

读一读▼

湛庐纸书一站买，
全年好书打包订

书城

听一听▼

泛读、通读、精读，
选取适合你的阅读方式

精读班
一书一课
通识课

扫一扫▼

买书、听书、讲书、
拆书服务，一键获取

扫一扫

App获取方式:
安卓用户前往各大应用市场、苹果用户前往 App Store
直接下载"湛庐阅读"App，与最聪明的人共同进化！

使用App扫一扫功能，
遇见书里书外更大的世界！

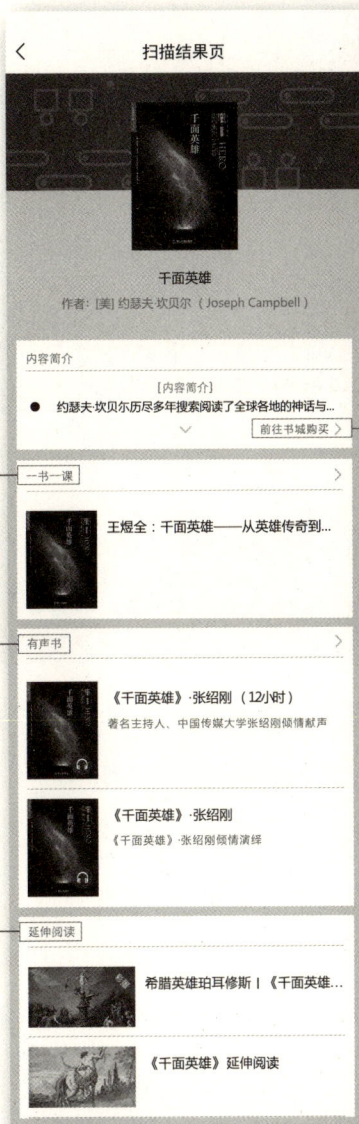

扫描结果页

千面英雄

作者：[美] 约瑟夫·坎贝尔（Joseph Campbell）

内容简介

[内容简介]
● 约瑟夫·坎贝尔历尽多年搜索阅读了全球各地的神话与...

前往书城购买 ＞

**快速了解本书内容，
湛庐千册图书一键购买！**

一书一课 ＞

王煜全：千面英雄——从英雄传奇到...

**大咖优质课、
献声朗读全本一键了解，
为你读书、讲书、拆书！**

有声书 ＞

《千面英雄》·张绍刚（12小时）
著名主持人、中国传媒大学张绍刚倾情献声

《千面英雄》·张绍刚
《千面英雄》·张绍刚倾情演绎

**你想知道的彩蛋
和本书更多知识、资讯，
尽在延伸阅读！**

延伸阅读

希腊英雄珀耳修斯 |《千面英雄...

《千面英雄》延伸阅读

延伸阅读

《如果，哥白尼错了》

◎ 地球与人类是否是独一无二的？如果，哥白尼错了呢？如果我们并不是宇宙中唯一的稀有生命，又该如何看待自己的意义？

◎ 从微小的微生物，到远离地球的系外行星，顶级天体生物学家凯莱布·沙夫将带领我们进行一场科学探险，寻找人类在宇宙中的未来和意义。

◎ 《星期日泰晤士报》年度最佳科学图书，《出版商周刊》年度十大科学图书，爱德华·威尔逊科学写作奖获奖图书！

《星际穿越》

◎ 天体物理学巨擘基普·索恩写给所有人的天文学通识读本，媲美霍金《时间简史》的又一里程碑式著作！

◎ 好莱坞顶级导演克里斯托弗·诺兰、欧阳自远等3大院士、李淼、魏坤琳（Dr.魏）等5大顶尖科学家、《三体》作者刘慈欣联袂推荐！

《穿越平行宇宙》

◎ 平行宇宙理论世界级研究权威迈克斯·泰格马克重磅新作，带你踏上探索宇宙终极本质的神秘旅程！

◎ 《彗星来的那一夜》《蝴蝶效应》《银河系漫游指南》《奇异博士》等众多烧脑科幻大片争相借鉴的主题——平行宇宙！

《生命3.0》

◎ 麻省理工学院物理系终身教授、未来生命研究所创始人迈克斯·泰格马克重磅新作，引爆硅谷，全球瞩目。与人工智能相伴，人类将迎来什么样的未来？

◎ 长踞亚马逊图书畅销榜。霍金、埃隆·马斯克、雷·库兹韦尔、王小川一致好评；万维钢、余晨倾情作序；《科学》《自然》两大著名期刊罕见推荐！

ISBN 978-7-213-09390-6

ISBN 978-7-213-06685-6

ISBN 978-7-213-07980-1

ISBN 978-7-5536-7278-6

图书在版编目（CIP）数据

最伟大的智力冒险 /（加）劳伦斯·M. 克劳斯著；
钟益鸣译 . — 杭州：浙江人民出版社，2019.11

书名原文：The Greatest Story Ever Told—So
Far

ISBN 978-7-213-09502-3

Ⅰ . ①最… Ⅱ . ①劳… ②钟… Ⅲ . ①科学知识—普
及读物 Ⅳ . ① Z228

中国版本图书馆 CIP 数据核字（2019）第 226746 号

浙 江 省 版 权 局
著作权合同登记章
图字：11–2019–273 号

上架指导：科普读物

最伟大的智力冒险

［加］劳伦斯·M. 克劳斯　著

钟益鸣　译

出版发行：浙江人民出版社（杭州体育场路 347 号　邮编　310006）

　　　　　市场部电话：（0571）85061682　85176516

集团网址：浙江出版联合集团　http://www.zjcb.com

责任编辑：方　程

责任校对：戴文英

印　　刷：唐山富达印务有限公司

开　　本：710mm×965mm　1/16　　印　　张：17.5

字　　数：239 千字　　　　　　　　插　　页：1

版　　次：2019 年 11 月第 1 版　　印　　次：2019 年 11 月第 1 次印刷

书　　号：ISBN 978-7-213-09502-3

定　　价：109.90 元

如发现印装质量问题，影响阅读，请与市场部联系调换。